Principal Leadership for Teacher Learning

校长学习领导力

引领教师学习的策略、效能与影响因素

曹杰◎著

中国经济出版社
CHINA ECONOMIC PUBLISHING HOUSE
北 京

图书在版编目（CIP）数据

校长学习领导力：引领教师学习的策略、效能与影响因素 / 曹杰著. --北京：中国经济出版社，2023.6

ISBN 978-7-5136-7338-9

Ⅰ. ①校… Ⅱ. ①曹… Ⅲ. ①校长-学校管理 Ⅳ. ①G471.2

中国国家版本馆 CIP 数据核字（2023）第 097156 号

组稿编辑　崔姜薇
责任编辑　黄傲寒
责任印制　马小宾
封面设计　久品轩

出版发行　中国经济出版社
印 刷 者　北京富泰印刷有限责任公司
经 销 者　各地新华书店
开　　本　710mm×1000mm　1/16
印　　张　15
字　　数　230 千字
版　　次　2023 年 6 月第 1 版
印　　次　2023 年 6 月第 1 次
定　　价　88.00 元
广告经营许可证　京西工商广字第 8179 号

中国经济出版社 **网址** www.economyph.com **社址** 北京市东城区安定门外大街 58 号 **邮编** 100011
本版图书如存在印装质量问题，请与本社销售中心联系调换（联系电话：010-57512564）

前言 PREFACE

在全球化的时代背景下，教育变革浪潮席卷全球，教师被视为教育变革成功的关键。日益复杂的变革是对教师的挑战，也是对学校管理者的挑战，引领教师专业学习与成长成为学校管理者的关键领导职责。目前，关于如何引领教师学习的研究尚不充分，且已有研究成果多聚焦西方情境，基于中国教育背景的研究并不多。

本书研究在中国教育情境中校长引领教师学习的学习领导力及其对教师的影响。本研究使用了混合研究方法。具体来说，研究首先选择了6所学校作为研究个案，基于组织理论的结构、文化和个体3个视角，试图全面和深入地阐释校长学习领导力的核心策略及其特点。其次，基于质化研究发现，设计和编制了学习领导力调查问卷。通过对324份有效问卷的量化调查，对学习领导力量表进行了检验与修订，并分析了学习领导力对教师的领导效能。最后，基于量化调查结果，选择了2所学校进行了个案研究，以进一步理解影响学习领导力的因素。

本书通过质化研究发现，校长在结构、文化和个体3个方面使用了不同的学习领导策略。结构策略强调对教师学习的科层化管理，包括制订教师学习计划、协调教师学习活动、监督教师学习过程、评估教师学习结果并反馈。文化策略重视培养实践社群，发展教师合作文化。学校有目的地培养不同形式的教师实践社群，并通过打破社群边界，发现和共享更优实践，授权教师创新且与教师共同承担创新风险，持续推动实践社群发展成为学习社群，促进教师合作文化的发展。个体策略关注通过激励措施提高教师学习的积极性，包括树立学习榜样、形成共享价值观和愿景、关心教师、为教师提供专业发展平台。研究发现，校长学习领导力有不同特点，呈现引领的设计师、合作的同行者、后台的服务者和旁观的监督者4种领导风格。不同风格的校长在结构策略、文化策略和个体策略的使用上有所不同。同时，研究发现学习领导力具有情境性。学校规模、校长工作经验、校长与教师以及教师之间的信任关系、教师学习动机、外部评估机制，都会对学习领导力产生影响。在学习领导过程中，不适当的策略可能会让教师承受高负荷的工作量，增加教师的问责压力，限制教师的专业自主性。

本书量化探索并验证了学习领导力的四因素模型，包括管理学习过程、发展合作文化、激励教师学习和建立学习示范4个维度。研究发现，学习领导力对教师学习投入、教师效能感、组织情感和教学实践改变均有积极影响。

本书探索了校长引领教师学习的学习领导力，为学习领导力研究提供了中国视角，丰富了学校领导力研究内容，并回应了教师学习理论。在学校领导力方面，研究显示，中西方情境中校长学习领导策略有相同之处，如学校可以发展社群，为教师学习提供结构支持，并给予教师鼓励。同时，研究发现，我国校长学习领导力具有很多本土独特性，如校长需要与教育主管部门保持良好关系，以获取资源尤其是专家资源，并且校长需要不断平衡科层控制与教师自主之间的关系，以促进教师专业成长。在教师学习方面，实践社群成为学校促进教师合作的主要工具。在学校中，实践社群有不同的形式，由学校管理者自上而下设计，主要承担学习分享或教学创新职能。学校中的权利关系会影响实践社群的发展，也会进一步影响教师合作文化的形成。基于研究发现，本书在学校领导实践以及地区教育政策方面提出了具体建议。

目录 CONTENTS

第一章

绪　论

教师学习是现代教育领域最受关注的研究主题之一。虽然研究者普遍认可教师学习的重要性，但是对于学校管理者应该如何引领教师学习、如何创造条件支持教师的专业与成长，目前仍然缺乏充分的研究。本书以上海中小学为研究对象，针对上述研究问题进行探讨。

第一节　教育变革的时代背景

20 世纪中后期，随着“冷战”的结束、信息技术的发展，全球化成为世界最重要的特征词之一（费孝通，2000）。全球化打破了国家之间的界限，在经济领域，表现为资本或货物的跨国流动，在文化领域是多元文化的互动，在政治领域则是不同国家之间越来越强的依存关系（张世鹏，2000；文军，2001；吴刚，2013）。同样地，面对全球化的竞争环境，教育领域也受到极大影响，教育变革被视作优先的国家应对策略（Pang，2006），以培养能够应对全球化竞争和快速变革的人才。以美国为例，1957 年苏联成功发射第一颗人造卫星，对美国产生极大影响。美国政府急切地开始反思国家教育问题，并积极推动基础教育改革。1958 年，美国政府颁布《国防教育法》，将教育提高到国家安全的战略地位，明确要求学校加强数学、科学和语文等学科教学质量。1983 年，美国发布国家报告《国家处于危机之中》（*A Nation At Risk*），指出美国在商业、工业、科技和技术创新方面的国家竞争力在逐渐衰弱，指责美国学校教育质量低下、在国际评估中的表现落后、学生的科学和数学学科表现差、学生的知识与技能不能满足国家社会的发展需要（National Commission on Excellence in Education，1983）。之后，围绕着提高基础教育质量，美国进行了一系列改革。比如，20 世纪 80 年代轰轰烈烈的学校重建运动（School Restructuring Movement），推动学校系统性变革，包括制度层面（引入学校竞争机制，允许择校）、技术层面（教学过程）、管理层面（校本管理）等方面的变革（Murphy，1992；马健生，1998；卢海弘，2004）。2000 年之后，为了提高基础教育质量，美国逐渐增强联邦政府作用，强化教育标准化和问责。其中，影响最大的政策是小布什总统（George Bush）于 2001 年颁布的《不让一个孩子掉队法案》（*No Child Left Behind Act*）。该法案要求各州对中小学的阅读、数学和科学三门学科设定挑战性的课程标准和学生成绩标准，并定期进行标准化考试。同时，法案要求各州和学校对学生成绩负责，根据标准化考试结果问责学校，表现好的学校可以接受奖励，没有达到标准的学校要限期改进，一直无法改进的学校会面临惩罚（许文佩，2009；王晓阳，2012）。奥巴马政府时期，教育改革继续围绕《不让一个孩子掉队法案》做进一步的修正和完善，先后颁布和实施了《美国复苏和再投资法案》（*American Recovery and Reinvestment Act*，2009 年）、力争上游计划（Race to Up，2010 年）、《改革蓝图：加快实现中小学教育法案的再授权》（*A Blueprint for Reform Accelerate Achievement The Reauthorization of the Elementary and Secondary Education Act*，2010 年）、《让每一个学生成功法案》（*Every Student Succeeds Act*，简称 ESSA，2015 年）等，加大联邦政府的教育经费投入，提高课程标准让学生具备进入大学或职场的能力，完善问责制度增加标准的灵活性，重视教师和校长在改革中的作用（勾月、单中惠，2011；陶西平等，2016）。同样地，英国政府也一直在进行基础教育改革。20 世纪八九十年代，英国推行基础教育改革，逐步实施了国家统一课程、标准化考试和学校督导问责制度。如，1988 年英国政府颁布《教育改革法》（*Education Reform Act*），对学生在 7 岁、11 岁、14 岁、16 岁等阶段应该掌握的知识和技能提出要求，并通过全国统一标准化考试进行测评，评估结果作为学校选择和改进的依据（汪利兵，1995）。此外，英国还逐步建立了学校督导与问责制度，成立专门的教育督导部门，建立统一的评价指标体系，要求每一所学校进行自我评估并接受外部评估，评估结果对社会公布，评估不合格的学校要定期完成改进（孙河川等，2009；赵德成，2011）。由于这些措施过于关注整体变革与问责，英国的教育改革一直备受质疑。2010年，英国教育部颁布《教学的重要性》白皮书（*The Importance of Teaching*），将教育改革从整体性的构建明确转向关注课堂教学变革，增强学校和教师的自主性，重视教师的专业质量，期望通过课堂教学改革推动基础教育的整体变革和教育质量的提升（段晓明，2011，2013；张楠，2014）。

可以看出，变革成为各个国家教育领域不可回避的问题。虽然各个国家教育改革的具体策略有所不同，但在很多方面都表现出了相似性。Hargreaves等（1998）总结20世纪70—90年代各国教育改革的共同特征，包括：严格规定课程目标、标准和结果，重视学生的高层次思维；普遍进行系统性的标准化测试以及基于表现的课堂评估；创新教学策略；计算机等新技术在课堂实践中得到快速发展和应用；建构主义的教学观和学习观受到更大关注；强化教育问责，包括对学校进行严格的外部审核、将学校表现公开或将学校表现与财政拨款挂钩；更关注家长的权利、意愿、学校选择和学校治理参与；引入市场机制；越来越多的企业概念介入教育改革，如合作、赞助、课程创新等；提高教师的地位、标准和质量，如实行教师资格制度对教师能力标准提出明确要求；关注学校整体改进和重建。

进入21世纪，各国的教育改革仍在继续，且规模更大、范围更广，改革也更为复杂。Hargreaves等（2010）认为21世纪以来西方国家教育改革明显地表现出规模更大、基于标准化考试对教育的控制更严格、基于客观数据的教学改进更强化、缩小不同学生群体之间的成绩差异强调教育结果的扁平化等方面的特征。Fullan（2009）也认为大规模的系统变革已经成为21世纪各个国家教育改革的明显趋势，这种大规模的系统变革涉及国家或区域政府、学区和学校等不同层次。

就亚洲区域来说，Cheng（2005）认为进入21世纪之后，亚洲国家教育改革表现出了一致性特征：①在国家层面，强调重建国家愿景和教育目标，重建不同层次的教育系统，加强市场驱动、私有化以及多元化；②在社会参与层面，强调父母和社区参与学校教育；③在学校层面，强调教育质量、标准与问责，重视分权与校本管理，强调教师质量以及教师和校长的持续性专业发展；④在实践层面，将信息技术广泛应用于学校教育，且强调学习、教学与评估范式的转变。

第二节　变革背景下的教师学习研究

一、教师学习模式的转变

教育变革的背景下，研究者和实践者逐渐将注意力转向教师，认为教师是教育变革成功的关键（Hargreaves and Fullan，1992；Darling-Hammond，2009）。Eraut（1995）认为教师应该成为反思型实践者（reflective practitioner）和专业实践者（professional practitioner）。前者是指教师有责任掌握教学与促进学生学习的方法，并能够根据每个学生的需要选择适当的方法，能从经验中学习，也能对自身教学不断进行反思；后者是指教师有责任不断提高自身专业能力，对学生学习与发展负责。Fullan认为教学是一项发展人的道德事业（Fullan，1995），教师应该在日常教学中不断学习，以满足每个学生多样化的发展需求和学习需求（Fullan，2007）。可见，变革背景下，教师工作日益复杂，既要面对教学技术的快速转变，又要满足学生不断变化的多样化需求，还要满足社会对教育质量的期望（Fullan，1993）。这些要求也意味着以培训为主的传统教师学习模式，已经不足以应对改革带来的巨大挑战（Little，1993）。日益复杂的教育改革呼吁教师学习模式的转变（Lieberman and Mace，2008）。

传统的教师学习模式以教师培训为主，存在很多局限：①将教师学习内容简单化，只关注外部专家知识，学习内容脱离教师工作实际。②将教师改变的过程简单化和线性化，认为通过培训，知识就可以迁移到教师头脑中，再由教师应用于班级教学实践，进而实现教师改变。然而，教师改变不可能一蹴而就，也无法由外部强迫。

新的教师学习模式，与传统模式不同，强调情境学习，其主要特点有：①强调教师学习的情境性。在情境学习理论的推动下，研究者认为教师学习应该嵌入教师的工作实践之中（Putnam and Borko，2000；Borko，2004）。②教师学习形式呈现多样性。教师培训强调为教师提供持续性的专业学习项目（Kennedy，2005；Fraser et al.，2007），非正式教师学习关注教师社群（Louis and Kruse，1995；Hord，2009）。③强调教师成长过程的动态性和教师学习的持续性。教师专业成长过程不是线性递增的，而是复杂的、动态的（Mevarech，1995；Clarke and Hollingsworth，2002）。教师学习应该贯穿于教师的整个职业生涯，也应该成为学校文化的一部分（Fullan，1995；Lieberman and Mace，2008）。④强调教师专业学习与成长的多元性。教师专业成长不仅仅是专业知识的增长，也包括心理、教学实践等方面，是综合性的（Hargreaves and Fullan，1992；Leithwood，1992；Bell and Gilbert，1994）。

二、教师社群研究的兴起

伴随着教师学习模式的转变，教师社群研究日渐兴起。不同于科层化的组织，社群强调成员之间共同的价值观和相互依赖关系（Sergiovanni，1994；Westheimer，1999）。教师社群有多种类型，实践社群和专业学习社群是研究者关注较多的。教师专业学习社群由 Hord 于 1997 年提出，指的是关注学习与改进的学习者社群（Hord，1997）。一般认为教师专业学习社群有五个核心特征，包括共享的价值观和愿景、集体责任、反思性的专业探寻、合作、促进个体学习和集体学习（Stoll et al.，2006）。教师可以通过专业学习社群相互学习、应用、传播与创造知识（Wood，2007）。有效的教师专业学习社群可以促进教师学习、培养教师学习文化、提高学生成绩，对学校改进与发展具有重要意义（Louis et al.，1996；Bolam et al.，2005；Vescio et al.，2008）。实践社群起源于情境学习理论，于 1998 年由 Wenger 提出，指有共同兴趣或目标的一群人，通过持续互动，增强自身专业知识与技能（Wenger et al.，2002）。社群为教师学习创造了条件。培养专业学习社群是学校文化建设的核心（Mullen and Schunk，2010）。

第三节　中国的基础教育改革与教师学习

一、基础教育改革的发展历程

在教育变革的大时代背景下，与其他国家一样，中国的基础教育改革也在持续进行。1978 年，国家召开十一届三中全会，基础教育逐渐得到恢复和发展。伴随着改革开放，基础教育改革成为国家总体改革的重要内容之一。

初期，基础教育改革重点为恢复和重建学校教育以及普及九年义务教育。20 世纪 90 年代，鉴于传统应试教育片面追求考试成绩和分数，忽视人的发展需要，不能满足改革开放背景下中国经济社会发展对人才的需求的问题，教育质量逐渐成为改革的焦点，要求改变传统应试教育，发展素质教育，强调学生的综合全面发展。1993 年，国家颁布《中国教育改革和发展纲要》（中发〔1993〕3 号）提出中小学教育要由“应试教育”转向“全面提高国民素质”，要求改变学校教育脱离经济建设与社会发展需要的现状。1999 年，中共中央、国务院《关于深化教育改革全面推进素质教育的决定》（中发〔1999〕9 号），明确了要全面推进素质教育，促进学生德、智、体、美等全面发展。自此之后，基础教育改革围绕着素质教育进入了新的全面改革阶段。

进入 21 世纪，以素质教育为核心的基础教育改革并没有停止，仍在不断深化。2001 年，中共中央、国务院颁发《关于基础教育改革和发展的决定》（国发〔2001〕21 号），提出继续推进素质教育，深化教学改革，加快构建新的基础教育课程体系。2004 年，教育部《2003—2007 年教育振兴行动计划》得到国务院批转，开始实行新一轮基础教育改革发展计划，推动“新世纪素质教育工程”。2010 年《国家中长期教育改革和发展规划纲要（2010—2020 年）》颁布，文件明确指出素质教育仍然是 2010—2020 年的教育改革主题。2013 年，国家颁布《中共中央关于全面深化改革若干重大问题的决定》，2017 年国务院颁布《国家教育事业发展“十三五”规划》，仍然强调要深化改革。表 1-1 汇总了 1985—2017 年基础教育改革的主要政策文件。

表 1-1 中国基础教育改革的主要政策文件

年份	文件名	主要内容
1985	《中共中央关于教育体制改革的决定》	基础教育管理体制改革，逐步实施“地方负责、分级管理”
1993	《中国教育改革和发展纲要》	推动素质教育改革
1999	《关于深化教育改革全面推进素质教育的决定》	全面推进素质教育，建立新的基础教育课程体系，试行国家、地方和学校三级课程体系
1999	《面向 21 世纪教育振兴行动计划》	实施“跨世纪素质教育工程”
2001	《基础教育课程改革纲要（试行）》	启动基础教育课程改革（新课改）
2010	《国家中长期教育改革和发展规划纲要（2010—2020 年）》	指出提高质量是教育改革发展的核心任务
2013	《中共中央关于全面深化改革若干重大问题的决定》	深化教育领域综合改革
2017	《国家教育事业发展“十三五”规划》	推进课程和教学改革

二、新课程改革的基本情况

在素质教育理念下，基础教育改革涉及教育管理体制、课程教学、考试评估等方面，其中以 2001 年开始推行的新课程改革（以下简称新课改①）影响最为深远。新课改为了实现素质教育，对基础教育的课程体系、结构和内容进行调整。2001 年，中华人民共和国教育部颁布《基础教育课程改革纲要（试行）》推动基础教育课程和教学改革。同年，基础教育课程改革在全国 38 个实验区试行，2004 年开始在全国进行推广。2003 年教育部颁布《关于实施〈普通高中课程改革方案（实验）〉和语文等十五个学科课程标准（实验）的通知》，于是自 2004 年开始，新课改在高中阶

① 学者一般用“新课改”表示 2001 年之后的中国基础教育课程改革，以区分 2001 年以前的课程改革。按照吴刚（2013）对 1949 年新中国成立至今课程改革历史的梳理，2001 年开始的课程改革属于第八次课程改革。不过，谢翌等（2013）认为从课程文本和课程实践两个层次看，2001 年开始的新课程改革其实只是第五次课程改革。本书沿用“新课改”说法。

段推进，从山东、广东、海南和宁夏4个省份开始试行，2008年开始全面推进，到2010年全国所有省份都陆续推行了高中新课改（杨小微，2011）。

新课改的目标包括：课程目标从重视知识传授转向重视对人价值观、态度和情感的培养；课程结构从以学科为本转向建立满足学生发展需求的综合性课程体系；课程内容从强调繁旧的书本知识转向多元知识和技能；课程教学从单向灌输转向学生主动学习；课程评价从结果导向转向过程导向；建立国家、地方和学校的三级课程管理体系（教育部，2001a）。可见，新课改涉及课程结构、课程标准、教学过程、教材、课程评价与管理、教学方式等方面的改革。这场声势浩大的课程改革，已经不仅仅是教材和课程内容的变革，而是“以课程为核心的波及整个教育领域的系统改革”，是涉及课程文化、教育理念和课程理念的根本性变革（谢翌等，2013）。新课改的影响已经远超课堂教学，已然成为一场教育价值观的变革（靳玉乐、艾兴，2005）。

三、改革的挑战与困境

基础教育改革都由政府自上而下主导（吴康宁，2010）。在政府的主导下，改革虽然一直如火如荼地进行着，但是从新课改实施至今，诸多争议与问题不断显现。2011年，21世纪教育研究院就新课改实施情况对29个省、自治区和直辖市的中小学教师进行了网络调查，调查结果显示：尽管74%的教师认同新课改的理念，但是75.4%的教师对新课改的态度是不满意的，74%的教师教学实践仍以传统讲授为主，并且大部分教师认为新课改的学科知识体系不系统、教学难度增加、传统课程弊端仍未改变、学生学习负担没有减轻以及教师培训成效不高（查有梁，2012）。另一项全国中小学学习方式现状调查结果显示，新课改实施至今，学生学习方式没有改变，教师教学方式也未改变，也就是说，新课改基本是失败的（查有梁，2012）。

面对新课改的困境，不同的研究者有不同的看法，如：有研究认为新课改多是外部推动的，学校内部并没有立足实际情况主动进行学校变革，而只是将改革看作落实和贯彻中央的决定（叶澜，2005）。有研究认为各种评估监督制度导致校长和教师负担过重，没有足够的精力进行教学改革

(Walker and Qian, 2012)。还有研究认为虽然新课程重视学生全面发展，不片面追求成绩，但是高风险考试制度的存在，使得学校教学目的仍以提高学生考试成绩为主（Dello-Iacovo, 2009）。另外有研究认为当前改革的困境是既得利益者的抵制、学校教师的抵制以及政策制定者与实施者之间关于改革价值观没有形成共识（吴康宁，2010）。诸多观点的讨论中，将问题集中在两方面：

一方面，问题源头直指新课改本身。有研究者认为改革本身存在很多矛盾，改革目标脱离学校教学实际情况，与中国传统教育文化存在矛盾与冲突（Dello-Iacovo, 2009；Walker and Qian, 2012；蔡宝来、晋银峰，2010）。这方面的讨论引发了著名的"钟王之争"。2004 年，北京师范大学王策三教授发表《认真对待"轻视知识"的教育思潮》，批判新课改完全否定传统的学校教育教学（王策三，2004）。同年，华东师范大学钟启泉教授和有宝华教授发表《发霉的奶酪——〈认真对待"轻视知识"的教育思潮〉读后感》反驳了王策三教授的观点，并澄清新课改的价值观（钟启泉、有宝华，2004）。2008 年，王策三教授进一步质疑，认为虽然新课改倡导的价值观念有积极意义，但是不符合学校教育传授知识的基本规律，认为强调知识传授的学校教育是早期苏联学者凯洛夫（Kaiipob）的教育学理论所倡导的，至今仍有借鉴意义，不应该被完全摒弃（王策三，2008）。钟启泉（2009）再次提出反驳，批判凯洛夫教育学理论只重视机械化的知识传授，忽视儿童发展规律，是过时的教育理论；坚守凯洛夫教育学理论而否定新课改是抱残守缺，会导致教育发展倒退。钟启泉教授认为新课改的核心理念是让每个学生健全发展，是时代发展的必然趋势和必然要求，是没有理由被否定的（钟启泉，2009）。同时，查有梁（2012）认为新课改失败的主要原因在于新课改试图扭转应试教育这一理念本身就存在问题，这种自上而下的强制性改革试图以自主合作与探究的学习方式完全取代讲授式教学是不恰当的，不适用于中小学阶段。吴刚（2013）认为新课改的理论基础和实践基础十分脆弱，本身存在矛盾冲突，改革的核心理念与整体方案不够系统，逻辑杂乱，这些问题最终导致了新课改"奔走在迷津中"，忙碌而无成效。面对新课改的争议与挑战，更多研究者认为变革是长期的过程，新课改自身的问题不意味着要倒退回传统的教学模式，而是要加强对改革自身的系统反思（吴刚，2013），加强对新课改的理论基础、新课程体系、配套改革包括考试评级制度和教师教育制度等方面的反思（靳玉乐、张丽，2004；靳玉乐、艾兴，2005；郝德永，2006；刘旭东，2015）。

另一方面，有研究者将新课改的困境归咎于教师，认为改革失败是因为教师专业能力不足，不愿意改变传统的教学方法。这方面最为盛行的一句话就是“穿新鞋走老路”，即教师虽然表面上顺从新课改的要求，但是在实际的课堂教学中仍然使用传统教学方法，新课改革流于形式，教师教学实践并未发生实际改变。但是，郭华（2010）认为所谓的“穿新鞋走老路”并不是教师能力不足或不愿改变，而是教师作为一线实践者对不适当改革的“自发纠偏”，核心原因还是自上而下设计的新课改自身存在问题。王策三（2012）也认为“穿新鞋走老路”问题不在于教师，而在于新课改过于激进，脱离学校教育实际。不过，另一些学者认为这一现象并不是所谓的自发纠偏，而是复杂改革过程中不可避免的问题，原因是多方面的，不能因此而否定新课改（陈尚达，2010；余小茅，2011；朱文辉，2016）。教师抵制改革或自愿改变皆因教师改变是一个复杂的过程，是多方面因素相互作用的结果，并不只是因为教师个体观念或能力（尹弘飚、李子建，2007）。

无论怎么说，教师被推到了改革的风口浪尖，被视为教育变革成功的关键（郝德永，2006；邵光华，2014）。新课改要求教师改变教学角色和教学方式，从知识传授者转变为学生学习的促进者，要改变传统教学方式、重视学生合作学习和探究学习，要不断提高自身专业能力、具备开发和整合课程的能力，等等，这些都对教师提出了很大挑战（李建平，2002）。大部分教师面对新课改都感受到了较大压力（刘磊等，2004）。不断学习、提高专业能力成为教师应对新课改挑战的必然选择。

四、改革中的教师学习现状

与西方不同，我国中小学校有悠久的教师教研传统，教师学习是制度化的。传统教师教研以研读统一教材为主，多是自上而下的强制性要求，学习形式和内容单一刻板。2001 年新课改实施之后，《基础教育课程改革纲要（试行）》明确要求围绕新课改加强教师学习。中小学教师教研制度也随之不断发展和完善，教研活动有校本教研活动，也有区级、市级甚至跨省的教研活动，教师培训也有各级政府或相关机构组织的培训活动。此外，还有近年日益兴起的名师工作室，由名师组建、不同学校教师参与的学习共同体（韩爽、于伟，2014；单慧璐、刘力，2015）。同时还有教师通过互联网远程学习，2010 年中小学教师国家培训计划实施之后，教师远程学习也更为广泛（贾巍、杨晓宏，2013；马文成，2014）。总体而言，教师教研活动内容与形式相较于新课改之前都更加丰富，包括集体备课、观课、专题研讨、与大学或研究机构合作、课题研究等（陈向明、王志明，2013）。

“校本教研”是新课改之后中国教师教研制度的一个新发展。与新课改之前的传统教研相比，校本教研有两个核心特点：一是强调教师教研要基于学校和教师在教学实践中遇到的实际问题，自下而上地不断发现问题和解决问题，以教师为主，学校领导和教师全员参与（韩江萍，2007；徐文彬，2007）；二是校本教研活动形式更加丰富，除了传统的集体备课和听评课，还有课例研究、自我反思、同伴互助、专业引领和课题研修等形式（肖川、胡乐乐，2007；徐伯钧，2016）。校本教研活动不再局限于学校内，跨校和跨学区甚至跨省市的区域教研活动逐渐增多（徐学俊、周冬祥，2004；娄延果、郑长龙，2010）。

回归校本的教研制度，有助于推动教师在工作中持续反思、成为反思型实践者和研究者，对教师专业发展与成长有重要意义；也有助于通过教研活动解决学校实际问题，促进学校持续发展（姜丽华，2004；肖川、胡乐乐，2007）。陈向明和张玉荣（2014）认为校本教研符合教师学习规律，这是因为：第一，校本教研让教师学习回归学校的教学实践，将学习与工作融合；第二，教师的很多经验与知识是默会的，需要在工作情境中通过观察等非正式方式学习；第三，教学工作自身的情境性与多变性，也要求教师在工作中不断学习。事实上，校本教研与理论研究中强调教师学习情境化的理念是一致的。理论和实践经验都告诉我们，脱离教师工作实践的自上而下的教师培训，不能有效促进教师专业学习与成长。

虽然中国特有的教师教研制度为教师学习提供了制度保障，避免了教师在教学实践中孤立无援（陈向明、张玉荣，2014），但是在实践中，校本教研依然存在很多困难。如：①教研自主性不足、创新性有限，行政管理任务过多，外在评比与检查机制以及个人晋升机制等竞争性要求过多；②组织支持不充分，教研经费和技术设备不足；③教师工作负担重，缺少足够的学习时间和精力；④教师学习内在动机不足，参与学习活动的积极性不高；⑤教师教研能力不足，反思意识和能力不够；⑥教研活动本身质量不高、流于形式，教师合作局限于低层次的经验交流，教研内容过于单一，科研课题好高骛远，脱离学校实际；⑦教师主体地位受到忽视，教研过程中过于强调外部专家或校内骨干教师的主导地位（李敏，2005；张伟平，2006；韩江萍，2007；徐文彬，2007；乔雪峰等，2013；王中男，2014）。

第四节　学校领导对教师学习的意义、研究现状与局限

教师学习对学校变革与发展的意义已经不言而喻。领导教师学习是学校管理者的重要领导职能之一。日益复杂的教育变革不但对教师学习提出了挑战，也对学校管理者提出了挑战，如何引领教师学习成为学校管理者必须思考的问题。

没有学校管理者的支持，教师学习不可能成功（Hord and Sommers，2008；Ontario Principal's Council，2009；Stoll，2011；Timperley，2011）。但是，学校管理者应该如何领导教师学习、如何为教师学习创造条件，至今仍然缺乏充分探讨。尽管校长以及其他学校管理者都明白引领教师学习与专业成长是十分重要的，但是对于到底应该如何引领教师学习、如何为教师学习创造条件和提供支持仍感到困惑。马云鹏等（2005）在对吉林省农村中小学校长的一项调研中发现，89.47%的校长认为教师专业能力的提高是新课改成功的关键，80.65%的校长认为在新课改实施的过程中最主要的困难是教师观念和专业能力不足。同时，调查发现校长最主要的困惑就是不清楚应该如何鼓励教师、如何提高教师素质。

有研究发现变革型领导力对学校组织学习有积极影响（Leithwood et

al.，1998；Jack Lam et al.，2002；Geijsel et al.，2009；Kurland et al.，2010），对教师参与集体学习活动也有积极影响（Thoonen et al.，2011）。还有一些研究发现教学领导力对教师合作学习有正向影响（Murphy et al.，2007；Gumus et al.，2013；Hallinger and Lu，2014；Goddard et al.，2015）。这些研究存在两方面的局限：一是定义的领导力概念框架并不完全一致，使用的测量工具及其信效度也有很大差异；二是只关注某种领导类型，而这些领导类型在实践中应该如何实现尚不清晰，且成功的领导需要根据情境使用不同的领导策略，并不一定局限于某一种领导类型（Leithwood and Day，2007）。

有研究者关注了具体的学习领导策略，如，学校领导者要为教师专业学习提供必要的支持（Youngs and King，2002；Brown et al.，2016），要参与到教师学习的过程中，适时地给予教师鼓励（Bryk et al.，1999），经常与教师互动促进教师合作与教师反思（Blase and Blase，1999），要加强与教师的互动并考虑到每一位教师的情况（Evans，2014），要为教师学习提供辅助而不是约束（Fullan，1995）。这类研究也存在局限性，即只关注了管理者与教师个体层学习之间的关系，忽视了管理者对社群层和组织层教师学习的影响。

还有一些研究者认为管理者可以通过培养学习社群为教师学习创造条件。如，Mitchell（2013）认为学校管理者可以通过培养教师专业学习社群，为教师个体学习和组织学习创造学习氛围，而不是直接指导或强迫教师进行学习与改进。Dufour（1999）认为校长应该发展教师学习社群，重视愿景和价值观，关注未来而不是现状，重视创新而不过于纠结细节；要授权教师，增加教师自主性，还要确保教师行为符合学校愿景；要为教师提供信息和培训，以让教师能够做出正确决策；要以结果为导向，关注正确的问题，而不是把解决策略强加给教师。Printy（2008）认为学校领导者在教师实践社群中发挥着行程制定者（agenda setters）、知识中介者（knowledge brokers）和学习激励者的作用。Lieberman（1996）认为在跨社群的教师合作中，领导者应该起到辅助（facilitaing）、协调（brokering）和联系（linking）的作用，而不是领导；领导者应该做的是组织和维持教师合作学习，如协调时间、安排会议、提供财务支持等。这方面的研究也存在一定的局限性，即将学校看作一个大的专业学习社群，关注学校层面的教师学习社群。然而，组织是由不同实践社群组成的社群网，而不是一个单一的实践社群（Wenger，1998b）。将学校看作一个统一的学习社群，容易忽视学校内不同教师实践社群的存在以及社群之间的差异。Printy（2008）的研究虽然也从实践社群角度出发，关注了社群层，但其研究是基于美国国家学校调查数据的量化分析，缺少对质性数据的深入解释。

此外，已有研究成果多是基于西方的社会文化和组织情境，缺少中国本土化研究。领导力具有社会文化情境性。社会文化不同，个体的价值观也不同，领导者与被领导者对领导关系和行为的看法也不一样，领导实践自然也有所不同。中国社会文化深受儒家文化影响，与西方社会文化有着很大差异。同时，中国特有的教师教研制度也意味着中国教师的学习情境与西方有很大不同，有必要进行本土化探索。基于以上，本书试图探索在中国学校情境中校长引领教师学习的策略及其影响，以期对该领域的研究有所贡献。

第五节　研究目的与意义

通过以上梳理可以看出，面对教育变革的挑战，包括中国在内，无论在哪个国家，教师持续学习都被视为教育变革成功的关键。教育变革过程的复杂性与未知性、教师学习与改变过程的动态性与长期性，意味着教师学习模式不能局限于传统培训，基于工作情境的教师持续学习成为一种必然要求。在我国的教师教研制度下，学校内依据学科分成了不同的教研组和备课组，还有不同形式的教师学习组。对于中国学校校长来说，特有的教研制度为学习领导创造了良好的条件，也提出了本土情境的独特挑战。具体来说，本书初步提出三个问题：

第一，在我国中小学学校情境下，校长如何引领教师学习、采取了哪些学习领导策略？

第二，这些领导策略对教师有什么影响？

第三，哪些因素影响这些领导策略？

从理论和实践上看，本研究具有以下几方面的意义：

第一，研究有助于丰富学校领导力的研究。国际上对于学校管理者如何领导教师学习的研究尚处于探索阶段。本书选取中国学校为研究对象，探索校长学习领导力实践，可以丰富学校领导力领域的研究。

第二，研究有助于加深我们对教师学习与学校领导的关系的理解。教师学习的现有研究强调教师学习的情境性，重视教师社群研究。然而，现有研究对于学校管理者应该如何培养教师社群、在其中应该发挥怎样的作用，尚没有充分探索。本书将教师社群置于学校组织情境中考虑，期望更深入地探讨学校领导对教师学习的作用与影响，也期望进一步丰富与教师学习相关的研究。

第三，从实践上看，研究对我国的学校领导实践和校本教研实践也具有一定意义。相较传统教研制度，校本教研虽然给予学校和教师更多的自主空间，但是在实践中依然遇到了很多困难与挑战。本书对上海中小学校校长、部门领导、教研组长和一线教师等进行实地访谈与问卷调查，探索学校管理者如何领导教师学习以及领导过程中会遇到的困难与挑战，以期对学校实践有一定启示。

第二章

文献回顾

本书探讨校长在教师学习中的领导力与影响。本章对教师学习、学习领导力的相关研究依次进行回顾。最后文献梳理会落脚于我国的学校领导制度与教师教研制度，以澄清中国本土情境。

第一节　教师学习

校长要引领教师学习，需要对教师学习有充分的理解（Leithwood，1992；Fullan，1995）。这一节对教师学习的相关研究进行梳理，目的在于厘清教师学习的内涵、发展脉络以及研究现状。

一、教师学习的内涵

教师学习与教师发展有着密切联系。以 20 世纪 90 年代为分水岭，教师学习研究可以划分为两个阶段，即传统教师发展研究阶段和现代教师学习研究阶段。从教师发展到教师学习，体现了教师学习范式的转变。

第一个阶段是传统教师发展研究阶段，教师发展被等同于在职教师培训，知识被认为是可以迁移的，教师学习主要是自上而下地为教师提供培训或发展项目，向教师灌输新的知识或技能。这种教师学习模式本质是一种“补缺”。教师被认为是能力不足的，是需要发展的，在学习中处于被动地位，教师学习是为了实施教育教学改革（Fullan and Hargreaves，1992；Huberman and Guskey，1995）。

第二个阶段是现代教师学习研究阶段。20 世纪 90 年代，很多研究者都试图重新阐释教师发展的内涵，认为传统研究对教师发展与学习方式的理解过于狭隘，将教师发展等同于教师培训，使教师学习脱离教学实践和工作情境，忽视了教师个体差异（Fullan and Hargreaves，1992；Hargreaves and Fullan，1992；Bell and Gilbert，1994；Lieberman，1995；Day，1999；Evans，2002；Fullan，2007）。综合来看，现代教师学习研究对教师学习的理解明显呈现出以下两个特征：

第一，更加关注教师个体以及教师的工作环境和实践情境。教师发展不再局限于获取知识和技能，而是扩展到教师个人的整体发展，并强调教师的工作情境和教学实践对教师学习有重要作用。如，Hargreaves 和 Fullan（1992）认为教师发展包括三个方面，即知识和技能的发展、自我理解（self-understanding）、生态圈的改变（ecological change）。其中，自我理解是指教师的发展过程，也是教师个体的自我发展过程；生态圈的改变是指教师发展依赖于教师的工作环境和教学情境。Hargreaves（1994）认为教师发展是多面向的，除了教学知识和技能方面的发展，还应该包括道德（moral）、政治（political）和情绪（emotional）等方面的发展，缺少任何一个面向的教师发展实践都是不完善的。教师专业成长的过程就是教师思想（mental models）、信念以及学习观念改变的过程（Mevarech，1995）。Bell 和 Gilbert（1994）认为教师发展就是教师学习；在学习中，教师改变了信念、想法和教学实践；教师发展应该包括个人发展（personal）、专业发展（professional）和社会化发展（social）。所谓个人发展指的是情感方面，教师在改变过程中的感受以及作为一名教师的感受；专业发展是指教师教育观念、行动和班级教学实践的改变；社会化发展是指教师与其他教师形成新的工作方式，或与学生形成新的关系。这三方面的发展是相互影响、相互依赖的（Bell and Gilbert，1994）。Leithwood（1992）也认为教师发展是综合性的，包括专业发展、心理发展和职业生涯发展，并且都有不同的发展阶段。专业发展阶段既包括课堂教学知识和技能的发展，也包括教师在学校改进和教育决策等方面的课堂外更广泛的发展，如能够协助同事专业成长、参与教育决策等。心理发展可分为 4 个阶段。职业生涯发展可分为职业开始、稳定、面对新的挑战、达到新的高度、准备退休五个阶段。同时，这三个方面的发展并非独立的，而是相互联系的，每个方面都会影响教师的发展（Leithwood，1992；Evans，2002）。Evans（2002）认为教师发展是教师专业性增强的过程，包括教师态度和专业的发展。前者是教师工作态度改变的过程，包括心智和动机的改变。后者是教师专业表现的改进过程，包括教学过程的改变和教学结果的改变。卢乃桂和钟亚妮（2006）认为教师专业发展是“教师不断成长、不断接受新知识、提高专业能力的过程”，包括在教师职业生涯中所有让工作能力提升的活动。

第二，从关注“发展”转向关注“学习”。传统的教师发展关注的是如何设计有效的教师发展项目，忽视了教师学习（Webster - Wright，2009），片面地认为通过单向灌输式的教师培训就能够改变教师的教学实践（Hoban，2002）。然而，教学是复杂的职业行为，教师面临的教学情境是多样的、动态变化的。教师发展不是学校和教师日常工作之外需要做的事情，专业发展也不是学习的副产品，教师专业发展本身就是持续地学习，既有正式的学习也有非正式的学习，而持续学习应该是学校文化的一部分（Fullan，1995）。这种新的教师发展模式是一种“成长”模式，即教师学习是基于工作情境的（site-based），教师不再是被动的接受者，而是主动的学习者（Huberman and Guskey，1995）。Day（1999）认为教师发展包括所有自然的学习经验，以及对个体、集体或学校有益的、有计划的活动，通过这些学习和活动，改善班级教学质量。研究者认为“发展”这个用语本身隐含着一种缺陷假设，即教师是有缺陷的、能力是不足的，是需要被发展的，因此应该用“学习”一词代替“发展”（Fullan，2007；Webster-Wright，2009）。不过，教师发展与教师学习不是对立的（陈向明，2013）。可以看出，相较于早期，现代的教师学习与发展研究更加关注教师在工作情境下真实的学习体验。

总体而言，现代教师学习研究强调以下几个核心观点：①在学习地位上，教师不再是被动的知识接受者，而是主动的学习者；②在学习方式上，教师不应该只接受正式的、外部专家灌输的、一次性的培训，而应该在工作情境中进行真实的、持续性的学习；③在学习与成长的内容上，教师不应再只局限于获取知识和技能，还应该改变态度、情绪和信念等，以提高个人的综合能力。

二、教师学习与社群

（一）社群的内涵

现代的教师学习理论与实践离不开“社群”这个名词。如探寻社群（inquiry community）、教师专业学习社群（teacher professional learning community，简称 PLCs）、教师社群（teacher community）、实践社群（community of practice），等等。如今“社群”一词颇为流行，甚至成为教育改革的必要条件，已经有一些学者开始担忧“社群”一词会失去其本来的意义（Grossman et al.，2001；DuFour，2004）。虽然不同的教师社群的关注点有所不同，但是其核心理念都是通过合作促进教师学习，进而改进教师教学和学生学习（Levine，2010）。

“社群”（community），也被译为“共同体”，来源于政治哲学和社会学领域。20 世纪 80 年代，在政治哲学领域，对社群的理解成为中心话题，以 Michael Sandel 为代表的一批学者，掀起了社群主义（communitarianism）风潮，强调人与人之间的紧密联系、共同利益和价值观，进而对极端个人主义的观点进行批判（俞可平，1998）。社会学家 Robert Bellah 认为社群是相互依赖、共同参与讨论和决策、共享某种实践成果的社会集体（Grossman et al.，2001）。Sergiovanni（1994）认为社群是指被自然意志联结在一起，有共同想法和理想的一群人。1887 年，德国社会学家 Ferdinand Toennies 发表的《社群与社会》（*Gemeinschaft und Gesellschaft*），对社群和社会进行了区分。Ferdinand Toennies 认为，与社会（也称“联合体”）中人与人之间松散、疏远的关系不同，社群是有机的，社群中的人与人之间的关系是紧密的、相互依存的；社群中的联结基于人的内在自发的自然意志（natural will），而社会中的联结基于理性意志（rational will），是为了达到某种目的，是与契约或利益相关的；社群的形成可以基于血缘、居住地或共同目标和价值观（Sergiovanni，1994；Grossman et al.，2001）。Westheimer（1999）认为社群的核心特征是共享的信念、互动和参与、相互依赖、关心个体和少数人的意见以及有意义的关系。换句话说，社群成员因为拥有共同的价值观而相互吸引，聚集在一起，形成紧密的依赖关系；同时，社群也强调个人对集体的责任与义务，社群的规范和分工也是由成员协商决定而不是外部强加的（Sergiovanni，1994）。从这个角度来说，社群是与科层制以及去人性化组织对立的（Kruse and Louis，1997）。

（二）社群的理论起源

1. 教师专业学习社群

目前教师专业学习社群是研究者关注最多的教师社群。对教师专业学习社群的定义并不一致。Hord（1997）最早提出教师专业学习社群的概念，将其定义为学生、教师和学校领导者持续进行学习与改进的学习者社群。Stoll 等（2006）认为专业学习社群的核心是一群人持续地以反思的、合作的、包容的、学习导向的、促进成长的方式对实践进行分享和批判性质询。

很多学者都尝试探究教师专业学习社群的特征，即有效的教师专业学习社群应该是怎样的。如，Hord 认为教师专业学习社群有六个核心特征，分别是共享的价值观和愿景、共享与支持性的领导力、集体学习与应用、个人实践分享、支持性的结构、支持性的关系（Hord，1997）。Kruse 与 Louis 等认为专业学习社群的核心特征有五个，即共享的价值观、关注学生学习、合作、去个体化实践（deprivatized practice）以及反思性对话（Kruse and Louis，1993；Louis et al.，1996）。DuFour 和 Eaker（1998）认为教师专业学习社群（学校层）的核心特征应该是共享的愿景与价值观、集体探寻、合作的团队、行动导向与试验、持续改进以及结果导向。Westheimer（1999）认为学校教师专业社群的特征是教师的自主性、权利、对同事的责任感以及强烈的集体使命感。Bolam 等（2005）认为有效的教师专业学习社群能够促进和维持学校所有专业者的学习，实现提高学生成绩的集体目标。通过调查英国学校，Bolam 及其同事发现成功的教师专业学习社群特征包括共享目标和愿景、学生学习的集体责任、合作学习、个体和集体专业学习、反思性专业探寻、保持开放并建立网络与伙伴关系、学校全体成员包括教师与管理者全部参与、相互信任尊重与支持。Ontario

Principal's Council（2009）认为成功的教师专业学习社群的核心特征是关注学生学习、共享目标、团队合作、教师能力、领导能力、专业发展以及持续学习。Fulton 和 Britton（2011）认为有效的教师专业学习社群的特征包括共享价值观和目标、集体责任、真实评估、自我反思（self-directed reflection）、稳定的环境以及强大的领导力支持。Stoll（2011）认为教师专业学习社群的核心特点是共享的价值观和愿景、集体问责、反思性的专业探寻、合作、促进集体学习和个体学习、信任的人际关系。以上特征汇总见表 2-1。

表 2-1　教师专业学习社群的特征研究

研究者与年份	特征
Hord（1997）	共享的价值观和愿景、共享与支持性的领导力、集体学习与应用、个人实践分享、支持性的结构、支持性的关系
Kruse and Louis（1993）	共享的价值观、关注学生学习、合作、去个体化实践以及反思性对话
DuFour and Eaker（1998）	共享的愿景与价值观、集体探寻、合作的团队、行动导向与试验、持续改进、结果导向
Westheimer（1999）	教师的自主性、权利、对同事的责任感以及强烈的集体使命感
Bolam et al.（2005）	共享目标和愿景、学生学习的集体责任、合作学习、个体和集体专业学习、反思性专业探寻、保持开放并建立网络与伙伴关系、学校全体成员包括教师与管理者全部参与、相互信任尊重与支持
Ontario Principal's Council（2009）	关注学生学习、共享目标、团队合作、教师能力、领导能力、专业发展以及持续学习
Fulton and Britton（2011）	共享价值观和目标、集体责任、真实评估、自我反思、稳定的环境、强大的领导力支持
Stoll（2011）	共享的价值观和愿景、集体问责、反思性的专业探寻、合作、促进集体学习和个体学习、信任的人际关系

教师专业学习社群背后隐含的是建构主义的学习观，通过提供真实的工作情境和合作的人际关系，为学习者的学习建构提供条件（Hord，2009），核心是建立合作的文化（DuFour，2004）。实证研究也发现教师专业学习社群对教师教学实践和学生学习都有积极影响（Vescio et al.，2008；Lomos et al.，2011）。具体来看，Lomos 等（2011）通过元分析发现

教师专业学习社群对学生成绩有较小但是显著的影响（$d=0.25$，$p<0.05$）。但是，如果只是一群人聚集在一起，没有实现专业学习社群这些核心特质，没有从根本上改变学校文化，那么即使贴上专业学习社群的标签，也没有任何意义，对教师学习和学校改进都没有任何帮助（Vangrieken et al.，2017）。

2. 实践社群

实践社群（communities of practice，简称 CoPs）来源于人类学家 Lave 和 Wenger 的情境学习理论，是一种认知的人类学观点。Lave 和 Wenger 于 1991 年发表《情境学习：合法的边缘性参与》（*Situated Learning*：*Legitimate Peripheral Participation*），提出情境学习理论和实践社群的概念。1998 年 Wenger 发表《实践社群：学习、意义和身份》（*Communities of Practice*：*Learning*，*Meaning*，*and Identity*），对实践社群的概念进行了详细阐述。

实践社群包括“实践”和“社群”两个词。实践，即“做事/活动”（doing），且活动不是离身的，而是具身的，嵌入社会历史文化背景中，既受人的思想也受社会文化因素影响（Wenger，1998b）。个体和社会文化背景共同作用，赋予经验（experience）意义，即“实践”。“社群”是将实践联结在一起的社会组合形态（social configuration）（Wenger，1998b）。实践社群是指一群人对某一主题有共同兴趣、热情或有要共同解决的问题，进而持续互动，并深化自身领域知识与专长（Wenger et al.，2002）。在实践社群中，实践可以发展、协商和分享（Wenger，1998b）。也就是说，知识分布于实践中，学习在实践中进行。社群为学习提供了“理想的”结构（Roberts，2006）。

Wenger 认为实践社群有一些核心特质，包括：①持续性的关系，这种关系可能是和谐的也可能是冲突的；②有共同做事情的方式；③有快速的信息流动和创新传播；④需要持续的对话和互动；⑤能快速找到要讨论的问题；⑥参与者对于谁属于社群成员有相似的看法；⑦知道其他人知道什么、在做什么以及是如何做的；⑧相互定义身份；⑨能够评估行动以及行动后果的适当性；⑩有特定的工具、表征和其他人工制品；⑪有共同的历史，如传说、故事、笑话和笑点；⑫有内部的沟通术语和沟通方式，且很容易发展出新的沟通术语和方式；⑬有反映某种世界观的共同话语（Wenger，1998b）。实践社群是学习的社会互动结构，是社会化学习系统（social learning system），逐渐浮现的结构、复杂的关系、自组织、动态性的边界以及持续的身份和文化意义协商等都是其典型的特征（Wenger，2010）。

实践社群有三个要素，即相互参与（mutual engagement）、共同的事业（joint enterprise）、共享的知识库（shared repertoire）。首先，实践社群的形成需要成员之间的相互参与，这也是实践形成的基础。如果只是一些人聚集在一起，没有互动和参与，并不能称之为实践社群。其次，共同的事业，是社群成员在相互参与过程中，通过协商产生的目标以及相互之间的责任关系（mutual accountability）。最后，共享的知识库，是社群成员通过追求共同的事业，创造形成的各种成果，包括规则、用语、做事方式、手势、符号、风格，等等（Wenger，1998b）。Wenger 随后进一步认为领域（domain）、社群（community）和实践（pactice）是实践社群的三个核心结构要素（如图 2-1 所示）。领域指社群的目的与价值，可以为实践社群的形成提供共同的平台和共同身份的意识，让社群成员参与其中，指导社群成员学习，赋予成员行动意义。社群是学习（发生）的社会化结构（social fabric）。学习不仅仅是抽象的心智活动，还是通过参与和互动获得社群身份的过程。社群为个体参与和成员互动提供了社会化条件。在社群中，成员相互信任、相互尊重。这种关系使得社群成员更愿意分享自己的想法，敢于提问，愿意聆听、参与社群活动。实践指的是社群成员共同使用的一套框架、思想、工具、信息、风格、语言、故事和文件（Wenger et al.，2002）。简单来说，领域是实践社群关注的主题或要解决的问题。实践社群的形成，就是一群人因为对领域有共同的兴趣而联结在一起，彼此基于信任与尊重围绕着这个主题进行互动，在互动过程中形成一套共同的实践。这个实践是实践社群的知识成果和社群成员共有的知识库。在实践社群中，实践可以不断维持、分享、发展与创新。

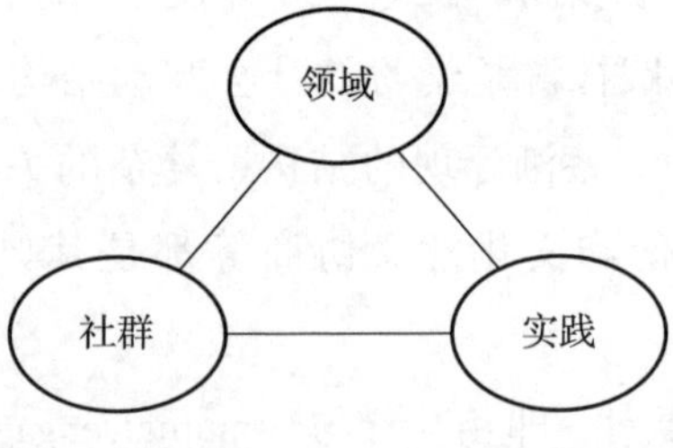

图 2-1　实践社群的三个核心结构要素

实践社群与教师专业学习社群是否相同尚有争议。有学者认为实践社群与教师专业学习社群并不完全一致。教师专业学习社群的概念只是描绘了一个理想的专业学习社群的样子，并没有为学校实践提供具体的指导，也不关心社群中教师学习与改变的机制（Levine，2010）。实践社群强调通过共同参与实践形成共享的知识库，而教师专业学习社群强调的是不同于传统学习方式的教师合作学习与反思（Lee and Shari，2012）。本书使用实践社群理论，故只使用实践社群的概念。

（三）社群中的教师学习：合法的边缘性参与

Lave 和 Wenger 于 1991 年发表《情境学习：合法的边缘性参与》，通过对裁缝、助产士、屠夫等职业学徒制的分析，提出“合法的边缘性参与”（legitimate peripheral participation）的概念。所谓“合法”，意味着有明确的社群身份（Lave and Wenger，1991）。“边缘”（peripheral）与“边界”（marginality）不同，“边缘”表示虽然有一定程度的不参与，但是具有参与的可能性；而“边界”是一种不参与的形式，且会阻碍进一步的参与（Wenger，1998b）。因为新手能力不足以充分参与到社群实践中，“合法的边缘性参与”使新手可以接触到社群真实的实践，通过观察，新手逐渐能够充分参与，发展成为老手。也就是说，学习是新手从“合法的边缘性参与”，逐渐发展成为充分参与的过程（Lave and Wenger，1991）。因此，教师学习也被看作教师成为专家的过程（Kelly，2006）。

Wenger 于 1998 年单独发表《实践社群：学习、意义和身份》，进一步拓展了实践社群理论，强调实践、社群、身份、意义等概念对理解学习的意义。学习是在实践中学习（learning in practice），是社群身份的获得过程。具体强调以下几个方面：

第一，实践社群理论强调在实践中学习。学习的过程是通过实践逐渐发展形成相互参与的形式，理解并调整目标与主题，形成共同规范与结果的过程。

第二，学习不仅仅是获得知识和技能，也是获取社群中某种身份的过程（process of becoming）（Wenger，1998b）。身份是在社群参与的过程中塑造的。身份是可以发展变化的。学习可以带来身份的变化，这种变化形成了不同的学习轨迹（trajectory），包括边界外轨迹（outbound trajectories）、边界内轨迹（inbound trajectories）、边缘轨迹（peripheral trajectories）和内部轨迹（inside trajectories）。边界内轨迹是新成员逐渐发展成为充分参与的成员的过程。边缘参与是潜在的社群成员部分参与社群实践，并有机会成为充分参与的成员。边界外轨迹指的是离开社群，参与社群外的实践（Wenger，2000）。在社群内，一般还存在示范性学习轨迹（paradigmatic trajectories）。示范性学习轨迹不是一套抽象的职业生涯发展规则，而是社群成员真实的身份和参与历史。通过老成员的真实范例，新手可以快速了解自己未来可能的学习发展轨迹。当然，新成员不一定要完全遵循示范的学习轨迹，也可以找到自己的身份，并为社群提供新的示范轨迹。不同身份代表不同能力。在实践社群理论中，能力不仅是具备某种知识、技能，还需要：①能与其他成员共同参与社群活动；②能够理解社群的目标并承担相应的责任；③能够使用社群共同的知识库（Wenger，1998b）。学习可以带来个体意义的变化（郑鑫等，2015）。在学习过程中，个体在自身经历与社会实践互动过程中，进行意义协商和身份建构。

个体可以从属于多个社群，具有多重社群身份。不同社群身份需要个体以不同方式参与不同实践，承担不同社群的责任（Wenger，1998b）。个体需要处理不同的角色和关系，与不同身份进行协商，取得对自我的认识。与不同身份的协商会带来个体身份的冲突与矛盾，也会给社群带来不稳定性因素。为了保持自我身份的主体性，个体在不同的实践社群中会采取不同的参与方式，以适应不同的社群身份（Handley et al.，2006）。正因此，与 Wenger 的观点不同，Handley 等（2006）认为我们无法通过个体在某一个社群的身份或行为判断个体的能力，身份与能力的形成和发展是在不同的社群实践过程中形成的。

（四）跨越社群边界的教师学习

边界指由于社会文化差异导致的行动或互动的不连续性（discontinuity）（Akkerman and Bakker，2011）。实践社群可以带来发展，也可能自我封闭与固守；边界虽然可能带来冲突和误解，但是也可能产生思想碰撞，为学习与创新提供了可能性；社群和边界是相互补充的，都对学习的发生十分重要；组织创新依赖于核心实践的建构以及积极的跨边界过程（Wenger，2000）。教师在工作中可能属于不同的实践社群，产生跨边界学习。

第一，边界是可以联结的。在跨边界的过程中，联结不同实践社群的要素有两个，即边界物（boundary objects）和中介人（brokering）。边界物指可以在实践社群间建立联结的物化物（reification），包括人工制品（artifacts）、文件、术语、概念，等等。中介人指可以将某个实践引入另一个社群的人（Wenger，1998b）。

第二，边界上会发生不同的学习活动。Wenger（2000）认为跨边界学习过程有三个，包括协调（coordination）、透明（transparency）、协商（negotiability）。协调是指不同实践相互配合；透明是指彼此阐释清楚不同实践背后的目的与意义；协商是指彼此就不同的实践进行沟通与协商。Akkerman and Bakker（2011）通过综述不同领域的跨边界学习研究，总结了四类跨边界学习机制，即认同、协调、反思与转变。认同是指不同的实践可以共存，或者消除差异接受对方并重构实践。协调是指不同实践相互合作，共同完成工作。反思是指在跨边界学习中，能够从别人的实践中对自身实践进行反思。转变是指在跨边界学习中，彼此为了化解冲突，产生了实践的巨大改变，甚至创造出新的实践。跨边界学习并不一定是消除多元走向一致的实践，而是不同社会文化实践的联结与互动。

三、组织中的教师社群：实践社群的视角

随着实践社群在组织管理中的大量应用，实践社群的内涵与形式已经得到扩展，越来越多的研究者和实践者认为可以将实践社群作为组织学

习、知识管理与组织创新的重要管理工具和管理手段（Swan et al.，2002；Wenger et al.，2002；Pattinson et al.，2016）。也就是说，实践社群为教师学习创造了条件。学校可以通过发展教师实践社群，为教师学习创造条件，增强教师专业身份认同（李子建、邱德峰，2016）。

（一）实践社群对教师学习的意义

组织不是一个单一的实践社群，而是由若干个实践社群组成的社群网（Constellations of CoPs）（Wenger，1998b）。实践社群为教师学习与成长创造条件主要体现在以下几个方面：

首先，实践社群为教师学习创造了条件。实践社群意义的核心在于可以一起思考（Pyrko et al.，2017）。在实践社群中，通过合法的边缘性参与，新手教师可以迅速融入教学实践，发展专业能力。教师相互参与实践、一起思考，可以共同改进教学实践。此外，实践社群既支持个体学习也支持合作学习，个体可以在合作的情境中阅读、反思和分享，社群成员也可以基于共同的兴趣进行合作性学习（Monaghan，2011）。实践社群既是一种社会关系结构也是一种认知结构（Lindkvist，2005），强调紧密的关系和实践知识的分享，有助于教师专业发展和深层次的教师改变（Chalmers and Keown，2006）。个体可以通过参与、想象和调整等参与组织内不同实践社群。参与指个体直接与实践社群成员互动与合作。想象指个体不直接参与实践活动，而是通过想象了解实践社群。调整是个体按照实践社群的规则反思并调整自己的活动（Wenger，1998b）。

其次，实践社群有助于教师不断产生、分享、应用和创造知识，推动组织创新。实践社群通过在组织内发展和迁移最好的实践（best practice），可以促进组织发展与变革（Cordery et al.，2015）。实践社群是共享实践的社群，从过程上看，实践社群的活动是合法的边缘性参与不断发生的过程，也是知识不断产生、应用和再生产的过程（Hoadley，2012）。社群成员围绕“实践”，分享、获得并创造知识，即形成共同的知识库，如专业规范、技能、故事、词汇、人工制品等；这个共享的知识库又是继续学习的基础（Andriessen，2005）。在实践社群中，成员可以不断分享、修正和创造知识（Wenger，1998a）。因此，实践社群的一个优势就是具有自我延续性（Self-perpetuating），它可以通过生产知识进行自我强化和更新（Wenger and Snder，2000）。Andriessen（2005）认为知识社群虽有不同的形式，但其核心特点是连接程度（connectivity）和制度化程度（institutionalization）；实践社群正是一种高联结但中等制度化的非正式的知识社群。正因为在知识管理和集体学习方面的优势，实践社群已经不仅仅被看作集体学习的情景化场所，也被看作“知识社群”，为知识创造和学习提供平台和氛围（骆静、廖建桥，2006），是组织知识发展的源泉，也是应对知识社会变革挑战的关键（Wenger and Snder，2000）。Ison（2010）认为可以将实践社群看作一种系统思考的概念工具，用以理解组织面对环境变革如何进行系统学习与适应性学习，并实现创新（Iaquinto et al.，2011）。

最后，实践社群有助于加强教师之间的关系联结，提高教师身份认同，推动教师合作文化的形成。实践社群可以让成员在参与实践的过程中逐渐形成社群身份与身份认同（Wenger et al.，2002）。Lesser 和 Storck（2001）认为实践社群将不同的实践者联结在一起，成员之间形成信任关系以及共同的语言和情境，增强了社会资本，促使成员改变行为并分享实践，进而对组织表现产生影响。组织可以借助实践社群，通过社群集体知识以及个体对工作的热情，充分利用人才并优化团队建设，培养成员共同归属感，为组织成功提供一种新的机制（Kerno and Mace，2010）。教师在学校内参与不同的实践社群，在完成不同社群任务的过程中，不断进行反思与成长，可以增强专业身份认同（李子建、邱德峰，2016）。

（二）实践社群的类型

早期，Lave 和 Wenger 的研究认为实践社群是通过互动逐渐发展形成的非正式组织。这使得实践社群的概念一直备受质疑（Contu and Willmott，2003；Cox，2005）。一些学者认为正是“社群”一词，造成了这个概念的模糊性。如，Cox（2005）认为 Wenger 对实践社群的定义本身就与“社群”一词原本的含义矛盾，如：①实践社群强调共同的事业（joint enterprise），是有目的性的，但是社群一般无特殊目的（unpurposive）；②实践社群的成员有不同的知识和技能并相互定义身份，但是社群原本含义倾向的是同一性；③实践社群划分了边缘与核心这样的内部结构，但是社群的原有含义是非结构化的；④实践社群具有内在创造力，可以不断发展进化，但是社群一般是稳定的。

Orr 是实践社群内涵扩展的一位重要贡献者。Orr 在分析复印机技术维修员的工作时，发现虽然公司通过培训和维修手册等为维修员提供了维修技术与流程，但是维修员的很多维修技术知识与技能都是在日常工作中通过与同事彼此分享获得的（Orr，1996）。虽然 Orr 的研究案例与 Lave 和 Wenger 所提出的裁缝工作中的学徒制类似，但是 Orr 并没有使用“实践社群”一词。Orr 认为这些互相分享的技术人员组成了“职业社群”（occupational community）。职业社群的成员互相分享信息，叙述自己工作上的故事，互相帮助、解决问题、共同学习（Orr，1996）。

Brown 与 Duguid 从实践社群的视角进一步对 Orr 的研究案例进行分析，认为组织中的实践可以分为规范实践（canonical practice）和非规范实践（non-canonical practice）。组织内的正式群组关注规范实践，而实践社群主要关注非规范实践。组织应该重视并支持组织内的实践社群（Brown and Duguid，1991a）。Brown and Duguid（2001）进一步提出“实践网”（networks of practice）的概念，取代“实践社群”一词。Brown 与 Duguid 认为实践社群过于关注社群，忽视了实践。实践社群强调成员之间紧密的联系。与实践社群不同，实践网是更为松散的关系集合。实践网中的成员可以彼此不认识、不熟悉，甚至只是偶然遇到，但是仍然可以彼此分享知识。实践网不局限于组织内部，可以跨组织形成。

Wenger 在后期的研究中也拓展了实践社群的内涵，认为实践社群在规模、时间、空间、制度化程度等方面可以有不同的形式。从规模上看，实践社群的规模可以很大也可以很小；从社群成员组成看，实践社群可以是由学科或部门等背景相同的成员组成的同质性程度很高的社群，也可以是由不同背景的人组成的异质性程度很高的社群（Wenger et al.，2002）。从联结程度看，实践社群成员之间的关系不一定是紧密耦合的（tightly coupled），也可能是松散耦合的（Koliba and Gajda，2009）。

本书在制度化程度、空间维度和功能维度上，梳理了不同形式的实践社群的情况。

1. 制度化程度

制度化程度指组织对实践社群的外在控制程度，体现了实践社群的自主程度，关注的是组织管理与实践社群的关系。Wenger 等（2002）认为在组织中，实践社群可以是完全不被组织注意到的存在，也可以在组织中以高度制度化的形式存在。按照制度化的程度，可以分为五种形式，包括组织未发现的（unrecognized）、部分发现的（bootlegged）、合法存在的（legitimized）、支持的（supported）和制度化的（institutionalized）。组织未发现的可能是无意识存在的实践社群，例如，教师在一起用餐时，同事之间就一些问题或主题进行讨论，交换彼此的实践经验（Koliba and Gajda，2009）。制度化的实践社群会受到组织更多的重视，也可以获得更多的资源支持，通过合理的管理，依然可以确保实践社群保持一定的自主性（Wenger et al.，2002）。高度制度化、有具体目标的实践社群也被称为“策略社群（strategic communities）”（Storck and Hill，2000；Andriessen，2005）。Wilson 等（2004）将非自发的、结构化情境中的学习群组看作一种特殊形式的实践社群，称之为“有边界的学习社群”（bounded learning communities）。

2. 空间维度

实践社群可以跨越组织的边界，不一定要在同一个组织内。组织内的实践社群，有助于组织内的合作学习与实践分享；跨组织的实践社群鼓励个体与组织外的人相互联系与合作学习，有助于组织吸收外部知识，打破组织边界，避免组织自我封闭（Pattinson et al.，2016）。实践社群可以由地理位置上相同或者相近的成员组成，也可以跨越地理位置局限，还可以跨越组织、区域、国家和行业的限制。

随着信息技术的发展，实践社群成员不一定要面对面交流，可以通过邮件、电话等方式进行交流与学习（Wenger et al.，2002）。通过信息技术，包括电话、电视会议、邮件、传真、互联网、公共数据库等手段进行互动的实践社群也被称为虚拟实践社群（Virtual CoPs）（Dubé et al.，2006）。虚拟实践社群虽然也会有面对面的互动，但是成员之间的交流主要通过信息技术实现。因此，在虚拟实践社群中，成员互动与学习的情境与一般实践社群有很大不同（Dubé et al.，2006；Amin and Roberts，2008）。很多学者专门对虚拟实践社群进行了探索（Dubé et al.，2005；Chiu et al.，2006；Ardichvili，2008）。一些学者还对虚拟实践社群的形式进行了细致划分。如，Porter（2004）按照发起者的不同，将虚拟社群划分为成员自主发起和组织资助两个类别。Amin 和 Roberts（2008）将虚拟实践社群进一步划分为创新项目驱动社群和问题兴趣驱动社群两类。Dubé 等（2006）从社群基本特征、组织背景、成员、技术四个维度，对虚拟实践社群进行了系统归类。

另外，对于实践社群的空间维度，信息技术只是提供了一种手段。如果虚拟实践社群只关注信息技术手段，而忽视教师教学实践，那就本末倒置了（Schlager and Fusco，2003）。也许正如 Amin 与 Roberts 所说，对于实践社群而言，重要的不是空间上是否临近，而是成员之间的接触、媒介活动以及交流（Amin and Roberts，2008）。

3. 功能维度

一些学者依据实践社群在组织中发挥的功能，对实践社群进行了划分。如，Amin and Roberts（2008）认为在实践社群的应用中，一些研究对实践社群的理解过于狭隘，将实践社群简单地等同于一种组织成员之间面对面互动的稳定社群，忽视了实践社群形式的多样性。进一步地，Amin 和 Roberts 根据学习过程与学习结果，将实践社群分为四种模式：任务导向、创新导向、专业学习以及虚拟学习。

Wenger 等（2002）根据社群的发展意图，将实践社群分为：①帮助社群（helping communities），主要目的是让成员互相帮助以解决日常工作中的问题，互相分享想法；②最好实践社群（best-practice communities），其主要目的是发展、试验和传播具体的实践；③知识管理社群（knowledge-stewarding communities），其主要目的是整理、升级和发布成员日常使用的知识信息，包括文档、数据库或者一些具体的文件资料；④创新社群，主要目的是创新，一般需要联合不同部门、组织或领域的成员。

随着社群发展或需求改变，这些意图也会逐渐发生变化。根据组织需要，实践社群可以发挥不同的作用，包括推动学习创新，让成员在参与和分享社群实践的过程中，创造出新的实践知识；成为专业发展平台，让新手向老手或专家学习，提高自身专业能力；提供合作机会，将不同组织或专业背景的人聚集一起，共同发展；发挥组织管理职能，对实践社群及其成员进行管理（Pattinson et al.，2016）。

Vangrieken 等（2017）基于发起者，将教师社群分为正式的教师社群、成员导向的教师社群、形成性的教师社群。正式的教师社群指的是政府启动的教师社群，主要目的是实施国家的教育项目。成员导向的教师社群，一般是学校管理者或专家发起的，社群的目的和行程也是预先设定好的。这类社群一般是长期的，主要目的是提高学校教师的专业能力。形成性的教师社群，与前两类社群都不一样，是自发形成的，目的和行程规范都是在发展过程中逐渐形成的。这些社群的差异之处在于对教师社群的功能与看法有所不同：一种是将建立发展教师社群本身作为目标，目的在于为教师学习提供情境，建立一种学习文化；另一种是将社群作为工具以实现其他目标。但是，无论是当作工具还是当作文化，这两个过程并不冲突，而是互惠的，社群为教师专业发展互动提供了有意义的背景，教师专业发展又可以形成或强化社群（Vangrieken et al.，2017）。

（三）实践社群的发展过程

实践社群会经历不同的发展阶段。Wenger 等（2002）认为实践社群的发展会经历潜伏（potential）、合并（coalesce）、成熟（mature）、管理（stewardship）、变革（transformation）五个阶段。在开始阶段，实践社群只是一些潜在成员的松散集合。随着成员之间建立联结，成员合并形成了一个社群。社群建立之后，社群成员和社群实践都会不断发展直到成熟。成熟之后，社群就会对实践和知识进行管理。进一步地，社群会寻求变革与持续发展。每个阶段都会经历不同的冲突和矛盾。

Grossman 等（2001）将教师社群的发展过程划分为开始、进化和成熟三个阶段。在开始阶段，社群成员会不愿意承认彼此之间存在差异，“假装”是一个统一体。在这个阶段，为了维护统一的表象，很多冲突都会被隐藏。经过足够时间的发展，当成员之间的差异和冲突无法忽视和隐藏的时候，就会爆发出来。当成员能够理解、接受甚至使用不同的观点时，社群就变得成熟了。

Palloff 和 Pratt 认为社群发展会经历形成、规范、风暴（storming）、执行和解散等过程。其中，风暴阶段是冲突爆发的阶段，也是群组发展必然经历的阶段（Johnson，2001）。冲突不一定会带来不好的结果，也可能会创造出新的学习机会，让成员开拓思想、加深合作（Vangrieken et al.，2017）。

Stoll（2011）认为教师学习社群的发展可以分为四个阶段，包括开始、发展、深化和持续。最后的持续阶段是指学校能够将教师学习社群作为一种方式维持下去，即形成教师学习文化。

Bolam 等（2005）认为教师社群是随着时间不断发展的，会经历开始、发展和成熟三个阶段。相较于还处于开始阶段的教师社群，成熟阶段的教师社群成员有更高的活动参与度。将社群发展划分为不同阶段有助于理解实践社群的发展过程，但是这个发展过程并不是线性的、固定的，而是复杂的、非线性的（Gilley and Kerno，2010）。教师社群的发展阶段一般与教育变革的发展阶段以及创新水平相关（Stoll，2011）。

在实践社群内，个体学习也会经历不同阶段。最典型的学习路径就是从合法的边缘参与到充分参与。Hung 等（2005）认为在实践社群中个体学习会经历三个过程，分别是刺激、参与和共同互动。个体的学习身份不断变化，从新手、观察者、参与者发展到积极贡献者。

实践社群的发展过程也是成员进行意义协商的过程。Dooner 等（2008）基于 Weick 的研究理论，认为教师合作学习会经历四个阶段，即不同目的、共同手段、共同目的和不同手段。具体来说，在社群的开始时期，个体会有不同的目的和期望，因为有共同的兴趣或价值观，彼此将尝试联结在一起。当找到共同兴趣点或主题的时候，彼此就会通过一些方法和手段，进行合作。在这个阶段，虽然个体开始合作学习，但是彼此的期望和目标仍然存在差异，这种差异可能会产生冲突和矛盾。当冲突和矛盾爆发时，社群就会关注集体，制定规则，明确分工，形成社群的共同目的。之后，当社群要求个体服从集体以确保一致性的时候，个体会尝试使用不同的手段，以确保自身的独特性。在最后这个阶段，社群会逐渐走向解体或消亡。

有学者认为实践社群的发展是逐渐成为学习型社群的过程。Skerrett 认为实践社群在最开始阶段，虽然有共同的目标或主题，但还不一定是学习型社群。学习型实践社群是能够持续进行实践探寻，发现、创造和协商新的意义，进而改进实践的社群。实践社群发展成为学习型社群需要为成员提供不同的参与实践的机会（包括投入、想象和调整等不同参与方式的机会），创造合作学习的时间和空间（Skerrett，2010）。Wenger 也认为实践社群要想保持活力，就应该成为学习型社群。实践社群要想发展成为学习型社群，需要开放学习路径、成员互动、开发新实践（Wenger，1998b，2000）。

在发展过程中，很多因素会阻碍实践社群的发展。Probst 和 Borzillo（2008）研究发现阻碍实践社群成功的因素包括：①缺少核心群组，没有核心成员定期见面、交流想法，或者帮助其他成员解决问题的机制；②成员互动不足，彼此交流或共同解决问题的互动越来越少，彼此的联结关系就会削弱；③能力封闭僵化，成员固守自己的实践，不愿意学习借鉴其他成员的实践；④实践社群认同不足，不能发现或认同参与实践社群对自己日常工作的意义；⑤实践的不确定性，当实践社群的共同实践如工具、语言等，模糊、不够明确或不易于成员理解和使用时，也会阻碍实践社群的发展。时间的限制、组织科层制度以及社会文化等也会成为阻碍实践社群发展的因素（Kerno，2008）。Lohman（2006）研究发现缺少时间、与同事工作内容缺少相似性以及不充足的资金等因素都会阻碍教师参与社群学习。Zhang 等（2016）研究发现教师和学校管理者感知到的阻碍教师社群成功的因素存在差异。教师认为合作时间不足、失败的领导、问责制度以及缺少专业合作文化是教师社群不成功的原因。校长认为财政支持不足、教师不够积极、问责政策、缺少外部资源等因素阻碍了教师社群的发展。Hairon 和 Dimmock（2012）研究发现教师高负荷的工作、社群过程与效果的模糊性以及科层制的工作环境会阻碍教师社群的发展。

四、小结与启示

本节梳理了教师学习的内涵与教师社群。在梳理文献的过程中，我们可以看出：

首先，从内涵上看，相较于传统教师培训或教师发展，现代教师学习在教师学习地位、学习方式以及学习内容上都有了很大转变，更强调教师在学习中的主动性，重视基于工作情境的教师学习，关注教师的教学知识技能、情感态度与信念的综合性成长。

其次，社群为教师提供了学习场所。从实践社群理论出发，社群中的教师学习涉及三个层次，即个体层、社群层和组织层，如图 2-2 所示。个体层学习意味着个体要参与社群实践；社群层学习意味着合法的边缘性参与；组织层学习意味着跨边界学习（Wenger，1998b）。

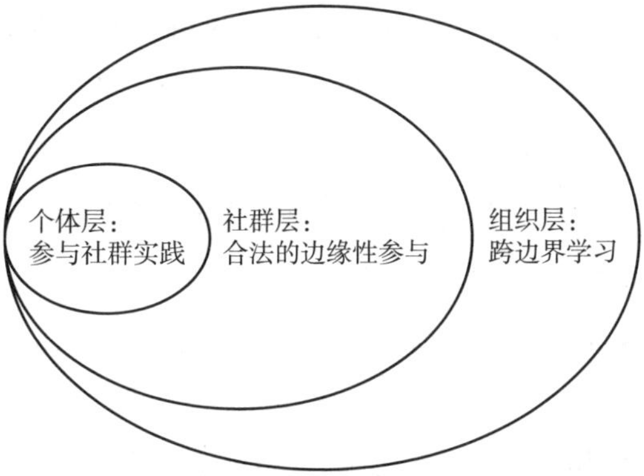

图 2-2 实践社群理论视角的教师学习图景

最后，实践社群作为社会化的学习结构，为教师学习创造了条件。学校可以通过培养不同的实践社群为教师提供学习条件，促进教师分享和创造教学实践，发展教师学习文化。学校通过实践社群将教师联结在一起，整合了个体学习、社群学习和组织学习，对教师学习具有重要意义。

第二节 引领教师学习的学校领导力

学校领导力在教师学习中发挥重要作用，引领教师学习是学校管理者的核心领导职能之一（DuFour and Berkey，1995；Hallinger，2011；Evans，2014）。这一节梳理关于学校领导力的研究，阐释学校领导力与教师学习的关系。然后，理清学校领导力的内涵、理论发展及其研究现状。

一、理论脉络

（一）学校领导理论的发展与争议

学校领导力研究是教育领域的领导力研究。学校领导力研究始于20世纪70年代，之后，相继涌现出许多学校领导理论，其中以教学领导力、变革型学校领导力和分布式领导理论影响最大。

在有效学校运动的背景下，教学领导力于20世纪七八十年代在美国最先兴起。研究认为校长的教学领导力对学校成功和学生表现具有十分重要的作用（Edmonds，1979；Bossert et al.，1982），而教学领导力也成为教育领域领导力与非教育领域领导力最核心的区别。教学领导力强调校长对学校教学与课程的管理能力（Bossert et al.，1982）。这期间，研究者试图分析学校校长的有效教学领导行为，并发展出不同的教学领导模型。如，Weber（1989）认为教学领导力是与教学直接相关的领导力，核心的教学领导行为包括确定学校任务、管理课程和教学、促成积极的学习氛围、观察教师并提供反馈、评估教学项目。Hallinger提出的教学领导模型被广为接受，包括十个具体的教学领导行为，对应三个维度，分别是：①明确学校使命，包括制定学校目标、交流目标；②管理教学项目，包括监督与评价教学、协调课程、监控学生学习进展；③营造积极的学校氛围，包括保证教学实践、促进教师专业发展、经常与教师接触、激励教师、激励学生学习（Hallinger and Murphy，1985）。同时，Hallinger开发的校长教学管理评估量表（The Principal Instructional Management Rating Scale，简称PIMR），也得到研究者的广泛使用。

进入20世纪90年代，伴随着以系统性变革为核心的学校重建运动的兴起，变革型领导力进入了研究者视野。研究认为校长不仅仅是教学领导者，还是变革领导者，带领教师实现学校变革。变革型领导理论发源于企业管理领域，最早由Burn提出，后由Bass完善，指的是领导者能够激发下属的高层次动机，使其认同组织目标，并愿意为实现组织目标付出更多努力（Bass，1985）。20世纪90年代初，加拿大的Leithwood教授将其引入教育领域，逐渐发展成为学校变革型领导理论。Leithwood教授也成为变革型领导力在教育领域发展中最主要的贡献者之一。这一时期，研究者依然主要关注有效的变革型领导行为。Leithwood 等（1993）基于企业管理领域 Podsakoff 等（1990）的变革型领导行为结构模型，提出学校变革型领导行为结构模型，包括建立学校愿景与目标、智力激发、提供个体支持、树立典范、高表现期望、形成教师可以参与组织决策的结构。[①] 在此之后，变革型学校领导力成为学者的研究焦点。

进入 21 世纪，在基于学生表现的教育问责环境下，当教学领导力再次回归学者的研究视野之后（Hallinger，2003），变革领导力与教学领导力共同成为学校领导力领域的研究焦点，并延续至今。

在教学领导力与变革型领导力发展的同时，很多“非正统”的领导力理论也日益受到关注，包括分布式领导力（distributed leadership）、共享型领导力（shared leadership）、合作型领导力（collaborative leadership）、参与式领导力（participative leadership）、集体领导力（collective leadership）等。共享型领导力指的是教师可以参与并影响学校决策（Seashore et al.，2010）。合作型领导力关注的是校长、教师和其他管理者共享与学校改进相关的领导职能（Hallinger and Heck，2010），也有学者将合作型领导力等同于共享型领导力（Heck and Hallinger，2014）。参与式领导力是指领导者和下属之间的共同决策关系（Somech，2005）。集体领导力是指学校管理者、教师等有可能发挥领导作用的领导力集合，有时也被等同于分布式领导力（Leithwood and Mascall，2008）。分布式领导力是其中影响较大的一种理论，有两个核心特征，一是不同个体都可以发挥领导作用，而不仅仅局限于校长；二是领导力是领导者、下属与情境在互动过程中形成的社会化活动（Spillane，2006）。

虽然这些“非正统”的学校领导力概念不同，但是它们有一个共同点，就是都认为在学校中发挥领导作用的人不应该只有校长，不同的人包

---

① 后期，Leithwood 及其同事不断对变革型学校领导力模型进行丰富和完善，进一步划分为设置目标、发展人才、重新设计组织三个类别，每个类别包括三个子维度，共九个维度，依次是构建学校愿景、确定学校具体目标及优先次序、高表现期望；智力激励、个体支持、树立教师典范；培养合作的学校文化、设置支持教师参与学校决策的结构、形成丰富的社群关系（Leithwood et al.，2006）。

括管理者、教师甚至学生都可以发挥领导职能。但是，这并不否定校长的作用，也不是认为“人人都是领导者”（Bolden，2011）。没有校长的支持，其他人也不可能有效发挥领导作用；这些“非正统”学校领导理论的关键意义在于反思校长在学校中的领导职能，鼓励校长授权以充分发挥其他人的领导力，成为“领导者的领导者”（leader of leaders）（Harris，2011）。

（二）迈向整合的学习领导力

在教学领导力、变革型领导力、共享型领导力等学校领导理论发展的过程中，在很长一段时间里，研究者都试图分析不同学校领导类型分别对学校和学生学习的影响，以辨别哪种类型最有效。其中尤以对变革型领导力与教学领导力的争论最为激烈。Robinson 等（2008）通过元分析发现两者都对学生成绩有显著的积极影响，但是教学领导力的影响（ES = 0. 42）大于变革型领导力（ES = 0. 11）。Leithwood 和 Sun（2012）基于元分析发现变革型领导力对学生学习有较小但是显著的影响（ES = 0. 09）。然而，教学领导力因为只关注校长的教学领导职能而依然颇受质疑，变革型领导力也因为忽视教学而备受质疑（Hallinger，2003）。在争议与发展的过程中，越来越多研究发现，不同的学校领导类型之间不是竞争关系，学校发展需要兼顾多种领导类型（Hallinger，2003）。Marks 和 Printy（2003）基于美国 24 所中小学校的案例研究发现学校成功既需要变革型领导力也需要共享型领导力，并称其为“整合型领导力”（intergrated leadership）。Day 等（2016）通过对英国学校的追踪研究也发现，为了改进学校与学生表现，校长要根据情境使用变革型领导力或教学领导力策略。这种融合了教学领导力、变革型领导力和共享型领导力的新型领导理论被研究者称为“学习领导力”（leadership for learning）（Hallinger，2011），有些研究称其为“学习中心的领导力”（learning-centered leadership）（Goldring et al.，2009）、“关注学习的领导力”（learning-focused leadership）（Knapp et al.，2010）。

二、内涵

（一）领导力

“领导力”一词最早可以追溯到古埃及的象形文字，从一些神话故事和英雄传说中都可以看到领导的概念。中国古代哲学家孔子提出领导者应该是道德的楷模，希腊哲学家柏拉图也提到了领导者的理想模样。可以说，领导力是一个普遍存在的、根植于人类心里的概念（Bass and Bass，2009）。在对领导力的研究过程中，因不同的历史阶段、不同的研究内容甚至不同的研究目的，对领导力的定义都是有差异的。Lord 和 Maher（2002）认为领导力是被接受成为领导者的过程。Meindl（1995）认为领导力是领导者与跟随者进行意义建构的过程。House 等（2004）认为领导力是一种能力，是能够影响、鼓励和促使他人对其所在组织的成功有所贡献的能力。Greenfield（1995）认为学校领导力是为了改进学校效能，通过自愿改变进行的一系列复杂过程与活动，这些改变可以由正式的或非正式的领导者进行推动、激励、指导、培养、保持以及支持。Leithwood 等（2006）认为领导力就是对学校或学区的发展方向形成一种共识，进而促使人们朝着这个方向前进。

尽管研究者对领导力的具体定义有所差别，但是普遍认同“影响”是领导力内涵的核心，即一个人或群体对另一个人或群体的影响（Leithwood and Duke，1999；Bass and Bass，2009；Yukl，2010）。不同领导力类型的差异主要体现在“谁发挥了影响，影响是如何发挥的，发挥影响的目的是什么，影响的结果是什么”（Yukl，2010）。同时，这种“影响”是双向的，而不是单一地由领导者影响下属，下属也会反过来影响领导者（Hallinger，2005；Yukl，2010）。

（二）学习领导力

学习领导力的本质是关注领导者如何影响学校学习，从内涵上看，有广义和狭义之分。广义的学习领导力，“学习”的内涵更为广泛，涵盖学生、教师和组织等不同层次的学习，关注学习改进，而学习既是手段又是目标（Knapp et al.，2010）。同时，学习的领导者不一定是校长，其他管理者或教师也可以发挥学习领导作用（Hallinger，2011），也就是说学习领导力“天生”就是分布式的（Knapp et al.，2010）。狭义的学习领导力有两种：一种是强调领导者如何改进学生学习，关注直接和间接影响学生学习的领导行为（Marks and Printy，2003），这要求管理者持续关注学校教学、学习、课程和评估（Murphy et al.，2007）。另一种聚焦教师学习，关注学校领导者如何影响教师学习与成长（Printy，2008；Hallinger，Liu and Piyaman，2019）。本书关注教师学习的学习领导力，即领导者引领教师学习的领导策略与行为。

三、文化边界

领导力具有情境性，同样地，学习领导力也具有情境性，一方面是社会文化情境性，另一方面是组织情境性。

第一，学习领导力具有社会文化情境性。文化是一套价值观、信念和实践体系，社会文化影响学校管理者的态度、价值观和行为准则；在不同的社会文化背景中，学校管理者对领导与教学的看法不同，领导力实践也不同（Walker and Dimmock，2002）。House 等（2004）对 62 个国家的领导力进行比较研究，发现不同文化的国家之间在领导力实践方面也存在很大差异。为了丰富学校领导力的多元文化，*Journal of Educational Administration* 期刊于 2015 年第 4 期以专刊介绍了中国、新加坡、越南等东亚国家的学校领导力的研究进展与成果。Hallinger 和 Walker（2015）发现东亚国家的校长领导力受个人背景、社会文化以及政治环境的影响。Oplatka（2004）发现发展中国家的学校领导力具有一些共同特征，包括：①教育由中央集权控制，校长的自主性有限，校长领导更倾向于行政性领导职能，教学领导职能相对较少；②校长比较保守，不愿意创新，也不愿意主动进行学校变革；③校长的领导风格倾向于专制式。倾向于规避风险的社会文化特性以及科层式的教育管理体制，使得这些国家的校长不愿意打破既有规则，而是追求安全的工作方法，以规避变革可能带来的风险。校长倾向专制风格的领导也与社会文化的较高的权力距离特点有关。教师对权利不平等分配接受度越高，校长越有可能具有专制式的领导风格。这些都与美国等盎格鲁-撒克逊文化国家背景中的学校领导力有很大不同。

具体来说，中国的社会文化与西方国家不同。像美国这样的西方国家，社会文化是低权力距离、低风险规避、高度个人主义以及短期导向的。也就是说，对不公平的接受度低，更乐于变革，更重视追求自我而不是为集体利益付出，重视社会义务（Hofstede，1993）。在这样的社会文化背景下，美国管理文化以市场为导向，强调个体主义，重视管理者而不是员工个体（Hofstede，1993）。但是，Hofstede 研究发现，中国社会文化的特点是：①很大的权力距离，即对权力集中的忍受度较高；②很强的风险规避性，即个体更喜欢结构化的、规则明确的环境，对于可能有风险的变革，态度更为保守；③集体主义，是相对于个体主义而言的，集体主义中的个体更重视和忠诚于自己所属的集体；④长期导向，是指个体以未来为导向，重视长期回报，乐于坚持、勤于节俭（Hofstede，1993）。中国文化深受儒家文化影响，人与人相处时特别重视“和谐”，在组织管理中亦然（李超平、时勘，2005）。相关研究发现，在中国的社会文化背景下，组织特别强调秩序、服从以及人际和谐，强调领导者在道德上的示范作用和对下属的仁爱（Westwood，1997；Pellegrini and Scandura，2008）。改革开放以来，随着社会主义市场经济的推行，中国社会经济在不断发展变化，传统儒家文化、父权文化、社会主义文化以及西方文化等都在影响着学校领导行为（Bush and Qian，2000）。就国内现有研究看，学校领导力的研究还不成熟，还需要进行更多的本土化探索（Walker et al.，2012；Qian and Walker，2014；Walker and Qian，2015）。

第二，学习领导力具有组织情境性。所谓组织情境性，是指学习领导力是权变的，领导者要依据实际情况有策略地选择学习领导策略。权变领导理论和情境领导理论为此提供了理论基础。领导力是在领导者、下属与情境互动过程中形成的（Spillane，2006），有效的领导行为需要与情境匹配（Fiedler，2006）。Wahlstrom 和 Louis（2008）研究发现，尽管校长领导力在中小学校都显著影响教师教学实践，但是中小学校存在组织差异，在初中，校长与教师之间的信任关系更重要，而在高中，校长共享领导力对教师教学实践改进更重要。

四、小结与启示

通过梳理学习领导力的理论脉络、内涵以及文化边界，可以看出，学习领导力的研究呈现出以下几个特点：

首先，学校领导力不再局限于某一种领导类型，而是走向整合。成功的学校领导需要使用不同的领导力类型。如，很多研究发现学校成功既需要变革型领导力也需要教学领导力（Hallinger，2003；Marks and Printy，2003；Day et al.，2016）。

其次，校长的领导角色发生了转变。校长不再是唯一的领导者，学校的领导职能可以属于不同的人。学校成功需要校长与教师的合作（Fullan，1993）。校长要转变领导角色，分散领导职能，重视发展学校中其他人的领导能力，成为领导者的领导者（Harris，2011）。分布式领导力、参与式领导力、合作型领导力等新型领导力概念的提出，都是这一研究趋势的体现。

最后，领导力具有社会文化和组织情境性。一方面，没有一种万能的领导力类型能够适用于所有情境。领导者应根据具体情境采取适当的领导策略（Day et al.，2016）。另一方面，社会文化因素影响领导实践。学习领导力的研究应该扎根于国家的本土情境（Walker and Dimmock，2002；Hallinger and Bryant，2013；Brezicha et al.，2015）。

第三节　学习领导力及其领导策略

学习领导策略是领导教师学习的策略。事实上，作为一种影响力，领导力在不同方面发挥着作用，我们需要从多元视角进行理解（Sergiovanni，1984；Bolman and Deal，2017）。Sergiovanni（1984）认为学校管理者可以在技术、人、教育、符号和文化五个方面产生影响。所谓技术，强调学校管理者在计划、组织、管理和协调等方面的管理职能；人的领导是指管理者的领导行为关注人际关系与动机等；教育是指管理者通过专业能力，发展学校课程，诊断学校教育教学问题，为教师提供专业咨询和指导等，强调管理者的教学领导职能；符号指管理者通过树立价值观、目标或典范来产生影响。文化指管理者通过塑造学校文化来产生影响。Bolman 基于组织理论，认为领导力可以从结构领导、人力资源领导、政治领导和符号领导四个框架（frames）来理解，其中，结构领导强调效率，强调领导者在目标管理、角色分工以及协调活动方面的领导职能；人力资源领导强调领导者对组织成员的心理与需求的关注；政治领导强调领导者要关注并协调组织内不同个体和群体的利益，协商并处理冲突和矛盾；符号领导强调领导者通过组织文化或个人魅力来激励并影响组织成员的行为（Bolman and Deal，1984，1991a，1991b，2017）。Yukl 基于不同领导力理论，认为有效领导应该包括关注任务、关系、变革和外部四类领导行为，即任务导向、关系导向、变革导向和外部导向四类。任务导向的领导行为关注效率，关系导向的领导主要关注人际关系与人的发展，变革导向的领导主要关注创新以及对外部环境的适应，外部导向的领导主要关注获得必要的外部信息和资源并保护组织的利益（Yukl et al.，2002；Yukl，2012）。Leithwood 等（2008）认为成功的学校领导力能够改进学校教师的表现，核心领导实践包括建立愿景和目标、理解并发展人、重设组织、管理教学和学习项目。从以上分析可以看出，领导力实践是多面向的，需要从多视角进行理解。基于组织理论，本书将从结构、文化和个体三个视角出发理解学习领导力，探索管理者的学习领导策略。

一、结构视角

结构视角下的领导策略，强调领导者在计划、分工、管理、协调和监督方面的领导职能。这一视角下的理论基础是古典理性系统组织理论，即认为组织是实现既定目标的工具，强调组织规范与结构，重视组织成员之间活动的协调与配合，关注如何最有效率地实现目标（Scott and Davis，2007；斯科特、戴维斯，2011）。所谓结构，实质是一种“实现组织有限理性的工具与手段”，通过结构规范，将组织成员的行为限制在一定的边界内，进而以最有效率的方式实现预期目标（Thompson，1967）。典型的组织理论包括 Taylor 的科学管理理论、Fayol 的一般管理理论和 Weber 的科层制管理理论。

领导力领域研究也显示创建和管理组织结构性工作是领导者的基本职能之一。早在20世纪中期，伊利诺伊州通过大规模调查领导者的管理行为，发现领导者最核心的管理行为包括启动结构（initiation of structure）和给予关怀（consideration）。所谓启动结构，就是管理者要明确组织成员之间以及上下级之间的互动规范（Halpin，1956；Stogdill and Coons，1957）。也就是说，任务管理是领导者的核心领导职能之一（Yukl et al.，2002）。

斯科特和戴维斯（2011）认为，在结构视角下，领导者的主要职能有明确目标、制定清晰的行为规范，包括行为控制、监督与纠偏等。领导者还要承担纵向和横向协调，前者主要通过领导权威、制度规范、计划与控制实现，后者主要通过正式或非正式的交流与沟通（Bolman and Deal，1991b）实现。具体来说，领导者要对教师学习活动进行计划、协调、监督、评估与反馈等结构性管理。已有研究揭示了组织结构性因素对教师学习的重要性。如，Guskey（1994）研究发现教师专业学习项目要有长期和短期目标，提供持续跟踪与支持以及结果反馈，并整合不同的项目，这些都需要组织结构上的安排与支持。Garet等（2001）以1027名美国数学和科学教师为样本，分析不同专业发展活动对教师的影响，发现组织的结构性因素显著影响教师学习，包括学习活动关注内容知识、活动的形式、参与教师的背景（如是否同学校、同年级或同科目）、活动的持续时间以及不同活动之间的连贯性等。Bolam等（2005）发现学校需要监督或评估教师学习的实施过程，并采取适当的策略确保实施效率。Day和Gu（2007）认为成功的教师专业学习应该将教师学习与学校改进结合，而不是孤立地开展学习活动。

二、文化视角

结构与文化都是一个组织最基本的特征。所谓文化，指组织成员共享的一套价值观和信念，是在组织自身发展与适应外部环境过程中逐渐形成的（Pettigrew，1979；Schein，1996）。文化可以表现为不同的形式，如仪式、传奇故事、符号事件或活动、语言、姿势等（Trice and Beyer，1984）。这些形式总体上可以分为行为模式、价值观和信念三个层次，其中行为模式是外显可见的，而价值观和最深层次的信念通常是不可见的。与结构视角不同，文化视角下的学习领导策略强调学校管理者通过发展教师合作文化影响教师行为。文化是可以创造、传递和改变的，创造与管理组织文化是领导者重要的职能之一（Schein，1996；Trice and Beyer，1996）。教师合作文化也需要学校管理者有意识地创造和培养（Day，1999）。

教师文化是学校教师集体或社群共享的一套基本态度、价值观、信念、习惯、认知以及做事情的方式，等等，是教师与其同事之间的复杂关系模式，为教师及其教学工作赋予意义，可以影响教师的工作和生活（Hargreaves，1992），为教师学习提供条件（Day，1999）。Hargreaves（1992）认为教师文化可以分为四类，包括个人主义（individualism）、割据主义（balkanization）、合作文化、硬造合作（contrived collegiality）。在个人主义的教师文化下，教师彼此孤立，没有合作；在割据主义的文化下，教师虽然有合作但是只限于部分群体，不同群体之间是各自封闭并孤立的；教师合作文化是指教师的合作，且这种合作不是被强迫的，而是嵌入学校所有教师日常工作中，是自发性的、以发展为导向的、舒适性的合作（comfortable collaboration）；硬造合作是指通过外部强制性控制使教师进行合作，如同伴辅导、师带徒、定期教学会议，等等。硬造合作有可能引导形成教师合作文化，也有可能阻碍教师合作。同时，Hargreaves 认为最重要的就是形成教师合作文化，而教师合作文化的形成是需要时间的，如果学校管理者施加的科层制控制过多，只会形成硬造合作，是虚假的表面合作。Day（1999）认为 Hargreaves 划分的这四种类型为我们理解学校教师文化提供了很好的视角，同时，Day 认为教师合作文化是一个发展的过程，硬造文化是个体主义文化或割据主义文化向合作文化发展的一个过渡阶段（bridging process）。Wang 和 Paine（2003）通过对中国新入职教师的质性探究发现，硬造合作不一定无法形成合作文化；在集权式的教育组织背景中，教师仍然可以有一定的专业自主性，可以选择性接受或拒绝、批判与建议并加强自己的专业能力，而对合作的结构性支持对教师专业成长是有帮助的。Wang（2015）的研究也发现在良好的组织关系与氛围支持下，组织安排的教师合作可以形成真实合作。已有研究显示合作文化对教师专业成长是重要的（Williams et al.，2001；Johnson and Birkeland，2003；Flores and Day，2006）。

研究者认为发展社群有助于教师合作文化的形成（Stoll et al.，2006；Vangrieken et al.，2017），而领导者对教师社群的建立与发展十分重要（Wells and Feun，2013；Owen，2014；Battersby and Verdi，2015）。在实践社群的视角下，学校可以通过培养实践社群发展教师合作文化。管理者要发现潜在的实践社群、为实践社群提供支持并评估实践社群的价值，同时还应该考虑社群的发展过程、开放社群内外观点之间的对话、允许不同的人参与社群、发展社群的公共和私密活动空间、关注价值观、维护社群关系、形成社群活动（Wenger and Snder，2000；Wenger et al.，2002）。通过梳理已有研究，本书总结了一些重要的领导策略，具体如下：

其一，领导者可以有目的地规划和发展教师实践社群。管理者要善于发现和支持组织内存在的教师实践社群（Supovitz，2002）。对于已经存在的教师群组或团队，管理者应该进行优势与劣势分析，有针对性地提供支持，帮助其发展成为教师社群（Brouwer et al.，2012a）。同时，领导者也可以主动规划教师实践社群，组织教师参与到社群中（Ontario Principal's Council，2009），或者将组织内有共同兴趣爱好的成员聚集到一起，辅助其发展成为实践社群（Wenger and Snder，2000）。

其二，领导者要为教师提供正式的学习机会、学习场所和学习体验（Clement and Vandenberghe，2001；Johnson and Birkeland，2003；Fullan，2007）。正式的学习机会虽然是一种结构化合作，但也是推动形成自发合作的重要过程。Williams 等（2001）通过对英国 11 所中小学校的研究，发现学校通过结构性要求强制安排的教师合作，对教师发展有积极影响，并进一步将教师合作划分为结构性合作与自发性合作。Williams 等使用“结构性合作”而非 Hargreaves 所言的“硬造合作”，以凸显这类非自发性教师合作对教师发展和学校改变的影响。Hopkins 和 Spillane（2014）通过对 24 所美国小学的混合研究发现，组织安排的正式的学习机会对新入职教师的教学实践十分重要，通过入职辅导、年级组会议等活动，新入职教师可以获得教学实践信息与建议。同时，管理者还要确保教师实践社群关注学生学习（MacBeath and Dempster，2008；Stoll，2011）和教学改进（Supovitz，2002）。

其三，管理者要打破社群边界，促进不同实践社群的联结，并避免社群成员的过度同质化。实践社群的结果不总是积极的。教师社群既可以促进教学改进也可能阻碍教学改进（Schlager and Fusco，2003）。高度同质化的教师社群，出于专业知识和权威的自我维护，可能会自我封闭，不愿意接受外部观点与意见，也不愿意吸收新的成员加入，导致内部成员关系和参与方式保守固化（Ferlie et al.，2005）。当成员形成很强烈的社群身份归属感时，社群也可能会产生排外倾向，阻碍进一步的合作交流与创新（Pattinson et al.，2016）。此外，当社群成员关系过于亲密时，也会影响个体独立思考与行动，不利于获取新的信息，阻碍教师学习与改变（De Lima，2001）。Kruse 和 Louis（1997）强调学校内不同学科教师团队之间要建立联结，虽然联结会带来很多冲突和压力，但是学校管理者不能仅关注个别团队，还应该从组织层面关注整个组织的目标，打破不同教师团队或社群之间的边界。当然，研究发现学校规模会影响教师社群的发展，小规模学校更有利于教师社群的建立（Bryk et al.，1999）。在跨社群的合作中，领导者应该更多发挥辅助、调节和联系的作用（Lieberman，1996）。

其四，管理者要促进教学实践共享。管理者要意识到组织内非规范实践的重要性并赋予其合法性（Brown and Duguid，1991a），充分利用组织中已经存在的最好实践、员工在日常工作中通过经验积累和相互学习形成的成功经验和做法（Wenger，1998a），通过实践社群促进最好实践在组织内传播。

其五，管理者要授权。过度的控制会迫使实践社群顺从组织目标，损害个体参与社群的意愿，削弱成员的独立性和信任度（Pattinson et al.，2016），最终也会让实践社群背离初衷。领导者一方面要授权社群领导者，帮助他们发展必要的教学领导技能；另一方面要赋予实践社群发展的自主性，让社群成员可以以实践社群的名义，进行创新试验（Swan et al.，2002）。

其六，管理者要发展积极的社群关系，与教师发展信任关系，并努力促进成员之间的信任，促成成员之间的开放讨论。实践社群内的人际关系，尤其是成员相互信任、相互尊重的关系是实践社群成功的关键。没有信任关系，成员之间就不会愿意分享（Roberts，2006）。Mayer 等（1995）

认为信任是一方愿意接受另一方的行动，并且认为对方即使不受自己监督或控制也会做出对自己有利的行为。Rousseau 等（1998）认为信任是一种心理状态，是对别人的意图或行为抱有积极期望并愿意承担这种期望带来的风险。Hoy 和 Tschannen-Moran（2007）认为信任是个体或集体认为对方是善意的、可靠的、有能力的、诚实的和坦率的，进而愿意接受对方。信任需要一定的认知、情感和行为基础。认知基础是指被信任人的可信度，情感基础是指信任者在互动过程中的情绪，行为基础是指信任者除了依据认知和情感判断，也会观察被信任人的行为（Gillespie and Mann，2004）。Bryk 和 Schneider（2002）基于社会交易理论认为信任是不同角色之间的社会交换，是一种互惠关系。成员相互依赖共同完成目标，彼此的信任程度反映的是成员对彼此角色义务和期望的满足程度（Robinson，2010）。信任使得组织中个体愿意相信别人的行为是可以依赖的，可以降低不确定性、维持组织秩序、增强凝聚力（Hoy and Tschannen-Moran，1999）。信任关系既可以让社群成员乐于分享经验，而不用害怕其他成员的评判；也可以让成员更愿意接受彼此的差异，面对冲突和矛盾，也乐于尝试新的方法（Vangrieken et al.，2017）。信任是多维度的，不仅是社群成员之间的信任，个体对领导者的信任也很重要。领导者应该关心下属，主动与下属沟通，决策时听取下属意见（Gillespie and Mann，2004），应该理解和关心教师而不是控制教师（Qian et al.，2016），校长的个人工作能力、工作努力程度、标准要求、解决问题能力、言行一致、愿意授权教师、尊重教师专业性等特质（Handford and Leithwood，2013），都与教师信任度相关。当然，信任关系的形成需要时间（Vangrieken et al.，2017）。要培养实践社群成员之间的信任，一个重要策略是促进成员之间进行私人的、非正式的互动。非任务相关的私下互动，有助于成员更好地了解彼此（Brouwer et al.，2012b）。

三、个体视角

个体视角的领导策略要关注组织中个体的需求与动机。这一视角的理论基础本质是自然系统的组织理论。自然系统的组织理论反对理性系统的组织理论将组织仅仅看作实现目标的工具，认为组织发展本身就是目的，强调组织是由人组成的，应该重视组织中的个体（斯科特、戴维斯，2011）。1960 年，McGregor 的 *The Human Side Of Enterprise* 一书在管理领域产生了很大的影响。McGregor 将传统强调结构规范的组织理论称为 X 理论，认为 X 理论对人的假设是消极的，认为人本质上是消极懒散的，如果没有指导、监督与控制，组织中的人就会消极怠工、不努力工作，组织目标也无法实现。同时，McGregor 提出了 Y 理论，认为人本质上并不是消极懒惰的，而是有发展需求和发展动机的，是积极勤奋的。管理不应该只是将组织目标强加给个体，而是创造条件让个体自己去努力实现目标（McGregor，1960；Sorensen and Minahan，2011）。

已有研究显示，教师个体因素，包括教师个人的经历、性格，以及学习动机等，都能影响教师学习（Hoban and Erickson，2004；Kyndt et al.，2016）。教师的性格、年龄或者工作经验等个体特征会影响个体的学习意愿。Kyndt 等（2016）通过对 1990 年以来的相关研究进行系统性综述，发现学习和加强自身教学实践的意愿是影响教师学习的重要因素。另外，个体的性格也对教师参与学习活动有影响，乐观外向性格的教师更愿意参与学习活动。同时，研究还发现新入职教师和有经验教师之间参与学习活动的差异，不在于学习活动的类型，而在于学习态度。相较于有经验的教师，新入职教师有更强烈的学习意愿。Lohman（2006）研究发现教师个体的主动性、自我效能感、对学习的热爱、专业兴趣、专业承诺、性格等会对教师参与学习活动有影响，尤其是有团队精神和性格外向的教师更倾向于参与学习活动。Lave 和 Wenger（1991）认为在实践社群中，成员会有不同的兴趣，成员之间可以有不同的观点，活动参与程度也可能不同。个体原有经历会影响参与实践社群的积极性。

另外，教师个体的动机也是影响教师学习的重要因素，包括自我效能感、个体目标期望、学校目标内化度、情绪（Geijsel et al.，2009；Thoonen et al.，2011）、专业态度、个体对学习活动可行性和意义的自我评估（Kwakman，2003）、学习动机（in de Wal et al.，2014）、工作动机（Prenger et al.，2017）。自我效能感是一个重要的影响教师学习行为的动机因素。自我效能感是心理学家班杜拉（Bandura）提出的，指的是个体对自己能够达到某种成就或结果的能力信念，是一种面对未来的信念，会影响个体行为、对目标的努力程度以及面对困难和挫折时的毅力与坚持程度（Tschannen-Moran et al.，1998）。教师自我效能是指在具体情境中教师对自身完成某种教学任务的信念（Dellinger et al.，2008）。广义上的教师效能感包括个体效能感和集体效能感，指的是教师对自己和学校教师集体能够影响学生学习的能力信念（Klassen et al.，2011）。自我效能感强的教师会更努力投入教学，面对教学中的困难也更有毅力，更容易接受和尝试新的教学方法（Tschannen-Moran and McMaster，2009）。研究发现教师的自我效能感和集体效能感对教师合作学习有积极影响（Durksen et al.，2017）。同时，自我效能感与教师学习行为的关系不是单向的。教师的自我效能感不但会影响教师的学习行为，而且受教师学习影响。Bandura 认为自我效能感来自个体的成功经验（mastery experience），替代性经验（vicarious experience），情绪和生理状态如压力、紧张（emotional arousal），以及他人的言语说服（verbal persuasion）四个方面（Bandura，1977，1997）。不同形式的专业学习活动对教师自我效能感的影响也有所不同（Tschannen-Moran and McMaster，2009）。对教师社群的相关研究显示，教师自我效能感较高、有自信，有助于社群形成开放互动的氛围，教师更可能展现出合作精神，形成积极的社群氛围（Vangrieken et al.，2017）。

在领导力领域的研究中，“新型领导力理论”（Bass，2009），主要关注的是领导者如何影响下属的动机、承诺与认同（李超平等，2007）。这些新型领导力理论包括魅力型领导理论（charismatic leadership）、变革型领导理论、愿景领导理论（visionary leadership）、价值领导理论（value-based leadership）。新型领导力理论的共同特点就是都关注领导者如何影响下属的动机、钦佩、承诺、忠诚、奉献和绩效表现，都关注领导者象征性和情绪感染性的领导行为，如建立愿景、榜样示范、授权、支持、奉献承担、树立形象（House and Aditya，1997）。

魅力型领导理论最早由 Weber 在 20 世纪初提出。Weber 认为魅力是一种天赋，有魅力的领导者天生对下属具有吸引力，可以在复杂的情况下帮助组织度过危机（Bass，2009）。House（1976）进一步发展形成魅力型领导理论，之后越来越多的学者关注并发展了魅力型领导理论。一般认为，魅力型领导理论包括性格特质与行为两个方面。House（1976）最早提出了魅力型领导者的四类性格特质与五类具体行为，即魅力型领导者是具有支配性的、自信的、有影响他人的需求、很强的道德感；同时，魅力型领导者能够设定目标、树立榜样、树立个人形象，对下属抱有高期望并相信下属，唤起下属动机。Conger 和 Kanungo 认为有魅力的领导者能够形成一个创新性的愿景，对成员需求敏感，敢于反传统，敢于冒险，对外部环境敏感（Conger and Kanungo，1987，1988；Yukl，1999）。尽管魅力型领导理论在内涵与结构上仍然备受质疑（Yukl，1999；Antonakis et al.，2016），但是近年来学者通过元分析探究，认为魅力型领导对个体和组织表现有显著的积极影响（Banks et al.，2017）。

变革型领导理论正如前文所述，由 Bass 完善，其核心内涵就是领导者通过魅力、愿景激励、智力激发和个体关怀行为，激发下属的高层次动机，增强下属对组织目标的认同感，进而使其愿意为了实现组织目标而付出更多努力（Bass，1985）。[①] 之后，Bass 将魅力型领导理论纳入变革型领导理论之中，将魅力作为变革型领导行为结构之一。

愿景领导理论最早由 Nanus（1992）提出，指领导者能够为组织描绘出一个美好的愿景和清晰的目标，并让下属接受和认同目标，进而为了实现目标而努力（Taylor et al.，2014）。愿景领导是动态的互动过程，可以分为三个阶段，先为组织描绘出一个美好的未来，之后与下属进行有效的沟通并形成共识，最后授权下属实施目标（Westley and Mintzberg，1989）。Westley 和 Mintzberg 通过分析五位知名企业家（包括苹果公司前总裁 Steve Jobs）的领导行为，划分了五类愿景领导者风格，分别是创造者（creator）、推动者（proselytizer）、理想主义者（idealist）、组装者（brico-

① 最初，Bass 提出的变革型领导行为只有三类，即魅力、智力激发和个体关怀。之后，Bass 将魅力划分为行为魅力和性格魅力，即愿景激励和魅力。这也构成了变革型领导理论的四维结构模型，并得到研究者的广泛认可和使用。其中：魅力是指领导者的个性魅力，愿景激励是指领导者可以为下属勾画出有鼓励性的目标和愿景，个体关怀表示领导者会关注下属的个体需求并提供支持和辅助，智力激励表示领导者可以激发下属的创造力和创新力（Bass and Avolio，1990；Bass，1999）。

leur）、预言家（diviner）。

价值领导理论是 House 提出的。House 认为愿景领导力、魅力型领导力以及变革型领导力本质上是一样的，并将三者整合发展形成价值领导理论（House and Shamir，1993）。价值领导指领导者能够让下属接受并认同自己信奉的价值观，进而接受并认同领导者基于价值观提出的愿景和目标。研究发现在我国组织情境中，价值领导力可以激励下属，增强下属认同和满意度（吴维库等，2003）。

学校领导力领域的研究也显示，适当的领导策略可以影响教师态度与动机，其中最为典型的就是变革型领导理论。变革型领导理论强调领导者通过变革型领导力实践激发下属的高层次工作动机，提高下属的组织忠诚度，使得下属愿意为组织目标付出更多的努力。实证研究显示，变革型学校领导力对教师个体的专业态度和行为有积极影响。变革型领导力积极影响教师的工作动机（Leithwood and Jantzi，2006）、教师效能感（Ross and Gray，2006；Kur et al.，2011）、教师工作满意度（Ngun et al.，2006）、教师承诺（Geijsel et al.，2003；Dumay and Galand，2012）、教师组织忠诚度和组织公民行为（Koh et al.，1995）、教师合作学习（Wahlstrom and Louis，2008）、教师教学实践（Geijsel et al.，1999）等。领导者对教师态度和行为既有直接影响也有间接影响。如，有研究发现学校领导者可以通过影响学校氛围、学校组织政策等间接影响教师的变革承诺（Leithwood et al.，1993）。

总结新型领导力理论的激励性领导行为，可以分为五个方面：魅力、德行垂范、形成共享的价值观、个体关怀、发展支持。具体来说：

第一，魅力是指领导者能够让下属认同自己、跟随自己的性格魅力。

第二，德行垂范是指领导者在道德品行上能够发挥示范作用，以身作则。研究发现德行垂范在中国社会背景下十分重要，是可以激励下属的领导行为（李超平、时勘，2005），校长应该更多依赖道德感召力让教师投入学校改进工作，而不是权威（Tang et al.，2014）。

第三，形成共享的价值观是指领导者对学校教育有明确的价值观，能为学校规划出清晰的愿景与具体目标，并与下属交流以获得认同与追随，对下属表现抱有高的期望目标。价值观或愿景为教师明确了发展方向，通过目标内容与设计的目标难度，可以激发教师动机（Locke and Latham，2006）。研究发现，形成价值观或愿景是校长领导学校教学与学习成功的关键（Hallinger and Murphy，1985；Leithwood et al.，2006）。Qian 等（2016）对上海一所学校进行研究后发现，共享的价值观是校长促进教师专业发展与形成学习文化的关键要素之一。Sun 和 Leithwood（2015）通过元分析发现，形成共享价值观与目标对教师承诺有显著的积极影响（ES=0.55），对组织文化氛围也有重要影响。

第四，个体关怀指领导者能够关心下属。在西方情境下，个体关怀指领导者要关心下属的工作情况。但是，在中国的社会文化背景下，个体关怀内涵更为广泛，指领导者不仅要关心下属的工作与生活，还要帮助下属解决工作和生活中的困难（李超平、时勘，2005）。这源于中国传统的父权文化，即领导者在组织中经常会展现一种“家长式领导”，像家长一样，强调下属服从权威，又强调对下属的关怀，展现仁慈与德行（张君、孙健敏，2017）。

第五，发展支持，指领导者能够为教师提供专业发展支持。Bass 认为发展支持是个体关怀的重要内容之一。虽然 Bass 将发展支持纳入个体关怀维度使其饱受质疑（Yukl，1999），但是其意义在于，指出了支持下属专业发展是领导者的重要领导职能之一。

综合以上，在个体视角下，领导者激励个体的领导策略集中于魅力、德行垂范、形成共享的价值观、个体关怀与发展支持方面。

四、小结与启示

这一小节，研究基于组织理论（Bolman and Deal，2017），从结构、文化和个体三个视角理解学习领导力，呈现了不同视角下领导教师学习的策略，如表 2-2 所示。结构视角的理论依据是古典组织理论，包括 Taylor 的科学管理理论、Fayol 的行政理论和 Weber 的科层制理论，对应的学习领导策略强调目标、规范和效率。文化视角的理论依据是组织文化理论，包括实践社群理论和学习型组织理论，关注组织文化，强调人与人的关系与合作。个体视角的理论基础主要是自然系统组织理论，如 McGregor 的 X 理论与 Y 理论、Maslow 需求层次理论，关注的是组织中个人的不同需求。

表 2-2　学习领导力的三个视角

视角	理论依据	理论观点	学习领导策略
结构	古典组织理论（科学管理理论、一般管理理论和科层制管理理论）	关注如何高效地实现组织目标	强调目标、规范与效率
文化	学习型组织理论、实践社群理论	关注组织文化	重视教师实践社群与教师合作文化
个体	自然系统组织理论（McGregor 的 X 理论与 Y 理论，Maslow 需求层次理论）	关注组织中的个体需求	关注教师学习动机

第四节　学习领导力对教师的领导效能

领导效能（leadership effectiveness）也称领导有效性，指领导力的影响结果。因为领导力影响的内容（如工作表现、态度和关系）、层次（个体、团队或组织）和评估对象不同（领导者或被领导者）（Derue et al.，2011），不同研究对领导效能的定义范围有所不同。本书关注学习领导力对教师个体的影响，包括教师态度、情感、行为以及教学实践。因此，选择教师学习投入、教师效能感、教师组织情感和教师教学实践改变作为学习领导效能的指标。

一、教师学习投入

学习领导力最关注的就是教师学习，因此本书选择教师学习投入作为学习领导效能的指标之一。在教师专业发展过程中，难免会遇到教师抵制、不愿意投入学习（Musanti and Pence，2010）的问题。研究发现，教师在学习活动中的自主性（Ketelaar et al.，2014；Skaalvik and Skaalvik，2014）、教师之间的互动合作可以影响教师学习投入，而缺少时间和资金以及同事之间背景差异过大等会阻碍教师学习投入（Lohman，2006）。教师个体因素也影响教师学习投入。如，in de Wal 等（2014）研究发现内部动机越强的教师，越有可能投入学习活动之中。自我效能感会影响教师学习投入（Lohman，2006；Durksen et al.，2017）。因此，本书将教师学习投入作为重要的学习领导效能指标之一，对其进行检验。

二、教师效能感

教师效能感是教师对自身教学能力的信念，具体包括对教学策略、学生投入、班级管理三个方面的自我能力判断（Tschannen-Moran et al.，1998）。教师教学效能感是教师对教学效果的自我认识与自我评价（俞国良等，1995）。教师效能感与Bandura的自我效能感理论密切相关。自我效能感指个体对自身能够完成预期目标或任务的能力信念，决定了个体克服困难的决心与信心，会影响个体行为（Bandura，1977）。行为结果、替代性经验、言语说服、情绪都会影响自我效能感。具体来说，个体行为的成功结果有助于增强自我效能感，而失败经验则容易降低自我效能感；其他人相似的成功经验，也可以增加个体的自我效能感，反之则不然；其他人在适当时候对个体的言语鼓励、建议、表扬等，可以让个体更有信心，增加自我效能感；而个体的情绪状态如压力、焦虑、恐惧等，也会影响自我效能感（Bandura，1977；张鼎昆等，1999）。教师自我效能感与教师态度、教学实践和学生表现都密切相关。如，Chesnut和Burley（2015）使用元分析技术对1980年以来的相关文献进行分析，发现教师自我效能感与教师专业承诺有中等程度的相关关系（ES=0.32）。换句话说，自我效能感越强的教师，对教师职业的忠诚度越高。教师的自我效能感会影响教师工作满意度和职业倦怠性（Skaalvik and Skaalvik，2010）。教师自我效能感也会影响学生学习结果（Guskey，1982；Ross，1992），当然，积极的学生结果意味着教师获得了成功的教学经验，可能会反过来增强教师的自我效能感（Bruce et al.，2010；Holzberger et al.，2013）。

研究发现领导力可以影响教师效能感。管理者可以为教师提供合作学习机会，促进教师教学反思与实践，进而增强教师自我效能感（Bruce et al.，2010）。管理者为教师提供专业培训及配套辅导（coaching）有助于教师尝试新的教学策略，增进自我效能感（Tschannen-Moran and McMaster，2009）。管理者通过分布式领导，让教师参与决策，也可以增强其自我效能感（Hipp，1997；Lu et al.，2015）。积极的学校氛围也有助于提高教师自我效能感（Kelm and McIntosh，2012）。Tschannen-Moran和Hoy（2007）

研究发现无论是新入职教师还是成熟教师，学校领导、同事和家长的支持以及教学资源支持都会影响教师自我效能感。对于新入职教师，如果学校不能为其提供足够的支持，教师自我效能感会下降（Hoy and Spero，2005）。而培养社群可以让教师在社群中感受到更多支持，从而影响教师自我效能感。有研究发现社会地位越高的学校，教师自我效能感越高（Rubie-Davies et al.，2012）。校长通过榜样示范影响教师效能感（Hipp，1997）。校长在组织中形成共享的价值观与目标，也会影响教师自我效能感（Hipp，1997）。Kurt 等（2011）研究也发现校长的变革型领导行为与教师自我效能感有中等程度的显著正相关关系。但是，也有不同观点，如有研究发现自我效能感主要还是受个体主观经验影响，校长领导行为与教师效能感之间的关系是复杂的，变革型领导行为主要是通过影响教师工作满意度对教师自我效能感产生间接影响（Nir and Kranot，2006）。总之，学习领导力关注教师学习与成长，是否能够影响教师效能感是学习领导效能的重要体现，本书会对此进行检验。

三、教师组织情感

研究将组织承诺作为组织情感的具体衡量指标。组织承诺指的是个体能够接受组织的价值观与目标，愿意留在组织中为组织服务，体现了个体与组织的情感联结（Mowday et al.，1979）。教师组织承诺是教师认同学校目标和价值观，并愿意留在学校中工作，反映了教师对学校的态度与情感（宋爱红、蔡永红，2005a，2005b）。组织承诺包含不同的结构维度。Allen 和 Meyer（1990）认为组织承诺包括情感承诺、持续承诺和规范承诺三个维度，其中情感承诺是个体对组织的认同与感情，持续承诺是个体对离开组织的成本判断，持续承诺是个体感知的对组织的义务。研究发现中国传统文化背景下员工组织承诺包括情感承诺、规范承诺、理想承诺、经济承诺、机会承诺五个方面。经济承诺和机会承诺是个体离开组织的经济成本和机会成本。理想承诺是个体在组织中实现个人理想的机会（凌文辁等，2001；张治灿等，2001）。宋爱红和蔡永红（2005）研究发现中国学校情境中教师组织承诺包括情感承诺、规范承诺、理想承诺和投入承诺四个结构维度。投入承诺与 Allen 和 Meyer 的持续承诺类似，理想承诺是中国情境下教师特有的，与凌文辁等的研究一致。

组织承诺对教师组织公民行为（Sesen and Basim，2012）、学校变革与发展有重要意义（Nir，2002；Geijsel et al.，2003），对教师离职有负向影响（Imran et al.，2017）。已有研究显示校长的变革型领导行为对教师组织承诺有显著影响（Selamat et al.，2013）。Dou 等（2016，2017）研究发现在中国背景下校长在财产和人事方面的自主权越大，学校教师的组织承诺越高；而校长的变革型行为与教学领导行为可以影响教师组织承诺。校长可以通过与教师建立共同的价值观，改善与教师的关系以及发展专业学习社群，影响教师组织承诺（Sun，2015）。

教师成长不仅是知识和技能的增长，而且是综合性的发展（Bell and Gilbert，1994；Hargreaves，1994），情绪也是教师成长的重要内容之一。学习领导力能否影响教师组织情感也是其领导效能的重要体现，本书会对此进行检验。

四、教师教学实践改变

教师学习的过程也是教师改变的过程。教师学习是教师、学校以及学习活动相互影响、动态变化的复杂过程（Opfer and Pedder，2011）。Guskey 认为教师改变的过程是教师在班级教学实践中先进行尝试的过程，只有看到新的实践方法带来了学生学习结果的改变，教师的信念与态度才会发生改变（Guskey，1986，2002）。也就是说，教师学习并不一定会带来教师改变。只有教师愿意在实践中进行尝试，观察到好的结果，才会进一步改变自己的态度和信念。Clarke 和 Hollingsworth（2002）认为教师改变的过程并不像 Guskey 所说的是一个线性改变的过程，而是教师个体（包括知识、信念与态度）、教学实践、教学结果以及外部环境四个方面相互影响、循环作用的过程。同时，Clarke 和 Hollingsworth 认为教师的学习与改变需要通过教师的反思（reflection）和表现（enactiment）来实现。Mevarech（1995）认为教师专业成长不是线性增长的，而是呈 U 形变化的，教师改变的结果可能是好的也可能是不好的，这个成长过程包括五个阶段，包括：①存活（survival）阶段。在这个阶段，教师刚进入一个新的学习环境，或者说新方法刚开始推行，即使是有经验的教师也会表现得像新入职教师，教师们关心的主要是技术性问题如学科和管理问题、班级组织的变化等。这一阶段，教师们可能会面对规范（discipline）、资源管理以及自我挫败感等问题。②探索和联结阶段(exploration and bridging)。在这个阶段，教师会更积极地了解新方法，思考新方法与自己以前了解和使用的教学方法与理论的区别。③适应(adaptation)阶段。这个阶段教师在教学实践中，尝试应用新的方法，并对新的方法进行反思。④观念转变(conceptual change）阶段。经过前几个阶段，如果教师意识到新方法是合理的，就会转变自己的观点、态度甚至自己的教学心智模式（pedagogical mental model)，并在教学实践上有所改变。⑤发明（invention）阶段。这个阶段指教师在实践中，基于自己再建构的教学知识，对新方法进行改进和创新。

简言之，教师学习与教师教学实践是相互影响的。在学习的过程中，教师习得新的教学策略与方法，改变课堂教学实践，当新方法改进了学生表现时，教师有了成功经验，进而愿意继续投入学习，试验新的方法(Bruce et al.，2010)。校长领导力可以影响教师实践。校长让教师参与决策，对教师课堂教学实践改进有积极影响（Wahlstrom and Louis，2008)。学习领导力关注教师学习，为教师学习创造条件，其核心目的就是推动教师教学实践改变。因此，本书将教师教学实践改变作为学习领导效能的指标之一，并对此进行检验。

五、小结与启示

领导效能是领导力结果有效性的重要体现。本书选择教师学习投入、效能感、组织情感和教学实践改变作为学习领导效能的指标，以检验学习领导力对教师学习态度、情感和行为的影响。教师学习投入显示了教师参与学习的程度，教师效能感显示了教师对自己教学能力的信念，教师组织情感显示了教师与组织的情感联结，教师教学实践改变显示了教师在课堂中的教学实践改进。已有研究显示学校为教师提供合作学习机会，提供教师培训与辅导，发展教师社群，树立榜样示范，形成共享价值观与目标，授权教师参与决策，增加教师自主性，为教师学习提供时间、场所和资金等支持，与教师形成良好关系，都可以影响教师学习投入、效能感、组织情感和教学实践改变。总体来说，本书以学习投入、效能感、组织情感和教学实践改变为衡量指标，检验学习领导效能。

第五节　影响学习领导力的因素

学习领导力受很多因素影响。Leithwood 和 Jantzi（2005）对 1996—2005 年发表的学校领导力研究进行总结，发现组织科层结构、组织文化、学校变革现况、校长的进取心与培训经历会影响领导实践。Sun 等（2017）通过元分析发现学校管理者的领导行为主要受三个因素影响，分别是领导者个人、领导者同事特征以及组织背景。领导者个人因素包括领导者的自我效能感、价值观、个性特质、情绪智力以及认知能力。领导者同事特征是指领导者同事的情绪智力以及发展水平。组织背景因素包括组织公平性以及组织变革程度等。综合已有研究来看，校长的学习领导力主要受个人、组织和外部环境因素影响。

一、个人因素

从已有研究看，性格特质、价值观、能力以及对自身能力的信念（自我效能感）等个人因素会影响校长领导力。如，研究发现管理者的个性特质影响其领导行为（House and Howell，1992；Judge et al.，2002）。Eyal 和 Kark（2004）研究发现具有企业家个性特质的管理者更可能表现出变革型领导行为，领导学校发展与变革。Hallinger 等（1996）研究发现性别影响校长的学习领导行为。也就是说，不同性别的校长的学习领导行为存在差异。此外，校长是学校价值观的引入者，校长个人价值观是成功领导的关键（Hallinger，2011）。校长对自身能力的信念也会影响其领导行为（Leithwood and Jantzi，2008）。Leithwood 等（2003）研究发现领导力培训对校长领导力有积极影响，并且可以通过影响校长领导行为正向影响学生表现。实践中，相关部门为学校管理者提供领导力培训或专业发展项目，可以加强管理者的领导信念、知识和技能，进而影响领导者的领导行为（Sun et al.，2017）。

二、组织因素

学习领导力是权变的。有效的学习领导策略需要与具体情境相匹配。权变领导理论认为领导者与下属的关系、任务结构与领导权力是三个核心的情境因素（Fiedler，2006）。从已有研究看，学校特征、组织关系（领导者与下属的关系以及下属之间的关系）、下属的发展水平是影响学习领导行为的组织因素。Hallinger 等（1996）对美国 87 所小学的调查结果显示，学校的社会经济地位影响校长的学习领导行为。Dvir 和 Shamir（2003）研究发现下属的发展水平包括自我实现的高层次需求、组织价值观的内化程度、集体主义偏向、独立性、自我效能感以及对任务的投入程度等，能够影响管理者的领导行为。

三、外部环境因素

学校是社会系统的一部分。学校所处环境也会影响校长的领导行为。从已有研究看，教育政策是影响学校领导实践的重要因素。成功的学校领导者要能够应对外部政策环境的变化与要求（Leithwood，2001）。虽然 Newmann 等（1997）研究认为严格的外部问责制度并不能够提升学校整体发展水平，但是 Leithwood（2001）研究教育问责政策对学校领导实践的影响后，发现为了适应教育问责要求，学校领导实践会发生变化，包括重视客户（学生和家长）需求、设置适合本地需求的学校课程、培养专业学习社群、完善学校管理。此外，Sun 和 Young（2009）研究发现外部对校长的评估机制会影响校长领导行为。当外部评估关注教学时，校长更可能发挥学习领导作用。也就是说，以教学为导向的外部评估能够强化校长的学习领导力。新课改的实施使得校长重视校本课程建设、发挥课程领导作用（Walker et al.，2011），这也是外部政策对校长领导行为影响的体现。

总体来说，校长的学习领导行为受校长个人、组织以及外部环境因素影响。不同背景的校长以及不同的组织情境和制度环境下，校长的学习领导行为也有所不同。

第六节　中国学校领导制度与教师教研制度

这一节对学校领导制度和教师教研制度进行梳理，进一步落脚于中国本土情境。

一、学校领导制度

（一）学校领导制度的变迁

1952年，《中学暂行规程（草案）》和《小学暂行规程（草案）》颁布，提出在中学和小学实行校长负责制，设一名校长，领导全校工作。1963年原教育部颁布《全日制小学暂行工作条例（草案）》，规定校长是“学校行政负责人，在当地党委和主管的教育行政部门领导下，负责领导全校的工作。学校党支部对学校行政工作负有保证和监督的责任”。1978年《全日制小学暂行工作条例（试行草案）》颁布，进一步作出修改，提出“小学实行党支部领导下的校长分工负责制，一切学校的重大问题必须经过党支部讨论决定”。在当时的政治背景下，党支部领导下的校长分工负责制，造成学校内部管理党政不分、以党带政、行政效率低下，并且校长受党支部领导，职责和权利分开，在学校管理上的作用十分有限（萧宗六，1990；冯大鸣，2003）。很多学者都呼吁学校管理要党政分离，让校长处于最高领导地位，全面领导学校，党支部和教代会负责监督和民主管理。

改革开放之后，中共中央、国务院于1985年发布《关于教育体制改革的决定》，要求实行校长负责制，学校设立校务委员会，实行教职工代表大会制度，进行民主管理和监督；学校党组织不再“包揽一切”，只集中关注党建和思想政治工作。1993年，《中国教育改革和发展纲要》（中发〔1993〕3号）提出“中等及中等以下各类学校实行校长负责制……党的组织发挥政治核心作用”。1996年，原国家教委颁布《小学管理规程》，提出“小学实行校长负责制，校长全面负责学校行政工作”，从国家政策层面确立了学校内部的管理体制为校长负责制。

从法律层面来看，1995 年，《中华人民共和国教育法》颁布，该法的第 30 条指出“学校的教学及其他行政管理，由校长负责”。但是，校长负责制并不等同于校长责任制。2006 年新修订的《中华人民共和国义务教育法》正式发布并实施，第 26 条明确了“学校实行校长负责制。校长应当符合国家规定的任职条件。校长由县级人民政府教育行政部门依法聘任”。正式为中小学的校长负责制提供了法律依据。

从外部监督来看，校长在学校内部拥有最高权力，同时要接受教育行政部门的校长考核。校长考核包括个人岗位考核与学校综合评价。1992 年，中央组织部和原国家教委共同出台的《关于加强全国中小学校长队伍建设的意见（试行）》，规定“全面考核校长的德、能、勤、绩”，结合本地的校长考核标准和方法，除了考察校长平时的工作，还可以协同学校督导，定期考核校长工作。也就是说，目前实行的中小学校督导评估制度，实际上也是对校长领导工作的一种考核。

从考核指标来看，对学校的督导评估是多方面、综合性的。1997 年《普通中小学校督导评估工作指导纲要（修订稿）》颁发，规定的学校督导评估主要有办学方向、学校管理体制和领导班子、教师管理与提高、教育教学工作（如学生培养、校风建设、教学秩序、课程教学、选修课建设、教学研究与教学改革、学生活动，等等）、行政工作的常规管理（如规章制度建设、年度计划的制订与落实、学籍管理、后勤、财务、教育设施的使用与维护等。

从问责机制来看，逐渐将对学校的评估与对校长的考核和奖惩联结在一起。2012 年国务院颁布《教育督导条例》，要求对学校的经常性督导每学期不得少于 2 次，且督导报告可以作为对被督导单位及其主要负责人进行考核和奖惩的依据。

上海作为中国基础教育改革的领头羊，在中小学督导评估方面，推行“发展性督导评价”，即强调对学校发展的过程性评价。2003 年上海市教委颁布《上海市积极推进中小学“学校发展性督导评价”的实施意见（试行稿）》，明确了学校发展性督导评价的原则、指标和组织实施方式。在此基础上，2005 年，《上海市关于深化与完善“学校发展性督导评价”工作的若干意见》文件正式颁布，进一步优化学校发展性督导评价指标，将指标划分为办学基础性指标和学校发展性指标两类。前者包括办学条件（校舍面积、设备设施）、学校管理（校务管理、教学管理、德育管理、队伍管理、总务管理）、办学质量（入学率与巩固率、基本要求、社会评价）。后者包括学校发展目标、课程建设、教学改革与学生学习、学校德育、校园文化建设、教育科研、师资队伍建设、学生发展、学校和社区共建等。同时，该文件还指出要“加快推行与完善校长任期目标责任制”，将对校长履行任期内目标责任的考核与学校发展规划、学校发展性督导评估相结合，考核校长在“加强未成年人思想道德建设、推进中小学课程教材改革、促进教师专业发展和发挥团队组织主体作用等方面引领学校改革与发展”的责任。2015 年，上海市人民政府教育督导室《关于对本市各级各类学校实施教育督导的意见》发布。该文件明确提出应将学校的督导结果作为对学校及其主要负责人考核、奖惩和任免的重要依据。至此，上海市初步建立了全面、系统的发展性学校督导机制。表 2-3 列出了中小学发展性督导评价指标中与教师专业学习和成长相关的评价指标。不难看出，教师教研、教师队伍专业发展是上海中小学校长的核心领导职能之一。

表 2-3　上海市中小学发展性督导评价指标概览

指标类别	指标名称	主要评价点
办学基础性指标	校务管理	学校有三年发展规划及办学章程；学校发展目标和分年度目标清晰，针对性强，措施落实
	队伍管理	学校内部人事管理制度健全，全员岗位职责明确； 学校专业教师任职条件达到市颁标准，教师年龄、专业结构合理； 学校有师德规范与师德考评制度；加强全体教师育德能力的建设，杜绝体罚、变相体罚学生的现象； 学校对专任教师的专业发展有明确目标，对青年教师和骨干教师的培养有具体措施； 学校成员管理育人职责明确，有培训、有考核

续表

指标类别	指标名称	主要评价点
学校发展性指标	教育科研	研究方向：课题研究立足于解决学校教改实际问题，起引领作用 课题管理：规范、有序；教师参与面广，形成科研骨干队伍 成果应用：课题研究成果及时应用于学校教育教学实践，能切实推动学校发展
	师资队伍建设	校本培训：落实教师培训措施，有效开展以校为本的教研和科研活动；积极鼓励、支持教师参加专业进修和学术交流活动 校本培养：根据不同层次教师专业发展需求，创设开放式的校本培养新格局，促进教师主动学习、研究和反思，促进教师职业道德和专业水平提高，形成名师和各层次骨干教师梯队建设的培养机制 校本管理：建立教师聘任制度，合理配置人力资源，形成人才流动和优化机制；建立教师发展性评价制度，形成教师自评、同行评议、管理者评价、学生及家长多方参与的多元评价方式，形成促进教师专业发展的激励与保障机制

注：表格内容摘自2005年《上海市关于深化与完善“学校发展性督导评价”工作的若干意见》。

2022年1月，中共中央办公厅颁布《关于建立中小学校党组织领导的校长负责制的意见（试行）》，明确提出建立党组织领导的校长负责制。这是对校长负责制的进一步优化与创新。

（二）校长负责制的利与弊

校长负责制是指“上级机关领导、校长全面负责、支部保证监督、教工民主管理”（萧宗六，1990）。校长负责制本质上是一种“首长制”，即对内，校长是学校的最高领导者，全面负责并领导学校教学和行政管理工作；对外，校长受上级教育行政部门领导，是学校的法定代表人（萧宗六，2000）。

首先，在校长负责制下，校长在学校中几乎掌握了所有关键权利（鲍传友，2004），包括决策权、指挥权、教育教学权、人事权、财务权以及新课改后的校本课程设置权（葛新斌，2003；鲍传友，2004；张东娇，2005）。校长对学校的发展愿景与目标、发展规划、组织结构等都拥有决策权和执行权，个人权利独大。在教育教学上，校长按照国家教育方针政策，有权全面主持教育教学有关工作。在人事上，校长拥有选聘教师、考核与奖励教师的权利。在财务上，校长有学校财务经费支配和监控权。在校本课程设置上，校长有设计并开设特色校本课程的权利。在这种制度下，虽然校长个人决策有助于提高行政效率，但是其弊端也日益凸显，最突出的问题就是校长一言堂，教师、学生和家长的权益无法得到有效保障。

其次，在校长负责制下，校内缺乏有效的民主管理监督机制，横向监督不足。虽然相关政策文件也指出学校的教代会、工会、党支部要发挥民主监督职能，但是，因为校长是最高领导，拥有的权利最大，这种自下而上的监督机制能发挥的监督作用微乎其微。在实践中，党支部多是负责教师的思想教育工作，工会成为发放教师福利的单位，教代会在校长的控制下，也无法发挥民主监督功能，更无法参与学校决策（冯大鸣，2003；葛新斌，2003）。

最后，从学校外部制度环境看，由于上级教育主管部门拥有对校长的选聘、晋升与奖惩的权利，校长对学校的管理也受外部环境控制（冯大鸣，2003）。换句话说，校长问责是向上负责的（Walker et al.，2011），是对上级主管部门负责，而不是对学生、教师和家长负责。向上问责的制度导向，容易使校长在进行学校管理时，不以学生和教师的利益为决策依据。简单来说，校长管理制度存在横向监督不足、纵向约束过多的弊端。

二、教师教研制度

我国中小学教师教研制度是在新中国成立后建立、发展和完善的，至今已有 70 余年历史。从制度特点来看，是强制性的多级教研制度。从制度发展历程来看，以 2001 年开始推行的基础教育新课改为分水岭，可以分为两个发展阶段。第一个阶段是传统教研制度，即在 2001 年新课改之前，由于应试教育的环境，课程和教材是国家统一的，教师教研内容主要围绕教材分析、教法学习展开，重视成功经验交流与分析，教研活动方式主要是集体备课、听评课等。第二个阶段是以校本教研制度为核心的现代教研制度，即在 2001 年推行新课改之后，教师教研更强调回归学校本身，强调教研活动关注学校在新课改实施过程中遇到的实际问题。这一部分将对这两个阶段的教师教研制度进行梳理。

（一）传统教研制度

新中国成立初期，基础教育规模快速扩大，而教师教学水平却明显不足，影响教学质量（胡艳，2011）。为了提高教师教学水平，效仿苏联的教学指导组模式，国家加快了中小学教育教研制度建设速度。1952 年，《中学暂行规程（草案）》和《小学暂行规程（草案）》正式出台，明确要求中小学各个学科设立教学研究组（简称教研组），定期组织教学研究会议，研究改进教学，每组设组长一人（教育部，1952a，1952b）。这两个文件的出台，标志着中国基础教育教研制度的初步建立。1957 年，《中学教学研究组工作条例（草案）》《关于中学教学研究组工作条例的说明》出台，进一步明确了教研组的性质和工作内容。文件指明教研组是教学研究组织而非学校行政组织，其主要任务是“组织教师进行教学研究工作，总结、交流教学经验，提高教师思想、业务水平，以提高教育质量”（李松，2014），包括学习相关教育方针和政策，研究教学大纲、教材、教学方法，总结和分享教学与指导课外活动的经验，如观课和听评课等（胡艳，2011；李松，2014）。

除了校级教研组，为了集中优秀教师资源、更快更有效地总结和推广成功的经验，各级教育行政部门在这一时期也纷纷建立了教学研究室（简称教研室），进行教学研究和指导。如，1954 年，教育部在《关于全国中学教育会议的报告》中建议地方政府成立教研室。同年，北京市教育委员会出台《关于提高北京市中小学教学质量的决定》，提出在市级成立专门机构负责教学研究和指导工作，并要求教育行政部门加强对学校教学改进的检查和指导（尹桂荣，2006；董绍才，2010）。随后，其他省份也纷纷成立各级教研室。1955 年，《各省市教育厅必须加强教学研究工作》在教育部刊物《人民教育》上刊登，指出省市县教育行政部门应该设立教研室（梁威等，2010）。经过这一时期的发展，中国基础教育的教研制度基本成形，即省级—地市级—区/县级—校级的多级教研体系。[①] 上级教研室对下级教研室具有教学指导作用。

“文化大革命”的文化动荡时期，基础教育整体停滞，教研制度也停滞不前。20 世纪 80 年代改革开放之后，教研制度逐渐得到恢复。1990 年，原国家教委颁布《关于改进和加强教学研究室工作的若干意见》（教基〔1990〕013 号）明确要求“省、地（市）、县（区）都要设立教学研究室。各级教研室在当地教育行政部门的领导下进行工作，并接受上级教研部门的业务指导”。同时，文件明确“教研室是地方教育行政部门设置的承担中小学教学研究和学科教学业务管理的事业机构”，负责进行教学研究和教学指导。至此，制度化的、多级的、上下联动的教研制度基本确立，并延续至今（梁威等，2010）。

从教研室的职能看，它兼具了教学研究和行政管理的双重职能（陈桂生，2006；胡艳，2011）。尽管相关文件已经明确说明教研室并不是学校的行政组织，不承担行政职能，但是，实际运行中，教研室作为学校最基层的教师组织，学校内很多管理部门的行政职责最后都通过教研室实施（胡惠闵、刘群英，2012），如依据学校目标制订教学计划，检查教师教学工作，组织和协调教研活动，包括集体备课、听课、评课和进行公开课等，甚至教师工会和学生管理的行政工作是通过教研室协调落实到教师个人。教研制度的存在使得教师学习具有强制性，而不是自愿自发的。教研组是所有中小学校必须成立的正式基层组织，所有任课教师必须参加。学校对教研组的管理有强制性的行政要求，如要求定期组织教研会议（一般每周一次或两次）、对教师每学期/学年参加的听评课次数提出明确要求并作为教师考核内容之一，等等。这些都使得教研制度下的教师学习具有很大的强制性。这种强制性既有正面影响也有负面影响。一方面，从制度上保证了教学研究在学校的重要地位，加强了教师学习。另一方面，教师教研多是自上而下的，受限于上级部门的要求，教研内容固定、封闭，忽视

① 教研体系，有学者将其归为三级，即省/直辖市级—地市级—区/县级或省/直辖市级—区/县级—校级（丛立新，2011）；也有学者将其归为四级，即省/直辖市级—地区级—区/县级—校级（梁威等，2010）。无论三级还是四级，区别只是学者的划分方法不一样。实际上，在各个行政级别上都有对应级别的教研机构。本书不做具体划分，只总结为多级教研体系。

学校和教师在教学中面对的实际问题，教师的学习自主性不高、主动性不强（胡艳，2011；李松，2014）。

（二）现代教研制度

进入21世纪，随着基础教育新课改的实施，校本教研逐渐成为新的教研方式。所谓校本教研，强调以校为本，关注解决新课程实施过程中学校教学遇到的实际问题，重视学校教学改进和教师专业成长（韩江萍，2007；李保强，2007；肖川、胡乐乐，2007）。

2001年《基础教育课程改革纲要（试行）》要求教研机构以新课改为核心。文件要求“在教育行政部门的领导下，各中小学教研机构要把基础教育课程改革作为中心工作，充分发挥教学研究、指导和服务等作用，并与基础教育课程研究中心建立联系，发挥各自的优势，共同推进基础教育课程改革”。

2002年，教育部颁布《关于积极推进中小学评价与考试制度改革的通知》（教基〔2002〕26号），首次提到校本教研，要求“学校应建立以校为本、自下而上的教学研究制度，鼓励教师参与教学改革，在改革实践中提出教研课题；学校应有归纳课题、组织教学研究的能力，有促进教师专业发展的规划与措施”。

2003年，教育部颁布《关于改进和加强教学研究工作的意见（征求意见稿）》，提出教学研究要将重心下移到学校，建立与新课程适应的以校为本的教研制度。文件强调校本教研应该“以新课程为导向，以促进每个学生的发展为宗旨，以课程实施过程中学校所面对的各种具体问题为对象，以教师为研究的主体，是一种理论指导下的实践性研究，既注重切实解决实际问题，又注重概括、提升，总结经验、探索规律”。文件还提出“在重视教师个人学习和反思的同时，特别强调教师之间的专业切磋、协调与合作，共同分享经验，互相学习，彼此支持，共同成长”。校本教研应该有专业研究人员参与，并积极发挥专业引领作用。同时，文件明确了“校长是以校为本的教研制度的第一责任人”，应该在学校建立教研的导向机制、激励机制和保障机制，“要整合学校教科室、教导处、学科教研组和备课组等各种力量，建立直接服务于教师发展的、开放的学校教研网络，使每位教师的困惑能及时得到响应，每位教师的经验能及时与同事分享。学校应及时而有针对性地组织学习和教学问题研讨，要给教师以人文关怀，尊重和保护教师教学研究的积极性和创造性，增强教师职业自信心。同时，使教师能够与校外同行（教师、教研人员、研究者等）保持经常性的沟通和联系。通过以校为本教研制度的建设，发挥学校的研究职能，促进学校发展，努力把学校建成真正意义上的学习化组织”。同年，教育部又设置了“创建以校为本教研制度建设基地”，鼓励各个省份积极探索并实践校本教研制度（李保强，2007）。自此，校本教研制度基本确立并逐步进入探索实践阶段。

总体来看，教研制度从传统教研发展到校本教研，是素质教育改革对教师教学研究的必然要求。校本教研与传统教研的区别，体现在以下几个方面（汇总情况参见表 2-4）。

第一，从教研内容来看，校本教研强调发现、分析和解决学校教育教学中遇到的实际问题，尤其是实施新课改过程中遇到的教育教学难题和挑战，重视学生全面发展，教研内容更加广泛、贴近教学实际。传统教研，在应试教育的背景下，面对统一的教材和标准化考试，学校和教师的自主性十分有限，教研内容相对固定，主要围绕分析教材和教学大纲，改进教法，以提高学生考试成绩为主（李松，2014）。

第二，从教研活动形式来看，传统教研的活动形式主要是集体备课、听课、评课，重视经验交流和优秀教学经验的总结和推广（胡艳，2011）。在素质教育和新课改的背景下，校本教研的活动形式更加丰富多元，一方面保留了传统教研活动，另一方面也发展出了很多新的形式，包括课例研究、主题研修、课题研究（徐伯钧，2016），并强调教师的自我反思、同伴互助和专业引领（韩江萍，2007）。

第三，从学习边界来看，传统教研是分学科进行的教学研究，各个学科教研组之间相对孤立、交流很少（李松，2014）。但是，校本教研借鉴了学习社群、学习型组织的理念，强调所有教师和学校管理者共同参与，通过合作和交流，共同解决学校的教学问题，提高学校教育质量，促进学生发展。基于学校实际教学问题的校本教研活动，不再局限于单个学科教研组，而是积极打破学科和教研组的边界，重视跨学科、跨教研组、跨校、跨区甚至跨省市的合作学习与交流（韩江萍，2007；徐伯钧，2016）。校本教研的学习形态也不局限于固有的学科教研组，还有不同形式的学习小组，例如课题研究小组、青年教师学习小组等。

第四，从教研室与教研组关系来看，传统教研强调检查和督导，校本教研则更强调上级教研室对学校教研组教师的指导与合作（李保强，2007）。

表 2-4　传统教研与校本教研的差异

维度	传统教研	校本教研
背景	应试教育，教材统一	基础教育新课程改革，国家—地方—校三级课程
教研内容	钻研教材、分析教法，内容相对固定和封闭	新课改下学校教育教学中遇到的实际问题，教研内容更加宽泛、灵活
教研活动	集体备课、听评课，强调经验交流和成功经验示范	形式是多元的，强调教师的自我反思、同伴互助和专业引领，如：听评课、公开课、示范课、说课、主题研修、校本培训
学习边界	各学科教研组之间相对孤立，缺乏交流	打破边界，可以跨学科、跨校、跨教研组、跨区甚至跨省市进行交流和学习
学习方式	经验交流	行动研究
学习特点	自上而下	自下而上

虽然校本教研相较于传统教研，在教研形式和内容上更为丰富，但是在学校实践中校本教研依然遇到了很多问题，比如：教学研究流于形式，教师负担过重、观念不能及时更新、进行校本教研的动力不足，校本教研低水平或脱离教学实际，重视教研专家而忽视学校教师的主体性，行政干预过多、缺乏保障机制（韩江萍，2007；张伟平、赵凌，2007；徐伯钧，2016）。同时，对于学校应该如何推动校本教研发展、校长在其中应该发挥怎样的作用等问题，仍然缺乏充分研究（李保强，2007；李松，2014）。

三、小结与启示

从以上对校长管理与教师学习本土制度的梳理可以看出，在校长负责制下，中小学校长对学校的教学和行政管理工作拥有最高决策权。这一制度的好处在于可以提高行政效率，弊端就是在管理过程中的民主监督力度不足。在教育行政部门主导的外部学校评估制度下，校长问责是对教育行政部门负责，而不是对学生、家长和教师负责，使得这些群体的权益得不到有效保护与监督。

在校本教研的制度环境中，教师教学研究活动日益丰富，包括听评课、课例研究、同课异构、集中培训、公开示范课、课题研究，等等。同时，教师实践社群形式也更加多元，除了传统的备课组、教研组和年级组，还常有青年教师学习小组（如校内青蓝工程）、课题/项目组，等等。教师可以同时属于多个实践社群，亦可跨越学校边界，参与校外实践社群，如名师工作室、区/市级教研室。图 2-3 展示了教师参与实践社群的情况。

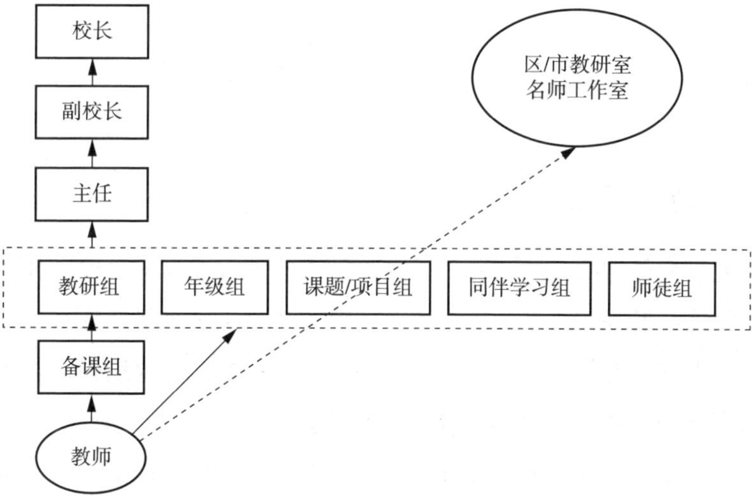

图 2-3 教师参与实践社群的情况

第三章

研究设计与方法

基于文献回顾，这一章将进一步说明具体问题，并阐释分析框架、研究方法以及研究伦理。

第一节 研究问题与理论框架

一、研究问题

在充满变革与挑战的环境中，教师是学校教育成功的关键。教师学习成为学校持续发展与改进的必要条件。教师学习是一个复杂的过程，没有学校管理者支持的教师学习不可能成功。然而，如何有效地引领教师学习也是很多管理者遇到的难题。新课改对教师和学校管理者都提出了挑战。校长是教育者、领导者和管理者，承担着引领学校教学改革、确定学校愿景与目标以及管理学校各项工作的职责（褚宏启，2007）。校长对新课改在学校内的实施负有引导责任，同时还要创造支持性的学校环境鼓励教师参与和支持改革（陈卫国，2004；褚宏启，2007）。教师是教学的主要实施者，也是新课改成功的关键（尹弘飚、李子建，2007）。如何成功领导教师学习是校长必须思考的问题。

我国一直有教师合作学习的传统，特有的教师教研制度也为教师学习提供了制度保障。在这样的制度下，我国教师的学习方式有着本土特点（Zhang and Pang，2016）。校长常常会依靠教研组等结构化的教研组织推动教师学习（Qian et al.，2016）。特有的教师教研制度也使得我们有必要探索在本土情境下学校管理者如何培养和领导教师专业学习。此外，中国的社会文化与西方文化存在很大差异。已有的相关研究多集中于西方的社会文化情境，缺乏中国视角的研究。中国的社会文化受儒家文化影响，强调集体主义，重视人际和谐，权力距离高（Hofstede，1993）。基于西方背景的领导力研究成果并不适用于中国，本土研究是一种必然要求。

基于此，本书将探究在我国基础教育改革背景下，校长在教师学习中的领导策略与影响，主要分析校长以教师学习为核心的学习领导力的策略与特点、结构与测量、领导效能。主要提出以下几个问题：

第一，校长如何领导教师学习，有哪些核心的领导策略，表现出怎样的特点？

第二，这些领导策略对教师有什么影响？

第三，在学校实际情境中，校长学习领导力受哪些因素影响？

二、 研究框架

本书关注校长在教师学习中的领导策略与影响，理论框架如图 3-1 所示。研究从结构、文化和个体三个视角分析校长学习领导力的领导策略，识别核心领导实践，开发对应的学习领导力测量工具，检验学习领导力的结构及其领导效能，并探索影响学习领导力的因素。

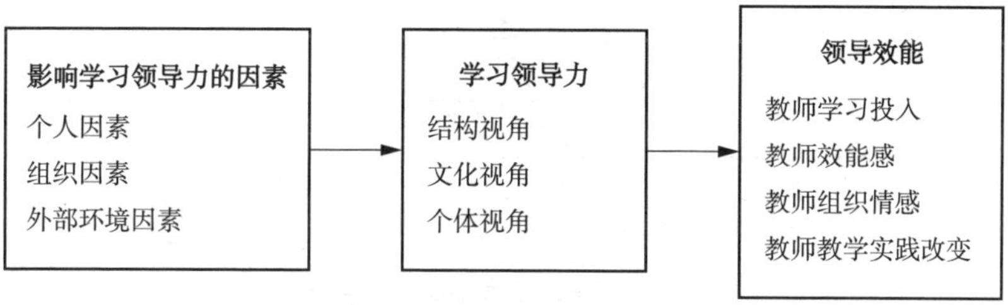

图 3-1　理论框架：校长学习领导力及其领导效能

三、重要概念说明

1. 学习领导力

本书关注校长在教师学习中的领导策略及其影响。学习领导力是指校长为了引领教师学习所采取的领导策略。

2. 领导效能

领导效能也称领导有效性，指领导力的影响结果。本书关注学习领导力对教师个体的影响，包括对教师学习投入、效能感、组织情感和教学实践改变的影响。

3. 学校管理者

本书主要关注的学校管理者是校长。但是，领导教师学习的过程不可能只依靠校长，其他学校管理者也十分重要，包括副校长、正/副主任（如教导主任、教学主任、德育主任、科研主任等）、正/副组长（如年级组长、教研组长、备课组长等）。我国典型的学校组织管理架构如图 3-2 所示。本书将校长之外的其他学校管理者称为“中层领导”。

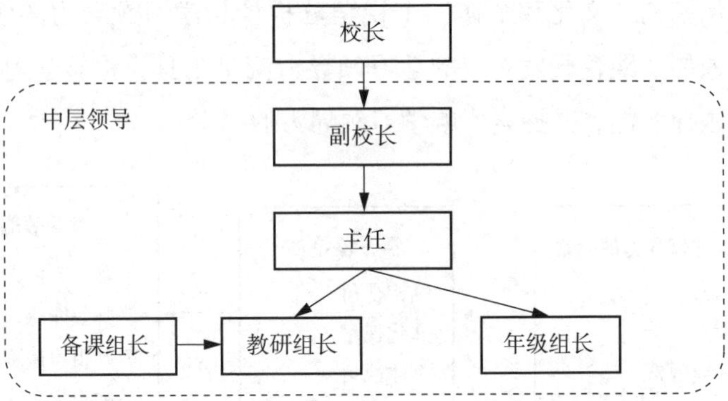

图 3-2　学校管理者层级关系图

4. 领导策略

本书中的领导策略，指校长为了引领教师学习所采取的策略，是教师感知到的学校领导行为。

5. 实践社群

文献回顾部分已经详细介绍了实践社群的内涵、特征及形式。从我国情境看，在特有的教师教研制度影响下，上海每一所中小学校都有制度化的教师实践社群，包括教研组、备课组、年级组。另外，还有很多非完全制度化的教师实践社群，如青年教师学习小组、项目组、师带徒组、同伴学习组，等等。本书中的教师实践社群指的就是教师在学校工作中参与的各类学习小组。

第二节　研究方法与设计

一、混合研究方法取向

本书选择混合研究方法进行研究（mixed methods）。混合研究方法指为了更好地理解研究问题，在一个研究中既使用量化研究方法也使用质化研究方法（Tashakkori and Creswell，2007；Creswell and Clark，2011）。

混合研究方法的使用，最早可以追溯到 Campbell 和 Fisk 于 1959 年发表的一篇心理学研究。之后，混合研究方法逐渐发展成为继量化和质化两种研究方法之后的“第三种研究方法”，日益受到关注（Johnson et al.，2007）。社会科学包括教育学在内，主要目的是描述、理解和解释人的行为与经验，而混合研究方法可以让研究者更全面地理解人的复杂行为与经验（Morse，2003）。具体来说，混合研究方法有很多优势：首先，混合研究方法可以弥补质化与量化方法的不足，让两者互为补充。一般认为，量化方法的主要缺点是不能理解被调查者背后的意义，而质化方法可以弥补这点不足。同样地，质化方法重视个体化的意义诠释，研究结果不能做普遍化推论，而量化方法可以弥补这方面不足。其次，混合研究方法可以为研究问题提供更多的证据，而不是局限于单一的质化或量化证据。混合研究方法有助于解决单一质化或量化方法不能充分解决的研究问题，有助于打破量化与质化两种方法之间的争议壁垒，在两者之间建立联结。并且，这种研究方法可以鼓励研究者使用多元的世界观和多元研究范式去看待问题，而不是在质化或量化之间选择其一。最后，混合研究方法是实用的，研究者可以根据研究问题需要，选择研究方法（Creswell and Clark，2011）。

使用混合研究方法要思考的核心问题之一就是为什么使用混合研究方法。Greene 等（1989）认为使用混合研究方法的目的包括五种，分别是：①三角验证，使用不同方法对同一问题进行验证，以确保研究的有效性；②补充，使用不同的方法完成不同的研究任务；③发展，即一种方法要在另一种方法的研究基础上继续进行；④启发，指站在两种方法视角以发现结果是否存在冲突或矛盾，以获得进一步的研究启发；⑤扩展，是指使用两种方法拓展研究的广度和深度。同样地，Creswell 与 Clark 也认为并不是所有的研究都适合混合研究方法，只有当单一的质化或量化方法不能充分地解决研究问题、量化结果需要进一步解释、质化的探索性发现需要普遍化、需要用另一种方法来进一步加强已有研究、某种理论应用所需或者一些研究项目需分不同阶段采用不同方法以解决不同研究目的时，才适合使用混合研究方法（Creswell and Clark，2011）。

本书涉及三个核心问题：①校长如何领导教师学习；②学习领导策略对教师有什么影响；③哪些因素影响学习领导力。单一的质化或量化方法都不能很好地解决以上研究问题，需要使用混合研究方法。

二、研究设计

“如何混合质化和量化两种方法”是使用混合研究方法要思考的第二个核心问题。依据质化与量化两种方法的实施顺序、优先权重、混合时间与混合方法，研究可以采用不同的混合方法研究设计。Creswell 与 Clark 总结了六种混合研究设计方法，分别是收敛式平行设计（convergent parallel design）、探索性顺序设计（explanatory sequential design）、解释性顺序设计（exploratory dequential design）、嵌入式设计（embedded design）、变革式设计（transformative design）和多阶段设计（multiphase design）（Creswell and Clark，2011）。基于前文所述的研究问题，本书选择采用多阶段的混合研究设计（multiphase design）。具体来说，首先，本书采用质化研究方法来探索和理解校长引领教师学习的领导力实践。其次，基于第一阶段的研究结果，设计并开发“学习领导力”的测量工具，并选择更大范围的中小学校样本进行量化调查分析，检验学习领导力的结构及其对教师的影响。最后，在量化研究的基础上，再次选取调查学校进行质化案例研究，进一步探究学习领导过程。

三、研究对象、数据收集与分析

本书选择上海的初中和小学作为研究对象。上海市一直是中国基础教育改革的先行者，参与了很多基础教育改革。同时，上海市参加了经济合作与发展组织（OECD）2009 年、2012 年和 2015 年组织的国际学生评估项目（Programme for International Student Assessment，简称 PISA）。该项目主要评估不同国家 15 岁学生在数学、阅读和科学三个方面的能力。上海学生在 2009 年和 2012 年 PISA 评估结果中均名列第一。这也使得上海基础教育经验日益受到国际关注。另外，本研究关注小学和初中阶段教育，因为小学和初中阶段属于九年义务教育范畴，很多改革政策在小学和初中阶段具有连贯性和一致性。高中阶段不属于义务教育，很多改革措施与初中和小学阶段不同。涉及初中和小学阶段的学校类型主要有小学学校、初中学校和九年一贯制学校①。因此，本书选择的样本学校包括这三个类别。研究设计、研究方法与研究对象见表 3-1。

表 3-1　研究设计、研究方法与研究对象总览

阶段	研究问题	方法	研究对象	具体研究目的
第一阶段	校长如何领导教师学习	质化	6 所个案学校	发现本土概念，阐释学习领导策略与特点
第二阶段	学习领导策略对教师有什么影响	（质化+）量化	342 名教师	开发学习领导力测量工具，探索学习领导力的结构及其领导效能
第三阶段	学习领导力受哪些因素影响	（量化+）质化	2 所个案学校	分析影响学习领导力的因素

① 完全中学既有初中又有高中，虽然也涉及初中阶段教育，但是因为有高中阶段，本书没有纳入完全中学学校。

（一）第一个阶段：质化探索

这一阶段的研究目的主要是初步探索学校引领教师学习的核心领导实践，采用质化研究方法。质化研究方法是“以研究者本人作为研究工具，在自然情境下采用多种资料收集方法对社会现象进行整体性探究，使用归纳法分析资料和形成理论，通过与研究对象互动对其行为和意义建构获得解释性理解的一种活动”（陈向明，2000）。进一步说，质化研究的典型特点就是：在自然情境中对个人和社会组织进行探究，研究的目的是对被调查对象的经验与意义建构进行“解释性理解”（interpretive undersatnding），研究是在调查者与被调查者互动过程中不断动态发展的，研究方法主要是归纳法，且调查者与被调查者的关系对研究本身也很重要（陈向明，2000）。正是因为这些特点，质化的研究方法更适用于从微观层面对事物进行详细描述、追踪实践过程，并从当事人（被调查者）的视角了解他们的意义过程（陈向明，2000）。就领导力研究而言，领导力是人影响人的复杂过程。利用质化研究方法探究领导力有不同于量化方法的重要研究贡献与优势，如，有助于理解领导力实现组织成功的过程，了解领导者真实使用的领导策略，理解领导者与被领导者的想法，甚至可以发现新的领导力理论（Bryman，2004）。

1. 研究策略：多元个案研究

在具体研究策略方面，本书采用多元个案研究策略。个案研究是一个综合性的研究策略（comprehensive research strategy），适用于探索真实世界中的现象，以及现象与现象所在背景之间的边界并不是很清楚的情况；其主要优势是可以关注不同情境中的多元要素而不是一些数据点（data points），从不同来源获取的数据可以对研究发现进行三角验证，可以基于前期的理论假设指导数据收集与分析（Yin，2003）。个案研究可以有理论假设指导，这是其与民族志和扎根理论等方法最主要的区别之一（Yin，2003）。Yin 将个案研究分为单一个案研究（single-case study）和多元个案研究（multiple-case studies）两种。顾名思义，前者指只选择一个个案进行研究，后者是选择两个及以上的个案为研究对象。相较于单一个案研究，多元个案研究能够从不同的个案中获取信息，避免单一个案可能带来的极端性和非典型性，保证研究结果更为稳健；换句话说，是不将鸡蛋放在同一个篮子里（Yin，2003）。因此，研究在这个阶段采用多元个案研究方法，以更为完整地了解学校管理者对教师学习的领导策略与领导过程。

2. 案例学校和受访对象

从选择的具体个案来看，研究采用目的性抽样的方法，即“抽样那些能够提供最大信息量的人或事情”（陈向明，2000），选取了上海 6 所学校作为案例学校。案例学校以及访谈对象的基本情况如表 3-2 和表 3-3 所示。选择这些学校是因为：①6 所案例学校在学校层次、发展水平、地理位置、学校规模等方面具有不同的特征。在学校层次上，兼有小学、初中和九年一贯制学校，涵盖了中小学阶段教育的不同学校类型。在学校发展水平方面，既有传统重点学校，又有薄弱学校成功改造形成的新优质学校，也有普通学校。在地理位置上，既有上海市市区学校也有郊区学校。就学校规模来说，案例学校中有 1 所小规模学校，3 所中等规模学校和 2 所大规模学校。[①] 同时，6 所案例学校的校长，在个人经历和任职年限等方面也各有不同。多元化的个案有助于为研究提供丰富信息，并增强研究的外部可推广性（generalization），避免将鸡蛋放在一个篮子里（Firestone，1993；Yin，2003）。②研究选取学校为分析单位。教师是校长领导力行为的直接感知者，在邀请教师访谈时，研究尽可能兼顾教师教学学科、职务、教龄等方面，以获得更为全面的信息。

表 3-2 个案学校基本情况

学校编码	学校层次	学校所在区	学校情况
K	小学	郊区	新优质学校②
L	小学	郊区	新优质学校

① 在本书中，学生人数低于 600 人为小规模学校，600~1200 人为中等规模学校，1200 人以上为大规模学校。

② 新优质学校是上海市 2011 年启动的学校改进项目，目的在于选择一些成功实现变革的学校作为典范，为其他学校提供经验，促进义务教育均衡发展。新优质学校以前都是薄弱学校或者普通学校，经过变革，取得一定改革成效，学校发展水平有所提升。新优质学校要在其所在区县发挥辐射作用，带动区内其他学校的发展。

续表

学校编码	学校层次	学校所在区	学校情况
M	小学	市区	重点学校
N	初中	郊区	普通学校
Q	初中	市区	新优质学校
R	九年一贯制	郊区	普通学校

表 3-3　访谈对象基本情况

学校	编码	性别	教学科目	职务	本校教学/任校长年限（年）
K	A-K-T1	女	数学	校长	9
	A-K-T2	女	语文	教研组长	—
	A-K-T3	女	数学	教研组长	10
	A-K-T4	女	英语	教研组长	8
L	A-L-T1	女	语文	校长 *	17
	A-L-T2	女	自然	主管主任	9
	A-L-T3	女	语文	普通教师	7
M	A-M-T1	女	数学	校长	20
	A-M-T2	女	数学	副校长	1
	A-M-T3	女	语文	教研主任	22
N	B-N-T1	女	数学	校长	6
	B-N-T2	女	数学	无	17
	B-N-T3	女	语文	语文骨干教师	12
	B-N-T4	女	英语	学科骨干	—
	B-N-T5	男	音乐	普通教师	—
Q	B-Q-T1	女	语文	校长 *	4
	B-Q-T2	男	生物	普通教师	退休返聘
	B-Q-T3	女	数学	副校长	—
	B-Q-T4	女	数学	教导主任	10
	B-Q-T5	女	数学	教研组长	5
	B-Q-T6	女	语文	教研组长	3
R	C-R-T1	女	-	校长	任校长不足一年
	C-R-T2	女	语文	教导主任	3
	C-R-T3	女	数学	教研组织	2

续表

学校	编码	性别	教学科目	职务	本校教学/任校长年限（年）
R	C-R-T4	女	物理	教研组长	5
	C-R-T5	女	语文	教研组长	8
	C-R-T6	女	数学	年级组长	11

注：编码部分，A 表示小学、B 表示初中、C 表示九年一贯制学校；K、L、M、N、Q、R 为学校编码；“T+数字”对应学校内受访对象编码。本校教学/任校长年限，对于校长是指其在本校任职校长的时间，其他均指教学年限。* 表示该校长为名校长。

6 所案例学校的基本情况如下：

K 学校，位于上海郊区，是一所历史悠久的小学。学校几经变迁，20 世纪 90 年代与另一所学校合并，属于大规模学校。生源主要是学校所在区的上海本地儿童。K 学校校长（A-K-T1）在任职校长之前，就一直在本校工作，至今已近 10 年。近年来，K 学校校长积极推动学校的课堂教学改革，在语文、数学和英语三个学科开展创新，教学改革经验多次在全区推广，学校也被评为上海新优质学校，是一所积极推动教师专业成长的学校。

L 学校，位于上海郊区，是一所中等规模的小学。L 学校校长（A-L-T1）是上海市特级校长，在本校任校长 17 年。刚担任校长时，L 学校是一所薄弱学校，各方面都不达标。A-L-T1 担任校长后，推动学校改革，基于办特色教育的变革思路，丰富校本课程，通过课程改革发展教师，进而推动学校发展。现在，L 学校已经取得明显的学校改革成果，也因此被评为新优质学校。

M 学校，位于上海市区，是该区中等规模的传统重点小学。选择 M 这种传统重点学校，可以帮助我们了解具有传统资源优势的学校在教师学习与成长方面的经验。M 学校校长在该校任校长 20 年的领导经验可以加强我们对学习领导力的全面认识。

N 学校，位于上海郊区，是一所普通中等规模的初中学校，学生多是外来务工人员子女。N 学校校长在本校任校长 6 年。虽然学校是一所普通学校，但是学校体育课程很有特色，在教学方面通过申请区级课题带动教师对学生自主学习方面的教学研修，也取得了一定的成果。相较于传统优势学校和改革已经取得初步成效的新优质学校，N 学校校长在教师专业发展上也做了很多努力，积极通过教师教科研改进学校教育教学，在一定程度上可以反映上海市普通初中学校的基本情况。

Q学校，位于上海市区，是一所小规模的公立初中学校。学生多是非本地户籍学生，学生家庭背景差异性较大。早期，学校是一所薄弱学校。Q学校校长（B-Q-T1）是上海市名校长、名师，在校长工作和学科教学方面都十分突出，调到该校后开始推动学校改革。近年来，由于上海市教委大力推动薄弱学校改进，并提供资源支持，Q学校的改革也获得了上级教育部门的项目资金支持。学校一方面改善硬件设施，另一方面进行校本特色课程建设，建立学校创新实验室。目前，学校改革已经取得了一定成果，课堂教学也有明显改善。成功的学校改革也使得Q学校成为新优质学校中的改革典范之一。因此，Q学校是一所教师专业发展经验丰富的案例学校，可以为我们理解校长的学习领导力提供大量信息。

R学校，位于上海郊区，是一所大规模的九年一贯制普通学校。学生以本地学生为主。由于地处郊区，且位置比较偏远，很多教师也是当地人，教师流动性小，年轻教师少。R学校校长调任本校不满一年，以前在其他学校担任过不同的管理职位，管理经验丰富。与其他学校不同，R学校校长到本校任职不久，恰好可以帮助我们了解初任校长的学习领导力理念与策略。

3. 数据收集与分析

就数据收集方法而言，Yin（2003）总结个案研究的数据收集方法包括文件、档案记录、访谈、旁观者观察（direct observation）、参与式观察（participant-observation）、硬体设备（physical artifacts，如技术设备、计算机等操作工具等）等，使用多种方法收集数据有助于对研究进行三角验证。本书以访谈研究为主，以收集学校相关文件和硬体设备（拍照记录）为辅，尽可能从多种途径收集收据。

在访谈部分，Yin（2003）将访谈分为开放式（open-ended）、焦点式（focused）和结构化三种形式（structured）。开放式访谈指研究者的访谈问题是开放的、不需要完全预先设定，可以让被访谈者描述事件，也可以让被访谈者表达他们的观点、看法和建议。焦点式访谈是指研究者按照预先设计的问题进行访谈。结构化访谈指访谈过程和问题固定，必要时也会同时使用正式的调查问卷。鉴于这一阶段是初期探索性研究，因此使用开放式访谈。访谈对象包括学校校长、部门领导、教研组长或普通教师。多样化的访谈对象，有助于研究信息的三角验证。校长访谈全部采用一对一方式，部门领导与教师访谈采用集体式，访谈时间均在 60 分钟左右。

就数据分析而言，按照 Yin 的多元个案分析方法，先进行单个个案分析，再进行跨个案比较与归纳。在单个案例分析时，遵循 Strauss 和 Corbin（1998）的编码程序与守则，即先进行开放编码（open coding），再进行轴心编码（axial coding），最后进行选择性编码（selective coding）。在编码过程中，研究基于结构、文化、个体三个视角，发掘本土概念并进行编码。

（二）第二个阶段：量化分析

这部分研究的主要目的是从量化的视角，分析学习领导力的结构及其对教师的领导影响。

1. 量表开发

在量化调查中，调查问卷有两种，分别是学习领导力量表以及领导效能量表。其中，学习领导力量表是自主开发的，以第一阶段的质化研究发现为基础（详见本书第四章第一节），同时参考已有文献的研究（Bass，1985；李超平、时勘，2005；Printy，2008；Liu et al.，2016）。领导效能量表题目主要来源于已有研究，涵盖教师学习投入（Geijsel et al.，2009；Thoonen et al.，2011；Liu et al.，2016）、教师效能感（Gibson and Dembo，1984；俞国良等，1995）、教师组织承诺[①]（Allen and Meyer，1990）和教师教学实践改变（Geijsel et al.，2009）四个维度。在应用已有成熟量表时，对于英文量表，先由研究者和另一位具有英语专业背景的研究者分别翻译为中文，然后进行比对与修改。修改后，再邀请一位具有英语背景的研究者对英文量表和翻译后的中文量表进行修订，形成最终的中文量表。表 3-4 显示了学习领导力量表与领导效能量表的基本情况。

---

① 组织承诺包含不同的结构维度。由于本书主要关注教师对组织的情感，所以只选择情感承诺部分。

表 3-4 学习领导力量表与领导效能量表的基本情况

	维度	内涵	题目数（道）
学习领导力量表	管理学习过程	结构策略：校长对教师学习进行计划、协调、监督与反馈	9
	发展合作文化	文化策略：校长培养实践社群，打破社群边界，发现和共享实践，赋权教师，发展教师合作文化	10
	提供学习激励	个体策略：校长通过学习示范、形成共享愿景、关心教师、提供发展支持等策略为教师提供学习激励	15
领导效能量表	教师学习投入	教师参与学习的程度	14
	教师自我效能感	教师对自身教学能力的评价	5
	教师组织情感	教师对组织的情感承诺	6
	教师教学实践改变	教师课堂教学实践改变的程度	7

2. 调查对象

与质化方法不同，量化方法强调样本的代表性，对样本数量也有规范性要求。鉴于研究时间和资源的局限，这一部分采取方便性取样的方法。为了确保研究的有效性，在选择学校教师样本时尽量兼顾教师年龄、性别、教学科目、职称和职务等。最后，随机调查了 7 所学校，其中 4 所是小学学校，3 所是九年一贯制学校。这些学校涉及上海市的 4 个区县（普陀区、闵行区、嘉定区、浦东新区），既有主城区也有郊区。共发放调查问卷 386 份，回收问卷 340 份，有效问卷 324 份，回收有效率为 83. 9%。教师样本信息见表 3-5 和表 3-6。根据表 3-5 可以看出，样本教师中男教师有 50 人，占总样本的 15. 4%，女教师 273 人，占比为 84. 3%。样本教师年龄分布比较均匀，25 岁及以下、26~30 岁、31~35 岁、36~40 岁、41~45 岁、46~50 岁、51~55 岁年龄段教师分别有 44 人、50 人、36 人、52 人、64 人、64 人、13 人，占总样本的比例依次是 13. 6%、15. 4%、11. 1%、16. 0%、19. 8%、19. 8%、4. 0%。样本教师绝大部分是本科学历，共有 266 人，占比为 82. 1%；20 人是硕士学历，占总样本的 6. 2%；37 人是大专学历，占比为 11. 4%；仅有 1 人是中专学历，占比为 0. 3%。从职称上看，样本教师中 141 人是小学高级教师，占总样本的 43. 5%，74 人是小学一级教师（占比 22. 8%），50 人是小学二级教师（占比 15. 4%）。从职务上看，绝大部分样本教师是没有行政职务的普通教师，共 233 人，占总样本的 71.9%；83 人兼有行政职务，其中 24 人是部门主任（占比 7.4%），59 人是教研组长或备课组长（占比 18.2%）。另外，样本教师中 151 人是班主任，占总样本的 46.6%。样本教师平均教龄为 17.18 年，在本校工作时间平均为 11.66 年（见表 3-6）。

表 3-5　量化部分样本教师的基本资料

教师信息	类别	人数（人）	百分比（%）
性别	男	50	15.4
	女	273	84.3
年龄	25 岁及以下	44	13.6
	26~30 岁	50	15.4
	31~35 岁	36	11.1
	36~40 岁	52	16.0
	41~45 岁	64	19.8
	46~50 岁	64	19.8
	51~55 岁	13	4.0
学历	中专	1	0.3
	大专	37	11.4
	大学本科	266	82.1
	硕士	20	6.2
职称	中学高级教师	7	2.2
	中学一级教师	15	4.6
	中学二级教师	7	2.2
	中学三级教师	1	0.3
	小学高级教师	141	43.5
	小学一级教师	74	22.8
	小学二级教师	50	15.4
	小学三级教师	4	1.2
	其他（如：骨干教师或名教师）	16	4.9
职务	部门主任	24	7.4
	组长（教研组织或备课组织）	59	18.2
	普通教师	233	71.9
	其他	7	2.2

续表

教师信息	类别	人数（人）	百分比（%）
班主任	是	151	46.6
	不是	169	52.2

注：部分信息累计百分比不足100%是因为有缺失值。

表 3-6　调查样本的教龄与本校工作时间的基本情况

基本信息	样本量	最小值	最大值	均值	标准差
教龄（年）	322	1	37	17.18	10.59
本校工作时间（年）	324	1	36	11.66	9.21

3. 数据分析

研究先使用探索性因素分析和验证性因素分析方法对学习领导力量表和领导效能量表的结构进行探索与验证。然后，通过差异性检验分析不同教师群体感知到的学习领导力差异，之后通过相关关系分析和回归分析探索学校领导力与学习领导效能各指标的关系。验证性因素分析使用 AMOS 软件，其他分析均使用 SPSS 软件。

（三）第三个阶段：二次质化研究

这部分研究的主要目的是探索影响学习领导力的因素。为了对领导过程有更为全面的理解，研究对案例学校中的学习领导力进行深入探讨。研究在第二阶段量化分析的基础上，依据学习领导力水平，选择两所学校（S 校和 W 校），其中：S 学校是小学中学习领导力水平较低的学校，W 学校是九年一贯制学校中学习领导力水平较低的学校。将学习领导力水平低的两所学校作为个案学校进行质化探索，有助于我们深入了解影响学习领导力的因素。

这部分数据的收集主要以面对面访谈的方式进行，同时在进入访谈现场时及时收集学校相关文件资料、观察以及记录访谈笔记。受访教师由校长邀请，主要是学校教研组长或普通教师。在人员选择上，我们请校长尽量兼顾教师的年龄、职务、学科等个人特征。访谈问题主要集中于校长在领导教师学习的过程中遇到了哪些问题，采取了怎样的应对策略，为什么采取这样的应对策略。访谈对校长采取一对一方式，对其他中层领导或教师采取一对一访谈或群体访谈方式。所有访谈内容在得到受访者允许的情况下，都有录音。录音后由研究者进行逐字转录与编码法分析。案例学校信息以及访谈对象的基本情况，在第六章进行详细阐述。

第三节　研究可靠性与研究伦理

一、研究可靠性

第一和第三阶段采取了质化研究方法。质化研究方法的可靠性与量化方法有很大不同，为了确保质化研究部分的可靠性，研究重视以下几个方面：首先，在研究设计时，使用多元学校个案。在每个学校中，都尽可能多地收集各方面的信息，邀请校长、不同职务领导者以及不同学科背景的教师参与访谈，以便进行三角验证，最大限度地获取丰富的、真实的资料。其次，在数据收集和分析过程中，研究者经常进行自我反思，避免自己的先验价值判断对研究产生影响。在访谈过程中和结束后，都会做现场笔记和反思记录，以加强自我反思。

在第二阶段的量化研究部分，研究重点反思问卷调查的信度与效度问题。这个阶段主要从以下几方面着手。首先，问卷题目是基于文献综述和第一阶段的访谈结果设计的。问卷设计完成之后，邀请2~4位学校教师进行复查，以确保题目表述的恰当性。其次，就问卷测量信度而言，测量题目数量与调查样本数量的比例达到了5∶1的基本要求。在结果分析中也会报告测量问卷的信度分析结果。

二、研究伦理

本书始终遵循研究的伦理道德要求。首先，所有调查都是在征得被调查者同意之后才进行的。调查之前，调查者会向被调查者公开自己的基本信息与背景，并确保被调查者在安全的环境中参与研究。其次，会对被调查者的个人信息进行严格保密，保护好被调查者的个人隐私。质化分析部分，所有被调查学校与受访者信息都会进行匿名化处理。量化部分，所有问卷调查都是匿名的。

第四章

学习领导力的本土探索

本章通过呈现第一阶段质化研究结果，主要回答本书提出的第一个问题，即校长如何引领教师学习，有哪些核心的领导策略，表现出怎样的特点。

第一节　学习领导力的领导策略

通过对6所学校的跨案例比较分析，我们发现，校长的学习领导策略有三个核心主题：教师学习的科层化管理，培养实践社群、发展教师合作文化，提供教师学习激励。

一、结构策略：教师学习的科层化管理

在教研制度下，教研已经成为教师工作的一部分，而对教师教研活动进行计划、协调、问责与反馈是所有案例学校都会采取的领导策略，已经成为校长的基本领导职能之一。不同学校根据自身组织情况，具体的计划、监督与评估手段略有不同，但是都具有高度的科层化特点。这与西方有很大不同。研究发现在科层制的教育制度下，管理者更有可能自上而下地推动教师学习（Hairon and Dimmock，2012）。

首先，学校都有明确的教师学习计划，通过自上而下地制订“工作计划”“学习主题”，明确教师教研的短期和长期目标与实施计划。

其次，校内和校外研修活动很多，在不同教研活动之间、教研与教师

教学之间进行协调与沟通，确保教师教研顺利进行也是学校的重要领导职能之一。

再次，科层化的教研体系下，案例学校都有明确的教师学习监督与评价机制，教研以及研修成果通常也是教师绩效考核和专业发展的重要评估标准。

最后，案例学校都不同程度地使用各类学生评估数据，为教师教学提供基于学生数据的结果反馈，诊断教学问题，加强教研活动的针对性。

（一）明确教师学习计划

案例学校都会制订三至五年的长期工作计划，以及短期的学期或学年工作计划。在工作计划中，学校会明确教师专业发展的阶段性目标与工作重点。基于学校的总体工作计划，各个部门包括教研组、备课组会制订具体的工作计划，对教研活动做出详细安排，包括活动时间、内容、参加成员，等等。这种方式确保了教师的学习机会、学习时间与场所。

学校有四年规划，有一个大的发展蓝图。然后，每个教研组、每个部门也要制订自己的四年规划。结合学校和部门的规划，每个老师制订自己的四年规划。也就是，在这四年里面，在教学上，你要达到什么样的要求，还有在科研上、职称上、骨干上，都要对自己提出要求。（A-M-T2）

开学之初我们有教研组长的工作计划，都是定好的，有一些课。当然根据工作的安排可能会有一些调整，一般在学期初我们是要进行安排的。比方说教学中的一些最常规工作，就是作业、教案、老师听课。还有教研活动的安排，就是每个月开课活动的安排。（B-Q-T6）

在学期之前就会制订教研组计划，这个计划里就会有上课、磨课。（C-R-T3）

在科层制的教育管理体系下，学校工作计划主要是管理层自上而下的决策，教师很少有直接决策的机会。但是实际上，在校长的决策过程中，既有自下而上也有自上而下。所谓自上而下是校长会按照自己的发展理念，提出学校工作计划的“大方向”，学校各项工作基本都要围绕这个“大方向”开展。同时，所谓自下而上是学校在制订计划的过程中也会不同程度地通过公开征询、直接沟通、部门内部沟通等方式，了解教师发展的实际情况，进而制订切实可行的计划。工作计划制订完成后，学校会通过不同途径，让教师了解工作计划的具体内容。交流的途径一般是学校全体教师大会、各部门会议、教研组或备课组会，等等。

有学分的培训，我们根据学校的工作重点，跟校长沟通比较多。有时候是按需安排培训。（C-R-T2）

另外，学校工作计划，除了安排教研活动，更重要的是会制定教师学习的“主题”，即学习内容。学习主题既有学校自上而下布置的，也有一些是教师教学中遇到的实际问题。自上而下布置的教师学习主题，主要由管理者根据学校发展目标制定，教师教研活动要围绕主题开展。这种主题通常由校长根据学校发展方向，结合外部教学改革或教研新动向制定形成，一般与学校改革密切相关。

每个学期，我们都有一个研修主题。每个教研组都有一个研修的主题，围绕这个主题进行研究。而这个主题又是从哪里来的呢？就是我们学校发展的要求。（A-M-T3）

此外，常规化的教研活动主题大多是教师在教学中遇到的实际问题，如考试分析、单元练习、作业设计等，是自下而上产生的，与教师教学实际联系最为紧密。

主题是会有的，每一次活动都有，但是主题怎么定，比如说，常规的备课组有可能是针对期中、期末考试，或者是近期一个单元的一个主题怎么落实。至于教研组，有可能是近期的一个学科相关活动。因为教研组还会参加区教研活动，区里的教研活动怎么传达到整个教研组，我们要做什么调整，这个主题是要根据情况而定的。（A-L-T3）

教研组基本上每一个学期会确定一个教研主题，比如我们这学期就是编写练习，那么就全部围绕校本编写练习展开；下一个学期或者一学年结束之后，觉得这块小组已经研究得差不多了，我们会换一个主题，比如以如何提高课堂提问的效率为主题，展开一系列说课、上课、研讨活动，再比如学习一些好的文章、案例，自己再撰写一些案例、反思记录，等等。（C-R-T4）

可以看出，“工作计划”和“学习主题”已成为领导者自上而下对教师学习进行结构化控制的工具。这种控制一方面有助于学校控制教师学习为学校发展服务，另一方面也容易因一些自上而下的安排，使得教研内容脱离教师教学实际需要，很多教研活动沦为形式。忽视教师学习需求的自上而下指导式的领导方式不利于教师合作学习（Hargreaves，2013）。

（二）协调教师学习活动

校内外的教师教研活动繁多，学校还需要协调不同学习活动的时间与资源等。学校要根据上级教研部门的活动安排，协调校内和校外教研活动，避免产生冲突。教师如果参加校外的教研活动，其班级教学安排也要做出调整，学校还要协调代课教师或调整课程安排。除了日常的区级教研活动，从 2012 年起上海推行了见习教师培训制度，新任教师要接受一年的见习培训，每周都要外出到基地学校参加统一的培训。这都需要学校安排好教师工作，让教师有时间外出学习。

假如这个星期九年级有区教研活动，那么全体九年级老师必须参加。如果六年级有，那么全体六年级老师都参加。这个时候，学校要空出来时间，保证区教研活动顺利开展。校本教研活动（时间），一定是跟区里不冲突的。（B-Q-T6）

（教研活动）有固定时间和非固定时间，固定时间就是我们的单周，所有这个学科的老师，这一天下午都是没有课的，我们在时间上面保证这些老师都能参加教研组的活动。有固定时间保证的话，他们的教研活动就能够正常开展。如果没有固定时间，学校没有帮他们把这个时间排出来，在时间方面不能保证，教研活动也就不能正常开展了。（A-M-T3）

同时，为教师提供学习资源方面的支持也是十分重要的，包括经费、外部专家、教学资料等方面资源。尤其当教师需要校外资源时，校长的支持显得尤为重要。以 Q 学校为例，学校教师在探索特色校本课程的过程中，需要寻找实践场所。如果没有这样的实践场所，教师也就无法有效开展后续研修工作。于是，Q 校长积极联系周边社区，为课题研修提供了关键性的资源支持。

我们校长来了以后，有一件事做得非常好，就是我们用了周边的资源。我们学校附近有一个动物园，不仅动物资源丰富，还有许多自然资源，比如植物资源；还有人力资源，饲养员、科技人员、研究人员，这些资源都非常丰富。我们要用好。（B-Q-T2）

案例学校校长在访谈中都不同程度地提到自己对于教师提出的在专业学习方面的要求都会尽可能地给予支持。如，L学校校长就提到对于教师提出教学方面的需求，无论是经费还是外部专家方面的，自己都会全力支持。L学校教师在访谈中也提到校长对教师提出的学习要求基本上是“有求必应”。

如果需要经费支撑和专家资源团队，我基本上都是有求必应的。（A-L-T1）

资金也好，聘请一些专家也好，是对老师的一种支持，哪怕是新老师（我也提供支持）。（A-L-T2）

K学校校长也提到虽然自己不能够参与所有教师学习，但是只要教师在学习过程中遇到困难，作为校长一定会全力支持。

其实我主要是起到为他们调动资源的作用。我就想这个资源可能不够了，是不是需要运用更多的资源。或者说，可能他们觉得教研专家还不够，那么要不要多请一些教研专家。（A-K-T1）

可以看出，在教师学习过程中，校长是学习的支持者、辅助者，支持性的领导策略十分重要。这与西方的研究发现是一致的，为教师学习提供结构性的支持是促进教师专业学习社群发展的要素之一（Louis et al.，1996；Hord，1997；Stoll，2011），而确保学习机会、学习场所以及学习体验对于教师专业学习非常重要（Clement and Vandenberghe，2001）。

（三）监督教师学习过程

在科层化的教研制度下，学校对教师学习过程实施监督。

一方面，学校有明确的教师学习“要求”，包括参加日常教研活动次数、听评课次数、公开课次数、撰写教学反思记录，等等。

我们一般的课是以备课组为中心，但是听课的时候是整个教研组的所

有数学老师都来听的。大组一般是每月一次活动，小组是每周一次活动。(A-K-T4)

我们提出要三次备课，两次反思，一次突破，这是对青年教师的要求。(A-M-T3)

我们对新教师会有要求，从数量上来说，每周必须要有一篇到两篇自己的反思记录。(C-R-T3)

除了常规的校本教研要求，教师还要完成上级教育行政部门安排的强制性教研任务。例如，目前国家要求所有教师每五年要接受不少于 360 学分的培训任务，有专门的教师培训管理电子系统平台（“学分银行”），对教师接受和完成培训的情况全程实行数字化系统管理。类似地，R 学校所在区推行了“教师学习成长档案袋”，也是对教师专业学习过程进行系统化、电子化管理，对教师学习进行跟踪记录。

学校对教师学习过程进行不同形式的检查或督导，如：文字性的总结汇报、领导随堂听课、教研过程记录。虽然不同学校的监督制度有所不同，但是都对教师学习过程进行了结构性监控。

每个星期都要交上来检查，校长负责检查语文学科……老师要写反思记录，这堂课每一个环节是怎么开展点评的，要有记录。(B-N-T2)

我们为备课、上课、作业、督导、考核，都设计了反馈表，每个学期有两到三次的备课检查。(A-M-T3)

教研组每个月会有月报表。每个月都要上报，看看这个月做了些什么工作，反思还有什么工作没有完成。然后，每个学期还有一个学期总结。(B-Q-T3)

我们有（学习的）过程记录，每一学年结束以后，都有考评。(C-R-T2)

Q 学校是一个典型案例。Q 学校从薄弱学校成功改革，校长在启动改革时，采取的策略就是制定明确的教研活动管理规范。比如，Q 学校校长在担任校长初期发现教研活动流于形式，教研内容不能集中于改进教学问题，学习效率低下。于是，校长要求中层领导定期参与听课和评课活动，规定听课次数，同时制定教研活动流程的管理规范，教研活动要按照规范进行，包括听课、磨课、公开课前的备课次数要求，等等。监督制度是自上而下推行的，在实施初期，重要的教研活动甚至会被录像，以接受检查。实行一段时间之后，在教师教研效果有所提升的情况下，学校的强制性监督机制则逐渐弱化。

先从管理层开始，必须考评，我亲自抓。要求分管和中层每个月必须开一次课，就是量化规定。起步阶段，姑且不看质量，必须看量，然后把程序规定好。教研组公开课、研究课必须先有两次备课。然后买了大批摄像设备，全部录像，以备检查。这是强推的。推了一两年，得到了大家的支持，慢慢就形成了一种制度。大家认同以后，就慢慢减弱这种行政力度。大家慢慢摸索出一些门道之后，教研组能够寻找到很多研究主题，采取了很多改善措施，甚至自己能够结合学校项目形成一个研究课题，到区里去申报重点课题，这种机会是不多的，我觉得很开心，教研组开始有内涵地、自主地发展。（B-Q-T1）

（四）反馈与问责教师学习结果

在科层化的教研制度下，学校通常都为教师学习提供反馈，并对教师学习实施问责制。教师问责体现在两个方面，一是通过教研活动评估直接对教师教研问责，二是通过学生学习结果对教师教学问责。

1. 基于教研结果的问责

学校通常将教师教研情况纳入教师的绩效考核，参与教研活动已经融入教师的日常工作，是教师必须完成的任务。以 M 学校为例，学校实行教研组考评制度，基于各种评比指标对不同教研组的表现进行考核评估。

我们期末结束以后要评选优秀教研组、先进教研组，还有合格教研组。我们制定了教研组评选指标。有些可能是可以量化的，有些是不能量化的。量化指标，比如相互听课、评课、教研组活动。（A-M-T3）

日常的听评课活动不仅有助于教师之间共享实践，也成为一种问责教师学习的手段。尤其青年教师，通常都会被听课，如果在听课中发现教学问题，还会接受跟踪听课，直到问题解决。教师参加培训后一般也有反馈机制。西方学者研究发现跟踪学习以及为教师提供有针对性的训后辅导，对教师学习很有帮助（Guskey，1994；Tschannen-Moran and McMaster，2009）。这些结构性安排为教师的跟踪学习与辅导提供了制度性保障。

如果个别老师上课还有困难，我们要跟踪听课。（A-M-T3）

区教研员会定期到各个学校随机听课。比如说来了一个青年教师，他就会到这个学校来听这个青年教师的课，过一段时间再来听，如果一段时间后他觉得这个青年教师成长了，比如，一两年以后，比较成熟了，那么他就不会再盯这个青年教师了。（B-N-T2）

通过平时的检测，或者说平时的听课，我们会发现问题。那我就会找他谈话，坐下来研讨他的问题。（B-Q-T6）

比如这一周在上（公开）课，下周一我们全部的老师就要坐到一块讨论。（A-K-T2）

如果是市区级的公开课或教学比赛，一般还有评委组进行评比打分。

专业上的比赛比较多，校级、区级、市级，还有国家级的（比赛），活动类型也比较多。我们区每两年有教学新秀比赛，还有中青年教师比赛，区里的进修学院的专家、教研员组成评委组，进行评比。我记得有一场比赛我参加了四轮，一轮筛掉几个，下一轮又筛掉几个，最后剩三个人PK。（B-N-T3）

青年教师工作三到五年，有“希望之星”的论坛和评比。“希望之星”属于全区评比，要求专业考试、上课技能评比、答辩。（C-R-T1）

相当于我们区级教研员在给我们评估，每年都会进行一次评估。分学科，每年会进行好多次。（A-K-T1）

与此同时，教师教研与研修成果在很大程度上与教师职称或专业荣誉（如骨干教师、学科带头人等）的评选是直接相关的，如教师课题研修成果、论文发表、区级公开课承担情况，等等。

区里有非常完整的骨干教师管理机制，有评审、评选。学校根据自己情况再出台学校的评选方案。（C-R-T2）

2. 基于学生学习结果的问责

学校通常会向教师反馈学生测评数据，促使教师基于学生数据诊断教学中的问题并改进。在教师学习过程中，为教师提供相关的数据反馈是非常必要的（Guskey，1994；Hord，2009）。这种反馈机制有助于增强教师教研的针对性。上海市于 2011 年开始推行中小学生“学业质量绿色指标”，评估学生的学业与非学业（包括学习动力、学业负担、师生关系、思想品德、身心健康等）表现。教育行政部门在完成学生评估之后，会将结果反馈给学校。如今，“质量监测”“质量调研”“期末考试”等不同形式的学生测评依然存在。学校依据这些数据进行教学诊断，发现教学中的问题并改进。

然而，这同时也对教师施加了问责压力。虽然素质教育不倡导单纯以考试分数衡量教学结果，但是学生成绩仍然是衡量学生和教师教学水平的重要标准。小学阶段，虽然不强调学生的分数，但是学生评估仍会给学生表现划分等级。

绿色指标质量监测通过科学的命题方式，能够确定学校学生高层次思维能力。学生有期末考试或是相关的质量调研。质量调研和期末考试就是考察你有没有在规定的时间内完成相关的教学任务，达成相关的教学目标。(A-K-T1)

在初中阶段，由于中考压力，学生考试成绩更是教师教学质量的重要衡量标准，也是教师问责的重要内容。

(项目) 效果，因为我们有日常的测试，月考、期中考试、再月考、期末考试，一个学期总要有四次这样的考试。然后平时自己还要测验，基本上，一个礼拜考一次。(B-Q-T5)

以 M 学校为例，学校十分重视学生跟踪数据的管理和使用，并依据学生数据进行“学情分析”，即通过数据了解和分析学生学习情况，发现教学中存在的问题。学生数据既有学业表现也有学生个人背景、特长、兴趣、日常学习记录等非学业信息。

学生进校以后，我们要为他建一份档案。一年级的时候，我们都要去家访，了解他的家庭背景、个人习惯、个人兴趣，等等，做个人的跟踪记录卡，然后老师可以针对性地去分析。(A-M-T1)

学情分析就是我们要对学生的学习情况有最恰当的分析，要了解每位学生参与到课堂教学当中的起点。(A-M-T3)

（五）领导职能的分布

学校对教师学习的计划、协调、监督与问责，这些职能不是也不可能完全由校长一个人负责。学校的中层领导者，包括副校长、教导主任、教研组长、备课组长等，都有明确的职责分工。也就是说，这些领导职能在学校领导者中是分散的。

1. 必不可少的中层领导团队

案例学校校长都认为中层领导团队对学校管理与发展十分重要。比如，改革成功的 Q 学校校长表述如下：

全部是依靠团队。学校有固定的行政团队，比如教研组、年级组。管理层很重要。如果一个学校出了问题，可能管理层就是原因所在。所以这支队伍的建设还是很重要的。这支队伍如果能团结好，那整个学校就带得起来。(B-Q-T1)

R 学校校长认为中层团队可以分担学校管理的基础性工作，减轻校长工作负担，让校长更有精力关注学校宏观发展。

学校管理中最重要的是中层团队。中层团队会把常规工作、基础工作完全落实。基础工作我不用操心，我只需要考虑特色和发展。这样我就可以脱离一些基础性事务，就有精力去想其他事务。(C-R-T1)

学校领导团队之间的配合也被受访者认为是十分重要的。

有困难我就直接跟校长说。有的时候跟相关老师、负责人及时沟通，就可以解决（问题）。因为一个人的力量是比较弱的，很多时候需要团队一起面对。现在越来越需要团队合作，个人只是一方面。我认为一定要沟通，一定要交流。因为是一个团队，虽然缺谁都可以做，但是缺了一环，可能就做不好。(B-Q-T6)

在领导过程中，校长会授权中层，让中层领导“放手做”（A-L-T1）。但是，校长仍然是领导团队的最高决策者，中层管理者的决策参与程度是有限的，更多是做校长决策的执行者。

我们是几个中层领导分工，比如你负责检查英语，我负责检查数学，他负责检查其他的。校长牵头，我们中层就是执行者。他（校长）是规划好，我们是执行好，下面的老师是把正确的事情做好。(B-N-T2)

2. 中层领导的多重身份

在中小学校，教导主任、教研组长或备课组长一般由有经验的优秀教师担任。正因如此，教研组长或备课组长，通常既是教研组或备课组内的核心成员，在专业上需要帮助经验不足的教师，又是学校领导社群的成员，承担行政职责，在领导社群与教师社群之间进行沟通与协调。多重社群身份，需要个体承担不同的社群责任（Wenger，1998b），以不同的身份和参与方式，适应不同的社群身份（Handley et al.，2006）。这也成为中层领导者要面对的问题。以 C-R-T2 教师为例，她既是学校教导主任，负责学校教师培训与发展工作，又是学科教学经验丰富的成熟教师。在组内教师合作学习时，C-R-T2 需要发挥专业引领作用，帮助和指导其他教师学习；同时作为中层部门领导，她又承担相应的行政管理职责，如制订教师培训计划等。

我除了管理工作，还有教学工作。我现在还带一个班的语文课。这个角色要根据需要不断地转换。平时交流的时候，也许是作为一线教师，跟他们进行互动。有时候进行主题研究，我会扮演引领者的角色。所以要按需转换角色。(C-R-T2)

二、文化策略：培养实践社群，发展教师合作文化

在多级化的教研体制下，虽然学校会通过科层化的领导策略管理教师学习，但是发展教师合作文化也是学校另一个重要的领导策略。这一小节，我们主要呈现文化方面的领导策略。

（一）发展多样的教师实践社群

案例学校都致力于发展和支持不同的教师实践社群。教研组和备课组作为最传统的教师教研组织，是学校“制度化的实践社群”（Wenger et al.，2002）。除此之外，学校通常将不同的教师群体聚集在一起，有意识地发展教师师徒组、同伴学习组、项目组等不同形式的教师实践社群。这些实践社群有不同的特征。从社群成员构成来看，有些是由老教师和新入职教师组成的，有些是由教学能力或背景相近的教师组成的；从实践社群功能来看，有些社群以成员之间经验交流和相互学习为目的，主要功能是促进教师合作学习，有些社群以创新为目的，主要功能就是推动教学创新。从制度化程度来看，教研组和备课组是完全制度化的，其他形式的实践社群虽然也有组织行政力量的推动，但仍是半制度化的，并没有成为学校内正式的组织，有些是临时性的，存在时间长短也有所不同。

只是一群人聚在一起并不会形成实践社群。“机会”是案例学校校长和教师最为强调的本土概念，强调学校通过为教师提供各种各样的学习机会与活动，促进教师相互参与实践（mutual engagement）（Wenger，1998b），进而让教师获得学习体验，促进教师专业成长。实践社群不同，学习机会与参与实践的形式也有所不同。同时，教师参与不同的实践社群，承担不同的任务，在完成任务过程中不断进行教学反思，也可以加强教师的专业身份认同感（李子建、邱德峰，2016）。

1. 教研组和备课组

教研组和备课组，以学科为单位，有固定的社群成员，有正式的社群领导，主要以交流、发展和分享教学中的“最好实践”（Wenger et al.，2002；Cordery et al.，2015）为目的。不同年级同一学科的教师组成教研组。大规模学校，如果教研组人数较多，还会划分备课组，常由同一年级教师组成备课组。教研组或备课组的学习活动一般有集体备课、同课异构、磨课、听评课、公开课、集体研讨等，通常与教师的日常教学实践直接相关。

其实我们教研组的活动都比较实在，不讲虚的东西，都是扎扎实实，研讨怎么上课、作业怎么设计，跟教学相关，不让老师觉得坐在这里可听可不听。（A-M-T3）

我们大多是以小组的形式。一年级到五年级数学是一个大教研组。大教研组下面有五个备课组，每个年级都有一个备课组。一般的课以备课组

为中心，但是听课的时候是整个教研组所有数学老师都来听的。大组一般是每月一次活动，小组是每周一次活动。（A-K-T4）

集体备课或磨课需要组内教师共同准备一门课，分工合作，然后集体讨论修改。

集体备课就是准备下周要上的课，包括要开展的活动，我们几个人在一起会讨论。比如，周一我上的课，打算怎么上，在集体备课的时候讲。（B-N-T2）

我们会设定一个主题，比如单元整体教学设计。然后，我们会进行试讲。上完之后，大家研讨这节课中设计成功的地方，还有哪些可以改进的。我们称它为磨课。（A-K-T3）

同课异构活动是教师就共同的教学内容，单独备课，然后再共同讨论。

备课组还有同课异构，就是两个人上同样一节课，事先不讨论，大家就同一个主题去上课，然后互相借鉴。（C-R-T4）

公开课一般由一位老师上课，组内教师去听课，听课后对课堂教学提出意见，帮助教师改进。

我们提出要磨课。你要上好这节课，要去比赛，要一次一次地研究这个课堂教学。然后每一次，所有老师都去听课，大家一起去听，一起提出意见和建议。（A-M-T3）

一起备课，或者当他要上公开课的时候，我们一起参与这个活动。（B-Q-T6）

比如小学组我们有20位语文老师，有一位老师上课（公开课），其他老师都要去听。一个年级备课组安排一周，这一周就是这个年级的老师上课，上好课以后，我们每隔一周的星期四下午进行反思。（C-R-T5）

此外，非正式公开对话也是教师学习的一种重要形式。教研组或备课组教师一般都被安排在同一个办公室①，在闲暇时间，教师之间可以交流

① 一些学校是按照年级而不是学科划分办公室的，将年级组教师安排在同一间办公室，即同一年级不同学科教师在一个办公室。由于教学班级是相同的，年级组内的教师之间可以随时讨论班里学生的学习表现。

和讨论。另外，除了面对面地交流，教师也会通过网络媒介，进行非正式的对话讨论。这些“开放性对话”（public conversion）有助于增强教师的专业知识和技能（Paine and Fang，2006）。

这个单元有什么问题，大家可能不定时地（交流）。因为我们是坐在一起的，有问题随时交流。（B-Q-T6）

平时，有什么问题大家可以利用网络在线研讨。（B-N-T5）

2. 师徒组

师徒组，是指学校为新入职教师安排至少一位有经验的成熟教师，通过师徒结对的方式，让成熟教师带领新入职教师学习。师带徒是中小学校普遍存在的教师合作学习形式。新教师在教学中遇到困难时可以向师父请教，可以去旁听和观察学习师父的课。师父也会去听徒弟的课，指出存在的问题，并提出改进意见。事实上，案例学校已经对师徒形式的教师合作学习做了拓展，比如，徒弟不再局限于新入职教师，也可能是一些有发展潜力的教师；师父也不再局限于校内优秀教师，有时也会邀请区里面的优秀教师。虽然案例学校对师徒形式有明确的制度性安排与要求，但是相较于教研组或备课组，师徒之间的合作学习活动灵活性较大。实际上，师父与徒弟这种形式就是一个小的半制度化的实践社群。

对青年教师，有带教的师父，他会定期去听课。我们还聘请了校外的师父带教。师父要听他的课，他也要去听师父的课。（A-M-T3）

如果是新来的教师，就会形成师徒配对。一个老教师、一个新老师，互相研究，互相合作学习。可以听课，比如我今年带的一个年轻老师，她就经常来听我的课，然后她去上课的时候，我再去听她的课，看看有什么不足之处。（C-R-T3）

我刚来的时候，是教数学的，认了我们数学组长做师父，后来做班主任时我认了我们年级组长做师父，就是双向对我进行培养。（C-R-T6）

3. 同伴学习组

同伴学习组，是由不同背景或相同背景教师组成的合作学习小组。例如，大部分学校都会成立青年教师（一般是35岁以下教师）学习组，打破学科教研组或备课组的边界，定期进行集体学习、研讨，加强青年教师的合作学习。有些学校会让校内的骨干教师与非骨干教师组成伙伴互助组。如R学校将骨干教师、高级教师和青年教师聚集在一起成立伙伴互助组。虽然不同学校同伴学习组的形式及学习活动有所不同，但其目的都是通过合作学习促进教师专业成长。从制度化程度上看，同伴学习组是半结构化的教师实践社群，成员之间的联结较为松散，活动形式也更为灵活。从功能上看，仍以教师之间的交流合作为主。

我们青年教师组成一个团队，要定期学习，写个人的一些感受。(B-N-T2)

我们有一个伙伴互助组，就是骨干教师、高级教师和青年教师结合的活动。主要是下课的时候，或者一天上课结束以后交流，因为有这样一个平台，骨干教师、高级教师和青年教师随时可以交流互动。(C-R-T2)

4. 项目组

项目组（或称课题组），是为了完成某一个项目或课题而发展形成的教师组。项目研修一般有明确的研究主题和目标，可以分为市级、区级、校级等不同级别。项目参与者既可以是跨学科教师，也可以是单一学科教师小组或教师个人。案例学校都十分重视教师的项目研修，常用项目申请的形式鼓励教师进行教学反思与教学创新试验。

我们学校鼓励教师把平常教学中的一些问题，像搞科研一样研究。有小课题，也有区级规划课题，等等，可以申请。(A-K-T3)

因为平时比较忙，一些经验的积累反思不能静下心来做。那么希望通过课题，我们能够对平时的一些问题进行研究，就是积淀一些东西，为后续的发展或成长做一些积累。(A-K-T4)

以R学校为例，为了推动教师进行教学项目研修，鼓励教师个人或小组申报研修项目，并设立学校专项资金，建立项目管理制度，规范项目申报、审核、中期检查、结题评估等，以引导教师完成教学项目研修。

在管理过程中，需要一些项目引领。项目管理就是希望老师来认领项目。项目申报以后我们通过项目进行管理，包括中期的要求。每年也会拿出一定资金，奖励参与项目的老师。课题研究让想做一些事情的老师能够有一个平台，不会没有方向、没有名目。至少校长给了一个名目，作为项目组负责老师，需要支持可以直接找科研主任或者其他人。(C-R-T1)

学校发展的科研引领比教师个人指导更重要。(C-R-T2)

教师认为，以项目的形式引领教师学习，因为有明确的目标，学习效果比传统灌输式的教师培训更好。

如果单纯上课，真的是没什么感觉。要是为了一个项目、一个目标去上课的话，因为有这个目标，在这个过程中你就会随时关注，打起精神来，肯定会有一些成长。(C-R-T3)

值得一提的是，案例学校十分强调将教师教研项目与学校发展相结合，根据学校需要开展教学研究项目，进而推动教学改进与学校发展。如，L 学校校长在改革过程中推动的研究项目都是针对学校的实际问题，以解决学校教学中的实际问题为项目研究目标。

每一次改革都促进了学校的成长。因为所有的项目都基于学校实际问题的解决。(A-L-T1)

N 学校也是其中的典型案例。为了探索学生自主学习的教学策略，学校申请了区级课题，成立了课题组，经过课题组的长期研究与试验，最后开发了学生学习单，教师在教学过程中可以将学习单作为指导清单，引导学生进行自主学习。

其实我们是先有了一个初步的构想，然后就申请了一个区级的课题，也成为一个重点课题。开始（申请课题前）等于是一个摸索阶段，成立这个课题组以后，就是规范的开始。我们有一个骨干团队，但是实际是全校老师都在做。(B-N-T2)

再如 K 学校，为了推动课堂教学改革，开始探索在课堂教学中如何培养学生的高层次思维，学校以此为主题申请了区级课题，并成立了课题组，涉及语文、数学和英语三个学科，每个学科都成立子课题组，课题组成员进行合作探究。在这个过程中，学校还邀请了区专家为课题组的研究提供专业指导和帮助。

学校转型其实基于一个市级课题。这是大课题，下面有很多子课题。我们把它作为学校的一件大事来做，其实它就是我们改革的一个抓手。(A-K-T1)

Q 学校也是如此。Q 学校校长为了改变学校整体薄弱的局面，以项目作为学校改革和教师专业发展的"切入点"。"我们从这个项目入手，研究整个学校。把定位做好、发展规划做好之后，就开始找切入点（B-Q-T1）"。于是，学校开展了校本特色课程建设项目，尝试通过特色课程建设，为教师课堂教学实践和学校发展带来改变。

我希望这个特色课程建设会让老师对课程进行再认识，提高课程设计、执行能力。(B-Q-T1)

Q 学校的这个项目组也是跨学科教师参与的，不局限于单一学科的备课组和教研组。实施过程中，校长推动并参与其中。

我们带领团队分析。把综合背景的、艺术的、语文的和科学的老师全部带入课程开发当中。(B-Q-T1)

经过四年的项目实施，Q 学校学生已经可以参与一些创新比赛并获奖，也经常有其他学校到 Q 学校进行交流，学习其成功的经验。

可以看出，"项目"形式的教师研修对推动学校教学改进发挥了重要作用。从制度化程度看，项目组是学校有目的地安排的半结构化实践社群，其目的更多是强调创新性。

对上述不同形式的教师实践社群，按照制度化程度和功能进行归类，如表 4-1 所示。

表 4-1　不同教师实践社群及其特点

实践社群形式	功能	制度化
教研组/备课组	交流与分享实践	完全制度化
师徒组	交流与分享实践	半制度化
同伴学习组	交流与分享实践	半制度化
项目/课题组	创新实践	半制度化

教师可以参加不同的实践社群。多重社群成员身份使得这些教师可以

成为不同社群的“中介人”，推动教学实践在不同社群之间传播。

团队应该是多层次的。可能我们在学校里既属于教研组，又属于青年教师，走出去，我们在区里面又属于骨干教师团队。我们每个骨干教师都有自己的工作室。然后再向上发展，我们可能在市级又形成一个团队。(B-N-T3)

（二）重视社群成员的异质性，发挥优秀教师的引领示范作用

学校在发展教师实践社群时很重视社群成员的异质性。社群成员通常既有骨干教师又有普通教师，以“均衡力量”。在学习过程中，骨干教师和普通教师根据自身专业能力，可以有不同的参与方式，骨干教师在活动中是充分参与者，而经验不足的普通教师通过“合法的边缘性参与”(Wenger，1998b)，观察骨干教师的教学实践，逐渐从边缘性参与发展为充分参与。

小课题活动会分组。比如数学组，要配备几个骨干教师，配备教研组长，带这个队伍。然后，语文组，也要想办法均衡力量，放几个优秀的教师在里面。这样做事情的时候，就可以发挥他们的引领作用。(B-N-T2)

从案例学校来看，校长都十分重视成熟教师在学校教师社群中的领导作用，“示范”“引领”与“辐射”等本土概念都揭示了这一点。所谓成熟教师是相较于新入职教师而言的，指的是教学经验丰富的教师。骨干教师即属于成熟教师。在改革成功的Q学校和K学校中，骨干教师的专业引领作用对学校教学改革成功尤为重要。比如，Q学校，在教学改革项目开始时，大部分教师很抵触，不愿意参与。校长将对项目主题有想法或可能有想法的教师聚集在一起，组成项目组，逐步开展合作研究。

我来之前，这个项目其实已经存在很长时间，有半年了，但是丝毫没有进展。我从领导角度看了看，有一些稍微有想法的，我们就先开始行动，开始分析，找了一些人。我们形成了一个核心小组，分批让老师介入，让走得快的老师先来，然后慢慢扩大范围，慢慢带动全体老师。(B-Q-T1)

K 学校在教学项目研究与推广过程中，同样遇到了教师抵触的情况。K 学校校长采取的策略是“骨干先行”，即骨干教师发挥示范作用。

一开始是观望，有一些老师持观望态度。因为我们是一步一步来的，实际上就是骨干先行。骨干先行就是有一个先行者。接下来是青年教师跟进。项目组派青年教师作为代表跟进，学着骨干教师备课、上课、反思。骨干老师上示范课的时候，我们其他项目组的老师主要是看、听、学。(A-K-T1)

受访的成熟教师也认为自己有责任在专业上指导和帮助年轻教师。也就是说，在发展教师合作文化的过程中，校内成熟教师扮演着教师教育者的角色，发挥了非正式领导者的作用（Wang，2016）。教师之间在专业上互相学习已经成为教师日常工作的一部分，老教师帮助新教师，发挥“传帮带”的作用也是传统，教师已经不仅仅是课堂教学者，还是彼此的教师教育者（Paine and Ma，1993）。

因为年级组里的年轻教师对整个教材体系还不是很熟悉，所以需要我们带他。(A-K-T4)

骨干教师的责任就是在学科专业上的引领跟辐射。(C-R-T2)

这种教师文化的形成有两方面原因，一是中国传统文化强调尊重权威，新入职教师更容易服从成熟教师的专业权威（Wong，2010），二是中国传统上将教学视为一种集体事业（Paine and Ma，1993），这种集体责任感使得教师更愿意在专业上互相学习。案例学校校长和教师在陈述改革与教研动机和目标时，几乎都一致地强调为了学生。将学生发展视为教师教学事业的共同目标，将教学看作一份集体性的事业，愿意互相学习，而不是将同事的帮助与指导视为一种损害自身专业自主性的行为，这与西方个体主义为主导的教师文化有着很大的差异（Paine and Ma，1993）。

（项目）最终会推动学校学生的发展。(B-Q-T1)

我们的目标是发展学生的思维，通过各种活动发展他们的思维。我们觉得这是最重要的。(A-K-T4)

（三）打破社群边界，促进跨边界学习

在发展实践社群的同时，打破社群边界，促进教师的跨边界学习十分重要。封闭的实践社群会僵化保守（Wenger，2000），形成“割据主义”的教师文化（Hargreaves，1992），而不是合作文化。案例学校校长和教师一致认为教师的跨边界学习十分重要，对应有“封闭”“眼界”“视野”“萝卜炒萝卜还是萝卜”等本土概念。

我觉得老师培训的角度要广一点。交流可以开阔老师的视野，打开老师的空间。(B-N-T1)

希望他们扩大视野。因为教师在这个学校待的时间长了之后，视野是不开阔的，思考问题的立足点是很低的，目光比较短浅。所以让老师听一些来自各个层面的报告，视野就开阔了。(B-Q-T1)

我觉得为教师开放外面的视野很重要。学校还是一个比较封闭的小社会，培养学生要有新思维，所以想给老师一种新的引领的话，就需要开放。(C-R-T1)

我觉得（校外专家）很重要。如果我们单兵作战，就靠自己“萝卜炒萝卜”，可能到现在炒出来的还是萝卜。(A-K-T1)

为了拓宽教师“视野”，案例学校主要采取两种策略：一是让教师“走出去（A-K-T1）”，如，参加校外教师研修活动，组织校际参观交流。

（校长）会定期带我们到外面去参观，去学习人家的经验。(B-N-T2)

原来几乎就是大门封闭。我就组织他们到各种各样的学校去参观，看看别的学校有多么得好。(B-Q-T1)

以R学校为例，R学校地处郊区，学校教师多是本地人，教师群体同质性较高且相对“固守传统（C-R-T1）”。在这种情况下，为了拓宽教师视野，学校利用周边国际学校资源，定期组织跨校交流，本校教师可以全脱产到国际学校交流一个月，当然国际学校教师也可以到R学校交流。

我们跟国际学校的交流非常频繁。有一个伙伴合作项目，实施一个月的全脱产，到英国（国际）学校或者美国（国际）学校学习一个月。让我们的老师学习不同的教学理念。(C-R-T1)

二是将信息引进来。一些学校会邀请校外优秀教师到学校参与校内教研活动或培训，即“走进来（A-K-T1）”，“把大量的信息引进来（B-Q-T1）”。

我们借助了外力。采用的方法，一个是走进来，另一个是走出去。走进来，就是专家和我们项目组的老师们一起坐下来研讨。我们研讨的方式是课例研究。我们觉得最受老师欢迎的是课例研究，研讨的方式就是和老师们一起备课、上课、评课。（A-K-T1）

到学校来或者我们走出去看。这样其实就是把大量的信息引进来，让老师们开阔视野。（B-Q-T1）

请专家进来，帮助我们开展教学研讨。（B-Q-T6）

“视野”与“眼界”其实强调的是教师的知识广度。“萝卜炒萝卜还是萝卜”强调的是过度同质性的社群不利于学习与创新。这些概念其实关注的都是教师的跨边界学习。所谓跨边界是指个体进入不熟悉或者不胜任的领域时会遇到差异、冲突和矛盾（Suchman，1993；Engeström et al.，1995），进而产生学习（Akkerman and Bakker，2011）。Wenger（2000）认为社群和边界是互补的，组织的创新与发展需要有积极的跨边界过程。正如受访教师所陈述的，跨边界学习能够让教师之间有“碰撞的火花”，获得“新鲜的东西”。

在比赛当中，你会碰到来自四面八方的老师。或者在国培当中，遇到全国各地的老师。那么很可能就会碰撞出火花。（B-N-T3）

大家的思想可能会不一样，然后碰撞，会有一些很新鲜的东西过来。（A-K-T3）

在教师跨边界学习的过程中，校长既是校内与校外社群之间的“中介人”，将校外新的理念与实践带入学校，又是校外资源的“联结者”，通过提供各种可能的社会资源，帮助教师跨边界学习。用案例学校校长的话来说就是，校长的“圈子”很重要。Qian 和 Walker 研究也发现与政府的关系以及获取资源是中国校长成功的关键（Qian and Walker，2014；Walker and Qian，2015）。与政府的关系决定了校长能否获取资源，进而也决定了能否为教师学习提供充分的资源。

中国人讲社交圈子，圈子是一个很重要的资源。可能有一些问题我会跟我的同学沟通，我这边有个项目，你们原来做过的有什么资源提供一下。(C-R-T1)

这些人才流动的项目是我去争取的，这些专家是我去恳求他们过来的。很不容易的！比如说，这回请数学专家过来，我调用了一切资源。(A-K-T1)

我实际上是“背靠大树好乘凉”。校长是市名师基地的。她有很多资源，给了我们很多机会，我们可以得到专家的指导。(B-Q-T6)

（四）发现和共享最好实践

案例学校都在有意识地促进教学实践传播与共享，既推动实践社群内的实践共享，又能够及时发现好的教学经验，将这种“最好实践”(Wenger，2000)，在校内进行分享与传播。对应的本土概念有“共享”和“推广”。

第一，推动教师实践社群内的实践共享。以共享教案为例，教研组和备课组将教案共享，组内集体备课形成的教案所有教师都可以使用。在使用教案时，由于每个班级学生情况不同，教师也可以有自己的调整和反思。第二，教师也可以将自己在班级试验后的反思与组内教师交流，在这个过程中，共享教案会不断更新。

备课组开展单元教材专题研究。研究好了之后，我们这个年级的教案可以给下一个年级用。(A-M-T3)

这个教案，我们是共享的。我们教学课件和作业也是共享的。(A-K-T2)

展示课是学校分享和“推广”成功教学经验的重要途径。在案例学校中，骨干教师要定期上展示课，将自己好的教学经验或一段时间内的教研成果，以课程的形式呈现出来，其他教师去听课，进行观察学习。

对于骨干教师，我们学校有每学期一次的教学展示，教研组也要完成一节公开课，还有我们学校每年 12 月会有一个骨干教师的科研成果推广活动，就是要把自己的成果向全校老师推广。(A-K-T3)

我们进行教改研究成果的推广。老师们带着教改研究成果去自己的课堂实践。我们要求不参加项目组的老师每年进行一次公开展示。(A-K-T1)

骨干教师的展示课，每个学期都有。(C-R-T6)

由于校外学习机会有限，不是所有教师都可以参与，外出学习的教师在学习完成后要将其所学的内容与反思在校内进行分享。此时，外出学习的教师成为“中介人”（Wenger，1998b），将校外社群实践带入校内教师实践社群。类似地，Wong（2010）研究发现参与校外教研活动的教师发挥了教师学习“中介人”的作用。

有老师出去培训，会把培训的一些理念带回来。他可能会在课堂上实践，也有成果展示和汇报课。(A-L-T2)

去学习的老师回来，要交流学习经验。(C-R-T2)

另外，学校校长或其他管理者会及时发现学校中一些好的教学实践，推动其在学校内的试验、分享与传播，同时建构学校教学的“核心实践”。以 M 学校为例，A-M-T3 是该校一位有丰富教学经验的教师，在教学过程中创造了“18 字操作法”和“鱼骨图”，使用这些方法可以很有效地管理教学过程，系统分析学生在学习中的问题。校长认为这样的经验适用于不同学科，可以在学校内分享和推广。于是，校长推动并支持教师 A-M-T3 将这两个实践以项目的形式，做进一步的研究与试验，最后将其在校内分享与传播，成为学校教学的“核心实践”。

“18 字操作法”和“鱼骨图”，都是她发明的。这是她的专利。我们现在用她的专利。(A-M-T1)

这个已经是在我们整个学校推行的，而不是一个教研组在这样做。(A-M-T2)

Q 学校也是一个典型的案例学校。Q 学校通过“自然笔记”项目推动课程改革与教师专业发展。其实就是在项目选择时，校长发现了 B-Q-T2 教师在自然科学课程上有“自然笔记”这个好的想法，就以项目的形式支持其进行拓展与试验，之后逐步发展为学校的核心实践。

因为我的专业就是生物，我们校长来了以后，发现我有这样的想法，于

是我们一拍即合。我一直在研究，研究了几年以后，有一点小的起色。（B-Q-T2）

再如同样在进行教学改革的 K 学校，目前学校已经开始有计划地对阶段性的研修成果进行整理，汇总教师在改革过程中的成功实践，并进行推广。

再下一步的话，我们准备梳理成果，汇编一本专著，把我们的改革成果做一个整体的梳理。整理的过程就是对成果进行总结。（A-K-T1）

（五）赋权教师，共享创新责任

在领导教师学习的过程中，我们似乎能够感受到很多学校自上而下对教师的控制，但是"试错""放手做""成长空间""允许犯错"等本土概念的存在，都意味着：在推动教师专业成长中，学校也积极赋权教师，拓展教师学习自主空间，鼓励教师创新。

大部分案例学校校长都鼓励教师进行自主研修与反思，支持教师试验新的教学想法。在这个过程中，校长更多扮演的是支持者与鼓励者的角色，而不是自上而下的指导者的角色。

我基本就是以鼓励为主。每次参加项目组活动时，我都鼓励他们试错。就是说，改革的过程是一个试错的过程，应该包容。（A-K-T1）

因为他年轻，允许他犯错误。或者说，给他更多的机会，让他重新再来，在不断的失败、总结、反思、再来的过程中，循序渐进。（B-Q-T6）

对于重大的教学创新研修，案例学校校长几乎一致强调自己会积极地参与其中，与教师一起探索，并给予教师更多的支持和鼓励，与教师共同承担创新研修的风险。西方研究也发现，在建立教师专业学习社群的过程中，管理者应该授权教师，与教师共享权利与责任（Hipp and Huffman，2003），共享型领导有助于形成教师合作文化（Carpenter，2015）。

放手做。但是所有改革的新方向，我跟老师一起做。就比如这个项目是信息化项目，那你要做开创性的事情，肯定要创造。靠一个人肯定不行的。我跟他一起研发。在成就他专业的过程中，我也让自己在这一方面的

了解更多一点。如果他需要，我肯定去参加。如果他觉得自己能解决，我基本上不介入，给他足够的成长空间。(A-L-T1)

因为我们学校教研组很多，我不能保证每一节每一次磨课都参加，但是在重要的节点我都参与。或者说，当项目组遇到困难的时候，跟我说遇到了“瓶颈”，那我也会参与，看看他们到底遇到了什么“瓶颈”，我有没有可能调动更多的资源来为他们服务。就是说，我参与到他们关键的活动当中，把握关键事件，把握那些转折点、那些瓶颈。(A-K-T1)

三、个体策略：提供教师学习激励

前面阐释了学校在教师学习的科层化管理以及教师合作文化推动方面的领导策略。可以看出来，这两方面的策略都是组织层面的。组织是由人组成的，关注组织中的个体对组织发展来说也是十分重要的。从案例学校来看，所有校长都认为在促进教师专业发展过程中，对教师个体的激励策略是必不可少的。这一小节阐释学校在教师个体学习激励方面的领导策略。

案例校长和中层领导都不同程度地提到教师个体的学习积极性对教师专业发展的重要性。

如果没有积极的状态，而是每次应付的话，未必有很大提升。给你提供了机会，更重要是你要能够抓住这个机会，而且一定要主动地去学习，才会有进步。学习劲头很足，这个是很重要的。(B-Q-T6)

在个体激励方面，校长与教师提到最多的本土化概念有“关心”“表扬”“认同”“鼓励”，这意味着变革型领导策略是校长使用最多的激励教师学习的策略，具体来说，有校长学习示范、形成共享的价值观认同、关心教师、搭建“平台”提供发展机会等策略。

（一）校长学习示范

与已有研究相似（Hallinger，2011；Qian et al.，2016），几乎所有案例校长和教师都提到了校长个人的影响，如：“有想法”“有理想”“有魄力”“懂教学”“做事精益求精”“有责任心”“实干”“带领”“以身作则”“定方向”“有改革的敏锐度”。我们将受访者提到的这些本土概念总结归类，可以看出，有两类校长个人因素最为重要，一是校长有清晰的、创新性的价值观与理念，二是校长能发挥榜样示范作用。前者是指校长重视教师专业学习与成长，用清晰的教育价值观和理念引导教师学习，为教师学习确定方向，对应的本土概念有“有想法”“有理想”“定方向”“有改革的敏锐度”；后者是指校长自身能够发挥示范作用，乐于学习与思考，以身作则，对应的本土概念有“有责任心”“榜样”“同步成长”“以身作则”“实干”等。

（校长）就是定方向、定品位的人。这方面，我觉得我们校长教育改革的敏锐度很高。（A-L-T2）

校长本身是实干的，他自己也代课，在科研方面也有要求，所以以身作则，起带头作用。（C-R-T3）

我们校长是一个很有理想的人。她有理想，有魄力。有理想、有想法很重要。（B-Q-T6）

我的专业永远是同步成长的。我觉得校长要有榜样的作用。就是校长要积极努力，带给老师安全感和归属感的同时，他们也会像校长一样不断地自觉学习。（A-L-T1）

在学习领导的过程中，校长个人作用凸显，这主要是受中国社会文化的影响。中国的社会文化深受儒家文化影响，一方面权力距离高（Hofstede，1993），下属更容易服从权威，因此校长成为为学校“定方向”的人，而教师成为校长“大方向”的跟随者，这也使得校长个人的办学理念与想法直接关系到学校的发展方向。另一方面，儒家文化强调领导者在道德与行为方面应该成为下属的表率，通过自身的示范作用带领下属，让下属信服，《论语》中所谓“其身正，不令而行；其身不正，虽令不从”讲的正是这一点（邹纪孟，1987；封学军，1999；李超平、时勘，2005）。

（二）形成共享的价值观认同

案例学校校长都强调争取教师价值观认同的重要性。一方面是因为在科层制的教育管理制度下，虽然校长在学校拥有最高决策权，但是校长并没有教师工资、职称评定等方面的权利。换句话说，校长几乎没有办法给予教师充分的物质激励，而只能进行精神激励。另一方面，这也是因为教学是培养人的事业，没有标准化流程，教学过程难以客观量化。校长和老师们常说的一句话就是“教学是个良心活儿”。于是，争取教师的价值观认同是校长十分重视的教师激励策略。这与西方的研究发现一致，即形成共享目标被视为领导者的重要领导职能（Leithwood et al.，2006；Hallinger，2011）。Sun 和 Leithwood（2015）通过元分析发现形成共享目标的领导行为对教师态度与教学实践以及组织文化均有显著的积极影响。共享的价值观与目标对教师学习（Youngs and King，2002）、专业社群发展（Stoll et al.，2006）、学校发展（Yang，2014）都是至关重要的。

因为课堂是一个很独立的空间，讲台是老师自己的一方天地，所以每位老师想怎么样去教、要教到什么样的程度，从管理层来讲我们只是在价值上进行引领，但最后落实在于每一位教师。你能听十堂课，但你听不了她们的每一堂课，所以肯定还是靠老师自己的观念。我觉得观念最重要，关键是观念，对教师在教育这个行业来讲，只有观念转变，有了对教育的理想，她才会很主动地去做一些事情。我想很重要的是在一起工作的时候需要大家对一件事情有共同的认可。价值被认同了，那你肯定会努力去做。（C-R-T1）

我很关注他的精神境界。所以跟老师聊，我很舍得花时间。我可以花几个小时跟老师聊，解决他思想上的一些困惑。当你把老师的价值观和世界观打通了以后，他面对孩子的所有问题就可以靠自己的智慧去解决。（A-L-T1）

校长要对教师抱有高期望，提“要求”，推动教师成长。

学校不断地给你提要求，然后将你放在一个比较高的点上，让你知道接下来的方向。（A-L-T2）

（三）关心教师

几乎所有的案例学校校长都认为作为校长要“关心”“尊重”“爱”教师，要帮助教师解决工作和生活中的困难，给予教师关怀。

我非常爱我们学校的老师，我经常让他们感受到我很爱他们，我很在乎他们，对于老师的生活，个人生活中的困难，我尽可能帮助解决。让他们觉得工作之余，学校还是一个温暖的大家庭。(A-L-T1)

从我的管理角度来讲，我认为一定要把老师放在最高位，只有我把老师放在心中了，他们才会把孩子们放在心中。我为他们做到位了，他们才会为学生、为家长、为所有的工作做到位。所以我对老师是爱到极致，宽容到极致。凡是我能为老师想到的、看得见、摸得着的，都让老师得到实惠，让他们感受到关心。(A-M-T1)

我自己感觉就是一定要关心老师。任何老师，只要有困难，只要我能做到的，我肯定尽全力帮助他们。(B-N-T1)

从受访教师的态度来看，教师们通常都十分在意校长个体化关怀方面的领导行为。

领导对我们不是压迫式的，是朋友式的关心。她会帮助我，比如来听我的随堂课。她是很和蔼的，会对我提出一些建议。(A-K-T3)

校长在小细节方面，就像大姐姐，或者像妈妈一样，在生活上，工作上，甚至学习上，包括一些家庭小问题，她都会细致地考虑到、关心到。(B-N-T2)

个体化关怀是重要的变革型领导行为之一（Bass，1995）。与西方不同的是，在中国的社会文化背景下，校长对教师的个体化关怀，不仅是关心教师的工作情况，还要关心教师的生活情况，要帮助教师解决工作和生活中的困难。这与李超平和时勘（2005）对中国企业组织中变革型领导力的研究发现是一致的。在传统文化的作用下，校长在领导教师学习的过程中，也需要依靠权威、德行以及家长般的关爱（Westwood，1997；Cheng et al.，2004；Qian et al.，2016）。

另外，关心教师还表现在校长要赞赏教师的努力，对表现优异的教师给予认可和奖励。对应的本土概念是“表扬”与“肯定”。具体来说，案例学校校长都不同程度地提到了在教师专业发展过程中，作为校长要肯定教师的努力并及时表扬教师在专业发展方面取得的成绩。这也是变革型领导策略之一（Bass，1995）。

你给予他们肯定，可能是教师非常需要的。(C-R-T1)

我在教职工大会上重点宣扬他们的成就，表扬他们。然后当学校要评奖、要推出荣誉的时候，积极把这些荣誉给予勇于改革的老师。(A-K-T1)

（四）搭建“平台”提供发展机会

“平台”是案例学校大部分管理者和教师都提到的本土概念。“平台”虽然也是一种学习“机会”，但校长和教师所强调的“平台”更多是校外学习机会，包括参与区级竞赛课或公开课、到校外名师工作室学习等。这些“平台”被认为是对教师的“锻炼”，对教师专业成长十分重要。“成长的途径就是要锻炼，不锻炼成长慢。”（C-R-T5）同时，“平台”通常与教师职称或荣誉评比直接相关，进而被视为一种激励教师学习的重要策略。校长扮演了“平台”的搭建者的角色，为教师提供不同的专业发展“舞台”。

第一，“平台”能发挥激励作用是因为它与教师的专业发展直接相关。“平台”可以让教师有机会到校外学习，如，到名师工作室学习，参与区教研活动，参加各种教学竞赛。这些都有助于教师争取个人的专业荣誉，提高个人在专业上的知名度，进而获得职称晋升机会，发挥了激励教师专业发展的作用。

公开展示的机会，看上去是一个评估，实际上是为教师的专业发展搭建了平台。比如说，他要提高知名度、评定职称、晋升职称，要评区级骨干教师、学科带头人，甚至特级教师，那么他就要在不断的公开展示中慢慢地积累成果。(A-K-T1)

给每一位老师提供舞台，让他表现自己，让他在学校里有展示的地方，他就会支持学校。(B-Q-T1)

受访教师也十分看重学校是否能够为自己提供专业发展平台。Maslow的需求层次理论可以对此提供很好的解释。Maslow（1943）认为人的需求可以分为高层次需求与低层次需求，需求层次从低到高依次是生理需求、安全需求、情感需求、自尊需求和自我实现的需求。自我实现是最高层次的需求，当个体的低层次需求满足时，就会产生高层次需求。

发表论文，有自己的区级课题，上课也获得了很多的奖项。各方面都提升了以后，自己的职称也就上去了。（A-K-T2）

领导会给我们搭建平台，会在我们遇到困难的时候在后面推我们，让我们走出校门，走到区里面，走到市里面，甚至走向全国。（B-N-T2）

第二，教师也将“平台”视为一种领导者对自身能力的认可。

当被推选出来（参加教学比赛）的时候，这个人其实已经得到了学校的肯定。（B-N-T3）

她给我们搭建了很多的平台。这个就是机会，如果一直做，没有什么机会的话，你也会觉得，好像我没有得到肯定。人总归是希望得到表扬、得到肯定的。那样他会做下去，会很有动力。（B-N-T4）

（学校）给我们更多的发展机会，提供成长的平台，都是在培养我们的能力。（B-N-T5）

第二节　学习领导力的领导效能

这一节主要阐述学习领导力对教师的影响。

一、对教师学习投入的影响

学习领导力影响教师学习投入。这主要体现在三个方面，一是结构上的强制要求，二是组织学习氛围，三是个体激励措施。

首先，在结构策略的控制下，学校对教师学习有明确要求，比如，每周开展一次教研活动、每学期上一次公开课、撰写教学反思笔记、制定个人目标，等等。这些要求让教师不得不投入专业学习中。

学校让老师有自己的三年规划。三年以后达成了没有，自己要有反思。这其实也是一个促进。（A-K-T3）

问责控制也会影响教师学习投入。一些案例学校实行集体考核制度，在一定程度上推动了教师之间的合作。如，K 学校实行年级组考核机制。由于同一年级学生相同，不同学科教师可以打破学科边界，进行合作，关注班级学生在各个学科的表现，而不是为了本学科的成绩争夺学生的学习时间。

什么是捆绑考核呢？就是整个年级组好，你们才是好。不是你好你就好，是你们好才是好。所以我们现在的观念就是我们要一起好，不是我好你差、你差我好。(A-K-T4)

同时，社会和家长对学校和教师的期望越来越高，也加大了教师的社会问责压力，推动教师积极学习以提高自身专业能力。正如 A-L-T3 所描述的那样，教学的“及格线”在变，自己也要跟着变。

不得不说，现在家长文化水平相当高，跟以前不一样。他们的见地和想法也比以前多。今天的学生也跟以前不一样。所以，用句老话，你想教学生，你得比学生知道得多。学生改变，我不能不改变啊。你的及格线在变促使你本身也要不断地改变。(A-L-T3)

这种结构化领导策略带来的隐患就是会形成“硬造合作”，即教师只是聚集在一起，并没有深层次地合作学习（Zhang and Pang，2016）。从案例学校看，推动教师合作的领导策略弥补了结构化领导策略的不足。文化方面的领导策略可以影响教师合作氛围（“正能量”），进而影响教师学习的积极性。正如很多受访教师所强调的，组织中的“正能量”是十分重要的，即教师相互学习与帮助的氛围。

我觉得正能量非常重要。当他出问题的时候，实际上全组给他帮助。(B-Q-T6)

其次，学习领导力影响学习氛围，进而影响教师学习投入。

我们更乐意分享。比如我在的那个教研组，我是年纪小的，还有两位，一位是已经退休的，另外一位老师是马上要退休的。所以其实整个教研组的工作都是我在做。我做好课件分享给他们。因为他们可能在计算机这方面不太熟练，毕竟岁数大了。作业全部是我一个人的，因为他们可能眼睛也不好。就是尽量让他们工作量小一点。我们年纪小的能够奉献的就奉献一点。(A-K-T4)

我们两个老师在一起，经常会讨论每一节课的重点难点怎么突破，包

括引入等细节处理。基本上两个人一直在交流，一直在交换信息。（C-R-T4）

集体责任是“正能量”合作氛围形成的重要推动力。在中国的学校，教学被视为一份集体事业（Paine and Ma，1993），教师对学生学习与发展有一种集体责任感，将学生学习与发展视为共同的愿景，并为此而合作（Wong，2010）。这与西方研究结果有着很大不同。西方研究认为教师合作文化需要教师自愿参与而不是强迫参与（Carpenter，2015）。但是，我们研究发现，在结构化的合作制度下，依然可以有真实有效的教师合作发生（Wang，2016）。

可能是我们学校文化的一种浸润。已经成为我们老师共同的一个愿景，就是大家都想有一个好的发展。这种正能量多了，那么老师自然而然地也就不想落后。大家都自然而然地去做。（A-M-T3）

现在我们整个学校，我觉得已经形成了一种比较浓厚的课堂转型氛围。大家都努力向自主探究合作的学习方式靠拢。（A-K-T1）

最后，校长的个体学习激励策略也可以影响教师学习投入。这与已有的研究发现是一致的。校长通过变革型领导策略激励教师学习，而已有研究都发现变革型领导可以激发教师的高层次需求，让教师愿意为了实现组织目标而付出更多努力（Leithwood and Jantzi，2006；Thoonen et al.，2011）。

可能压力很大。但是当我们获得肯定的那一刹那，或者当我们受到赞赏的那一刹那，那种成就感会让你觉得这些辛苦是很值得的。这（校长的帮助）是一份很重的情感。你就会觉得应该把这件事情做好。（B-N-T3）

用我们平常的话讲：“你不努力，你都觉得对不起校长。”（B-N-T2）

二、对教师效能感的影响

学习领导力通过鼓励教师进行教学试验与反思，为教师提供替代性经验以及言语说服，影响教师效能感。

首先，在学习领导过程中，学校鼓励教师进行教学试验与反思，尤其是在集体备课或磨课的过程中，教师会反复进行试验、反思，再试验与再反思。这就让教师有机会获得成功经验，不断增强自身专业能力。

一步步成长的过程中，学校给我们提供了很多的平台、机会。比如刚踏入工作岗位，我们可能会参加比赛，从年长一点的老师身上学经验，学他们对学生的关注。他在这个比赛当中，可能是第一名，也可能是最后一名，但是他的经历是非常丰富的，这个锻炼的过程对他的成长起到非常关键的作用。(B-N-T3)

其实我觉得我工作十年，成长速度应该是非常快的。学校也搭建了很多的平台。比如说，暑期请专家帮我们打磨，研究你这个课题往什么方向去研究、怎么研究。当年我这个课题正是教研员帮我研究之后，推荐参加了上海市中青年教师的课题评审。后来评上了，入围了上海市的一个课题。(A-K-T3)

其次，校长的言语说服（Bandura，1977），包括鼓励、表扬和赞赏教师，有助于增强教师“信心”，进而增强教师的教学效能感。

潜移默化的这种表扬，让我很有信心。(B-N-T4)

最后，学习领导力强调共享实践，教师可以在共享实践的过程中观察其他教师的教学实践，获得替代性的成功经验，进而增强教师效能感。

我出去参加这个公开课，其实就是去看人家怎么上课，对于我们来说，确实还能够学到东西。无论哪一堂课，进去听，能够领略到其中的一点，对自己都是有帮助的。(B-N-T5)

三、对教师组织情感的影响

学习领导力可以影响教师的组织情感。实践社群为教师提供了身份归属（Wenger，1998b）。学校内各种形式的教师实践社群（教研组、备课组、学习组和项目组等），可以让教师建立社会关系网；在不同的学习活动过程中，让教师通过相互参与和自我反思，加强专业身份认同（李子建、邱德峰，2016），进而加强与整个学校组织的情感联结。从案例学校可以看出，教研组和备课组作为正式的实践社群，组内成员一般都有较强的身份认同感，在教学中遇到问题或困难时，通常都会先在组内寻求帮助。

我们有困难，组里大家相互帮助。(B-Q-T6)

同样地，比如师徒组，教师之间在形成师徒关系之后，通常也会形成情感联结，在工作和生活中互相帮助。

我觉得我的师父对我有非常大的影响。他不仅关注我的专业，还关心我的生活。(A-L-T3)

四、对教师教学实践改变的影响

教师改变是一个长期的过程，不是一蹴而就的。学习领导力对教师改变的影响主要体现在两个方面，一是对教师观念的影响，二是对教师教学知识与技能的影响。

首先，学习领导力会对教师观念产生影响。虽然在科层化的教研制度下，很多学习活动并不是教师自愿参加的，但是在参与这些学习活动的过程中，教师也会逐渐发现学习的“意义”，扭转观念，进而改变。

要老师自发学一些东西，然后应用，我想他肯定没那么大的动力或者觉悟。但是当学校有这样的改革，就是一个方向、趋势，那么老师在承担这个任务的时候他也会觉得这是一件非常有意义的事情。他就会主动地想怎么把课上好。(A-L-T2)

先是骨干老师上展示课，所有的人都要来听，来观摩。他一点一点地感受到这个项目对自己有帮助，对学生有帮助。他逐渐就接受了。最后我们再推到学科组。(A-K-T1)

(写反思笔记)非常有用。刚来的时候，我坚持每周写一篇，而且是电子文稿的，因为当时我们区里面培训的时候是这么要求的，我觉得那几年的成长非常快。比如说同样一节课，我这次上得不好，等到明年或后年再上这节课的时候，我会看看原来的反思，再想想有没有更好的方法提升，这是不断提升的过程，不仅仅限于这篇反思笔记。(C-R-T4)

其次，学习领导力会对教师教学知识与技能产生影响。学校建立了不同的教师实践社群，这些实践社群为教师专业知识与技能的发展创造了条件。新入职教师通过合法的边缘性参与可以迅速适应教学实践。在实践社群中，社群成员还可以不断产生、分享、应用与创造知识（Hoadley，2012）。

发挥教研组的作用，大家一起来研究，个人的能力是有限的。我举个例子，低年级小朋友一直把“辛苦”的“辛”和“幸福”的“幸”搞错。没有经验的老师，可能就是多写，写五遍，写七遍，但学生还会写错这两个字。我们发挥团队力量，教给小朋友口诀。像这种方法，你在大学里面是学不到的，它是实践性知识的积累、经验的积累。新来的老师如果不知道，就永远是那样，写五遍，写十遍。教研组恰恰能够弥补这方面的不足、个人的不足。我们要通过教研提高这种专业能力。怎么教更简单，学生更容易懂，记得牢，讲得清。我觉得这是最关键的。（A-M-T3）

最后，学习领导力促进了教师的双循环学习。学校对教师学习进行监督评估及反馈，推动教师在教学中不断进行自我诊断、反思并改进，实现“双循环学习”（Argyris，1977），进而促进教师的专业成长与改变（Scribner et al.，1999；Wong，2010）。这也是为什么很多教师都认为对自己帮助最大的教研活动是准备公开课的过程。在准备公开课（尤其是区级公开课）的过程中，教师要不断设计、反思与修改，其他教师也会有针对性地指出问题或提出建议，这就推动了教师的双循环学习。

我们有“一课三磨”。我记得有一位青年教师，她上了一节课叫“两位数加两位数”。这节课我们用了明暗线的方法来备课上课。我记得她第一次磨课以后，我们讨论的主题是“各个环节当中有没有高级思维的发展”，就是说你在设计的时候，有没有考虑到高阶思维。第二次，这位老师根据我们讨论的结果，做了改变，又备课，又进行了试教。第二次我们讨论的主题是“还可以怎么设计”。第三次磨课的时候，我们又收回来了，就是直接和老师一起修改教案。回到现实当中，回到我们可以实现的高层次思维能力的发展设计当中。（A-K-T1）

五、对教师的挑战

学习领导力的影响并不总是积极的。校长在领导教师学习的过程中也会对教师专业成长带来诸多挑战，包括高负荷的工作量、问责压力、教师专业自主权缺失。这些挑战如果得不到妥善处理，校长的学习领导力就会阻碍教师的专业成长。

（一）高负荷的工作量

初中和小学阶段，因为学生年龄小，教师除了教学，在学生管理方面也要花费很多精力。如果是班主任，则承担更多的班级管理工作。教导主任、教研组长或备课组长一般也是任课教师。除了教学和班级管理工作，还要承担教研管理事务，增加了教学之外的工作量。

我们除了上课，早上要进教室，中午也要进教室，晚上还有对学生的管理。因为学生还小，所以我们要进班管理。低年级还有一些活动。晚上我们会有一些晚自习，或者分层辅导。（B-Q-T6）

初中的学生很依赖你，家长也很依赖你，发生的任何事情都希望通过班主任解决。从早上七点四十到下班，可能我的工作还没有结束，需要将更多的精力花在班主任工作上。（C-R-T4）

到了初三下半学期，各种升学的事宜都需要班主任介入，比如填表格、填志愿，包括体育考试，有时候班主任可能真的抽不出时间来管理教学。（C-R-T3）

同时，教师还要接受各个层级指派的行政工作。这些非教学和教研工作占用了教师很大精力，使得教师没有足够的时间和精力进行充分的学习反思或试验，削弱了教师学习效果。

现在对学校有很多检查，可能很多时间花费在这个上面。有检查肯定要花精力。那老师专业发展的时间就很少了。（A-M-T3）

各方面都有，我们说“婆婆”有很多。师干训情况检查，然后就是四年规划到期了，两年有一个中期督导，教研室的检查，科研室的检查，其他的是教育学院，还有教育局、各个部门（的检查）。（A-M-T2）

给老师的时间太少。我们说任何时候都要静下心来，不要浮躁，但是这么多事情压下来，你说她怎么能静下心来。(C-R-T1)

而且，繁重的工作也容易让教师产生职业倦怠。说句实话，很累！有时候就想着早点退休。(B-Q-T5)

（二）问责压力

尽管围绕素质教育的新课改已经推行了很久，但是由于中考带来的压力，初中教师，尤其是语、数、外等主课教师，在教学过程中并不能完全放弃应试教学。这也阻碍了教师课堂教学实践的改变。

现在倡导学校要培养学生创新能力，这个出发点是很好的，老师也是愿意用的，但是现在没办法用。面对很现实的（考试）问题，考生都希望能够考到好学校去，那考生们考试就只有一次，也没办法。(B-Q-T4)

作为老师，有这样的一个指标压着我，我不得不这样做，我也尝试着在上课的时候，培养学生的逻辑思维能力。但是，如果这节课让他们发散一下思维，结果有可能完不成我的教学任务。这是一个现实的问题。(B-Q-T5)

要孩子全面发展，我想这个没有人会去否认。但是，真正在工作当中，这个对老师来讲是有难度的，她可能会急躁，可能为了效果就直接多练习了。(C-R-T1)

相较于初中阶段，小学阶段因为没有考试的压力，教师可以更关注学生的自主学习与综合素质发展。

上海的小学最关注的是学生，说白了是因为没有考试的压力，我们更关注的是课堂。(A-K-T2)

（三）教师专业自主权缺失

正如在结构领导策略中所描述的那样，学校通过“工作计划”“学习主题”对教师教研进行控制，限制了教师的专业自主权。很多自上而下安排的学习活动或学习主题偏离了教师教学实际，导致了大量无效的学习活动。此外，教研员以及骨干教师的权威地位，使得普通教师尤其是年轻教师缺少专业自主权，只能处于被动学习的地位。共享的“最好实践”不断被再生产，教学实践容易走向同质化而不是多元化（乔雪峰、黎万红，2016；乔雪峰等，2013）。

我们也会做一些顶层设计。立项由我们校务来定，就是报上来的项目，从我们角度来判断可不可行、是不是符合我们学校的发展需求。（C-R-T1）

很多培训不能切切实实跟老师个体需求相结合，流于形式，这样老师就有抱怨，就觉得有点“劳民伤财”。因为要凑这点分数，只能不断地报名，很多的内容跟自己是不相关的。（A-K-T1）

第三节　学习领导力的类型

在访谈与分析案例数据的过程中，研究者深刻感受到校长的学习领导力对教师专业学习与成长的重要作用。六位案例学校校长，每一位校长在结构、文化以及个体视角上强调的领导策略既有相同之处也有不同之处，这使得他们的领导风格呈现出不同的特点。这一小节，依据校长对教师学习的结构化控制程度，按照以控制—自主为连续体的不同位置，将校长的学习领导力划分为“设计师”“同行者”“服务者”和“监督者”四类。

一、引领的“设计师”

“设计师”能够设计并整合组织的价值观、愿景、系统与策略（Senge，2006）。研究发现，在引领教师学习的过程中，有些校长明显发挥了“设计师”的作用。在案例中，这样的校长通常有丰富的教学经验，对教育教学有自己的价值观，拥有创新性的教育理念；学校通常是亟待改进的薄弱学校；在审视学校现实状况后，他们能够为学校制定出一个清晰的发展愿景与目标，并且向教师展现出实现目标的信心与决心。他们基于愿景制定系统战略，整合学校各方面工作，掌控着整个学校的走向。在结构方面，他们重设组织结构，以企业式的管理手段对教师学习施加控制，要求教师参与到与学校变革相关的学习活动之中。在文化方面，他们重视发展教师社群，打破社群边界，共享实践。但是，在校长总的“设计”之下，教师合作多是“舒适合作”（comfortable collaboration），即针对学校改革的具体问题进行暂时性合作（Day，1999），具有明确的目的性。由于变革过程复杂、充满不确定性，这类校长通常十分重视争取教师的价值观认同，以提高教师的学习承诺和变革承诺意愿，使其主动投入变革，克服变革中的困难。

L 学校和 Q 学校校长就很明显地扮演了“设计师”的角色。两位校长都是名校长、名师，有丰富的教学经验和学校管理经验。L 学校校长对于实施怎样的学校教育、培养怎样的学生有自己的想法，“对教育改革的敏锐度很高”（A-L-T3）。为了实现“让每个孩子都学好”（A-L-T1）的教育理念，校长引入企业管理方法，调整学校组织结构，对学校工作进行计划、协调、监督与考评。起步的时候，这个学校很薄弱，我先让它规范……先让整个管理结构发生了改变（A-L-T1）。在文化上，L 学校校长重视发展不同的教师实践社群，强调打破社群边界。但是，由于校长对学校改革有清楚的思路与想法，很多教师合作都是围绕自上而下的“项目”进行，具有明确目的性。“所有的项目都基于学校实际问题的解决”（A-L-T1）。当然，L 学校校长在激励教师方面十分重视教师的价值观认同，也愿意与教师沟通和交流自己的价值观与目标，以形成共享的价值观。

Q 学校校长与 L 学校校长相似，也是在教师学习中表现出明显的“设计师”风格。在上海市教育委员会推行新优质学校项目的背景下，Q 学校校长借助新优质学校发展项目的机会，争取政府资源支持，推动学校变革。从校长所采取的领导策略可以看到，在结构上，她采取了强制性的控制手段，包括对管理层建立考评制度、规范教师教研流程、监控教师学习过程。在文化上，为了推动学校校本课程改革，实施了“自然笔记”实践课程项目，教师合作主要以“自然笔记”为学习主题。

总之，“设计师”类型的校长，在教师学习过程中占据支配性的地位，基于一定的发展理念，以学校整体变革为目标，选择让教师学习围绕着学校变革进行，将教师专业学习与成长视为学校改革的手段而不是目标。

二、合作的“同行者”

作为“同行者”的校长，是教师学习的伙伴。在教师学习过程中，校长不再占据支配地位去引领教师，而是与教师一起进行专业探寻，共同成长。在我们的案例中，这样的校长不像“设计师”校长那样资历深，相反是资历较浅的年轻校长，而其所在学校也不是薄弱学校，没有整体变革的迫切需求。K 学校校长就是这样的“同行者”。在新课改的背景下，校长有进行教学改革的意识，重视教师专业学习与成长。但是，校长并没有对学校变革进行总体性设计，而是关注并极力推动课堂教学改革。然而，在教学改革之初，校长对改革的目标并没有清晰的思路与想法。为此，校长请校外专家帮助，并与教师一起探索，逐步明确改革具体目标与实施方案。“这个方向的确是经过前期充分调研的，不是拍脑袋想的。经过前期半年多的调研，请了许许多多的专家，大家一起来把握我们学校怎么样结合当代教育改革的方向，特别是我们上海市改革的方向，来确定这样一个改革项目。”（A-K-T1）从学习领导策略来看，在结构上，学校对教师学习进行计划、协调与监督，但是并没有施加很强的控制或问责。在文化上，学校发展了多样化的实践社群，重视教师的跨边界学习，强调实践共享；教师合作有目的性较强的“舒适合作”，也有自发合作。

可以看出，与“设计师”不同，作为“同行者”，在教师学习与成长过程中，校长并不是处于绝对支配性的地位，而是与教师合作，在合作的过程中找到教学改进的方向与目标，形成共享目标，进而与教师在专业上共同成长。

三、后台的“服务者”

在我们的案例学校中，还有这样的校长：他没有强力推动学校变革，但是重视教师学习与成长；在教师学习过程中，他关心和鼓励教师，尽其所能为教师提供支持与帮助，并善于发现和推广学校内的“非规范实践”（Brown and Duguid，1991b），是教师学习的“服务者”。从案例学校来看，这样的校长，其所在学校都发展得比较稳定，要么是传统的重点学校，要么是某一方面十分突出的特色学校。

M 和 N 学校校长就是教师学习的“服务者”。M 学校是一所老牌重点学校，没有特别推行学校变革。但是，校长善于发现学校内教师的“非规范实践”，即校内教师一些好的教学实践经验。他会支持和鼓励教师将这些实践经验进行试验与发展，并在校内做分享与传播，形成学校的“核心实践”（“18 字操作法”和“鱼骨图”）。除此之外，在结构上，学校对教师也有实施计划、协调、监督与考评，但强调对教师学习的协调与支持；在文化上，学校鼓励教师自主研修，赋权教师进行教学创新试验的权利。

与 M 学校校长相似，N 学校校长也是教师学习的“服务者”。N 学校是其所在区的一所特色学校。校长像“大姐姐”“妈妈”（B-N-T2）一样关心和支持教师，帮助教师解决工作和生活中的困难，为教师专业学习提供所需要的支持。同时，校长也善于发现学校“核心实践”。正如我们前面阐述的那样，校长支持教师 B-N-T2 对学生自主学习的想法与试验，经过多年探索形成“学习单”成果后，校长又支持其作为“核心实践”在校内进行推广。

可以看出，作为“服务者”的校长，在教师学习过程中，退居“幕后”，为教师学习提供支持，并能够及时发现教师的“最佳实践”，促进“最佳实践”的共享与传播。

四、旁观的“监督者”

在我们的案例中，还有这样的校长：他想要推动学校变革、提高教师专业能力，但是并没有向教师展示出变革的决心与信心，也没有为教师指明发展方向或制定方案，同时也没有像“同行者”那样参与教师学习以寻找共同的目标，而是作为旁观的“监督者”，不断审视和督导教师学习。

R 学校校长就是这样的“监督者”。R 学校是位于上海市郊区的一所普通学校。校长刚到本校任职不久，认为本校教师专业能力不足，因而十分重视教师专业学习。在文化方面，校长重视发展不同的教师实践社群，支持教师以“项目”的形式进行自主研修。然而，由于学校地理位置偏远，社群相对封闭，学校教学长期“墨守原来的规则”（C-R-T1），很多教师的专业能力有限，根本无法完成有效的自主研修，也无法进行教学创新，一些项目最后都是无疾而终。

现在运行下来，我们有几个普通老师申请的，但是项目后面有“流产”的情况，她还是觉得比较难去做。(C-R-T1)

在这种情况下，校长并没有像“同行者”那样，参与其中，与教师共同探寻发展方向和目标，也没有像“服务者”那样及时发现“最佳实践”或“非规范实践”，而是强调结构方面的领导策略。在结构方面，校长重新设计了管理流程，以“认定”的形式，审核与监督教师学习①。

在管理过程中，校长作评定，评定就是初期进行认定，当然最后还会有一个认定。(C-R-T1)

我们可以看出，学习领导力的实施受组织情境和校长背景因素影响。在学校环境不稳定时，有资历的校长（如 A-L-T1 和 B-Q-T1）基于自己的经验与价值观，更容易把握机会，系统设计和整合教师学习活动，进而推动学校变革，形成“设计师”的学习领导风格。相反，资历不足的校长（如 C-R-T1）更可能会成为“监督者”，虽然重视教师专业学习，但是并没有找到发展方向，主要以“监督者”的身份督导教师学习。在环境相对稳定但是学校表现有待改进的学校，为了促进教师专业成长、改进学校教学，校长更可能成为“同行者”，与教师合作，关注学生学习与教学改进，进而形成共同价值观。在环境稳定且表现较好的学校，校长更可能成为“服务者”，为教师学习提供支持与帮助，关心和鼓励教师，推动教师自主学习与成长。

第四节　本章小结

这一章通过多案例分析，从结构、文化、个体三个视角呈现了校长的

① 在与 R 学校校长接触和访谈的过程中，研究者强烈地感受到该校长在促进教师专业学习与成长的过程中，似乎陷入了一种挣扎状况。这与其他五位校长给研究者的感受截然不同。一方面，该校长认为学校教师封闭保守、能力不足，很多学习领导策略不见成效。另一方面，学校周围国际学校很多，给学校造成一定的生源竞争压力，而学校地处郊区，位置偏远，无法拥有好的师资力量。再者，校长本身刚刚由副校长晋升为校长，经验与社会资源有限，一时也无法找到足够的校外专家支援。目前看来，R 学校校长还在不断摸索引领教师学习的领导策略。

学习领导力，即校长是如何领导教师学习的。表4-2对学习领导力本土概念及其内涵进行了总结。

表4-2 多个案研究中学习领导力的本土概念与内涵总结

视角	本土概念	内涵
结构：教师学习的科层化管理		
	“工作计划”“学习主题”“安排”“要求”“检查”“记录”“考核”	对教师学习进行计划、协调、监督与反馈
文化：培养实践社群，发展教师合作文化		
	“机会”	发展教师实践社群
	“示范”“引领”与“辐射”“均衡力量”	重视社群成员的异质性
	“封闭”“眼界”“视野”“萝卜炒萝卜还是萝卜”	打破社群边界
	“共享”“推广”	发现与共享实践
	“试错”“放手做”“成长空间”“允许犯错”	授权教师
个体：为教师提供学习激励		
	“有想法”“有理想”“定方向”“有改革的敏锐度”“有责任心”“榜样”“同步成长”“以身作则”“实干”	校长有明确的价值观和理念，且能发挥学习示范作用
	“认同”	形成共同的价值观
	“要求”	对教师抱有高期望
	“关心”“表扬”“鼓励”“高期望”“尊重”“爱”	关心教师
	“平台”“舞台”	提供发展支持

首先，从结构视角看，学习领导策略强调对教师学习的计划、协调、监督与反馈。这有两层含义：一是学校为教师学习提供结构化的支持，确保教师学习的时间、空间和资源，而这也是保证教师专业学习持续的关键因素之一（Stoll et al.，2006）。二是学校对教师学习施加科层控制，通过自上而下的工作计划与学习主题设置，学校对教师学习的领域（Wenger et al.，2002）进行控制。这种控制具有两面性，一方面可能会削弱教师专业自主权，另一方面也可以联结教师学习与学校发展（Day and Gu，2007）。同时，学校重视对科学数据的使用，基于学生数据为教师提供学习反馈。学生数据的使用也具有两面性，一方面学生数据可以为学校教师

发展决策提供科学依据，为教师进行教学诊断提供科学依据。已有研究也发现了在教师专业发展中使用科学数据的重要性（Hord，2009）。另一方面使用学生数据也对教师造成了问责压力。在结构策略方面，校长会使用分布式领导方式（Spillane，2006），将很多管理职能都分散到中层管理岗位，包括教导主任、教研组长和备课组长，中层管理者在教师专业发展中发挥重要作用。一般认为中层管理者是在学校中有正式的管理职位与职责的教师（Heng and Marsh，2009），可以影响部门层的教师社群发展（Vanblaere and Devos，2018）和教师行为（Young，2006），在校长领导教师学习的过程中发挥着重要作用（Fitzgerald and Gunter，2006）。校长与中层管理者需要相互信任与充分沟通（Kozlowski and Ilgen，2006；Vanblaere and Devos，2018）。同时，中层领导既属于学校管理社群又属于教师实践社群，需要不断调适社群身份，以完成相应职责。

其次，在文化方面，研究发现校长主要依赖实践社群来培养和发展教师合作文化。具体的学习领导策略强调发展教师实践社群，为教师提供大量的学习机会，打破社群边界，传播“最佳实践”，授权教师并能与教师共同承担创新风险。Wenger 认为实践社群在组织中可以有不同的形式，既可以是制度化的，也可以是完全未被发现的（Wenger et al.，2002）。从功能上说，实践社群在组织中可以发挥不同作用（Wenger et al.，2002；Amin and Roberts，2008）。研究发现，在我国的中小学校中，教师实践社群主要是校长有目的地发展的，很少有自下而上形成的实践社群。除了传统的教研组、备课组和师徒组，上海学校校长还特别重视同伴学习组和课题/项目组。从制度化程度来看，教研组和备课组是完全制度化的教师实践社群，而同伴学习组、师徒组是半制度化的。从功能来看，这些实践社群可以分为两类，一是以交流学习为导向的，如教研组、备课组、师徒制、同伴学习组，二是以创新为导向的，如项目组/课题组。然而，教师合作文化的形成是一个逐渐积累的过程（Day，1999），只是将一些教师聚集在一起，并不能形成真正的教师实践社群，也不可能形成教师合作文化。因此，在形成教师实践社群的基础上，学校重视为教师提供学习机会、打破社群边界、共享实践以及鼓励创新。提供的学习机会，包括听评课、磨课、集体备课、专题研讨、合作性对话等。学习机会促成了教师实践社群成员围绕共同的“学习主题”开展“相互参与”，并在参与过程中产生“共享的知识库”（Wenger，1998b）。而且，学校十分重视为教师提供自我反思与观察学习的机会。如，在磨课过程中，教师就共同内容，备课、试讲、发现问题、反思修正再试讲；在公开课上，教师可以观察其他教师的教学；在师带徒的过程中，师父可以指出徒弟在教学中的问题，徒弟进行反思，并在教学中修正，师父可以反复去听课，直到问题被解决。已有研究发现为教师提供自我反思与观察学习的机会对新教师的专业成长是很重要的（Dymoke and Harrison，2006）。而试验、反思以及再试验的过程促进了教师的双循环学习，有助于教师专业成长（Wong，2010）。

再次，学校重视打破社群边界，拓展教师“视野”，加强教师的跨边界学习（Akkerman and Bakker，2011）。具体来说，学校支持教师参加市区的教研活动，组织教师外出参观其他学校，以及邀请校外专家到学校参与校本教研，都为教师的跨边界学习创造了条件。Youngs 和 King（2002）研究也发现领导者在教师发展中的一个重要作用就是能够让教师与校外专家建立联系。换句话说，校长成为校内外社群的重要联结者，打破社群边界，避免了社群封闭僵化（Probst and Borzillo，2008），是组织发展与创新的关键（Wenger，2000），对教师专业成长是十分重要的。此外，学校还要积极促进“最好实践”（Wenger et al.，2002）在组织内的分享与传播，如组织骨干教师展示课活动，组织优秀教师经验分享等。已有研究认为共享实践是教师社群发展的关键要素之一（Hipp and Huffman，2003）。本书也发现校长是教师之间共享实践的积极推动者，推动共享实践是学习领导力的重要策略之一。另外，校长还要赋权教师，给予教师教学创新与试验的自主空间，并且愿意与教师共同承担创新风险。研究发现案例学校（如 L 学校和 N 学校）鼓励教师自主研修，常以“项目”的形式，支持教师进行教学创新尝试。如果创新尝试具有一定风险，校长会积极参与其中，与教师共同承担。这与西方的研究发现具有一致性。Hipp 和 Huffman（2003）认为领导者鼓励和支持教师创新并与教师共担责任有助于促进教师学习。总体来说，校长通过有目的地发展实践社群和提供学习机会，促成了教师“硬造合作”，这为合作文化的形成提供了基础，通过打破边界、共享实践、创新支持等策略，“硬造合作”可以进一步发展形成真实合作。

这也证实了“硬造合作”并不一定是消极的，也可以对教师专业发展产生积极影响（Williams et al.，2001）。

最后，在个体方面，学习领导策略强调校长能够激发教师学习动机，增强教师学习承诺。这方面校长通常会使用变革型领导策略。具体来说：校长要有明确的学习理念并建立学习示范，要能够与教师交流价值观以获得教师认同，关心教师，还要为教师搭建“平台”以提供发展支持。这些激励策略与西方研究发现具有一致性。西方研究发现，在教师专业学习过程中，领导者应该成为教师学习的激励者（Olivier et al.，2010；Printy，2008），应该多与教师互动（Blase and Blase，1999），及时给予鼓励（Bryk et al.，1999），与教师形成共享的价值观（Youngs and King，2002）。领导者越关心教师个体，越有可能增强教师对组织目标的忠诚度，进而愿意投入学习（Geijsel et al.，2009）。当教师感知到的变革型领导激励越强，越有可能进行反思学习并增进对合作学习的集体责任感（Runhaar et al.，2010）。与西方研究略有不同的是，西方情境下领导者主要是关心下属的工作情况，而在中国社会文化背景下，领导者不仅要关心下属工作，还要关心下属的生活（李超平、时勘，2005）。案例学校校长一致地强调自己对教师工作和生活上的关心。这种家长式的关怀也体现了中国学校组织的领导特点（张君、孙健敏，2017）。

从领导效能来看，学习领导力对教师既可能产生积极影响也可能产生消极影响。首先，学习领导力可以通过结构控制、营造学习氛围和个体激励影响教师学习积极性。其次，学习领导力让教师在参与学习活动的过程中，获得学习经验，增强专业知识与技能，进而影响教师的效能感。再次，以教研组和备课组为核心的教师实践社群，为教师相互参与和互动提供了场所（Wenger，1998b），可以加强教师专业身份认同（李子建、邱德峰，2016），进而增进教师与组织的情感联结。最后，学习领导力可以在领导的过程中，逐渐影响教师的观念、知识与技能，进而实现教师改变。然而，恰当的学习领导策略可以促进教师专业成长，反之则会阻碍教师专业成长。研究发现，不恰当的领导策略可能给教师带来过大的工作量，增加问责压力，限制教师的专业自主性。过重的工作会分散教师教学与学习精力，使其无法进行有效的学习反思。问责压力容易扭曲素质教育的初束，让教师学习流于形式，课堂教学仍以应试为主。尊重权威的传统文化，使普通教师尤其是年轻教师在专业学习过程中成为被动的学习者，专业自主性受到限制。示范性教学实践的不断再生产，容易导致学校教学实践趋同，阻碍教师的专业判断以及多元化的教学创新（乔雪峰等，2013；乔雪峰、黎万红，2016）。

此外，虽然六所案例学校校长的学习领导策略在结构、文化以及个体三个方面具有上述的共同特点，但是具体到每一位校长，其学习领导方式呈现出不同的特点与结果。按照校长在结构策略、文化策略和个体策略上的差异，本书将校长的学习领导力划分为四类，即“设计师”“同行者”“服务者”和“监督者”。“设计师”校长选择设定学校愿景和目标，然后争取教师认同，并在结构策略上对教师学习进行较强的控制，校长在教师学习中处于支配地位。“同行者”校长在结构上不倾向于对教师学习实施严格的监控，更强调在个体策略上参与教师学习，在参与过程中与教师形成共享的学习目标，并以共享目标为导向，引导教师学习。作为“服务者”的校长，在结构策略上强调为教师学习提供支持，在个体策略上强调关心和鼓励教师学习，尽可能创造条件为教师学习服务。同时，“服务者”校长对教师学习的支持还体现在校长能够及时发现校内的“最好实践”，支持“最好实践”在校内的传播。四类学习领导风格如表4-3所示。同时，研究发现，学习领导力具有情境性，校长的学习领导风格与学校组织情境以及校长个人背景有密切关系。换句话说，学习领导风格受领导者个人以及组织环境因素影响。在稳定的环境中，学校发展水平高的学校校长更倾向于成为“服务者”，授权教师自主学习并为其提供支持。在发展水平不高的学校，致力于推动学校整体性变革的校长，更倾向于成为教师学习的“设计师”，将教师学习与学校发展结合。但是，“设计师”风格对校长的要求也很高，需要校长具有丰富的教学和管理经验，有清晰的愿景以及实现愿景的决心。校长如果经验不足，就可能成为“同行者”或“监督者”。前者选择与教师一起探寻发展方向，后者选择以“监督者”的身份督促教师学习。这也进一步印证了，领导力是领导者、下属和情境在互动过程中形成的社会化活动（Spillane，2006），外部环境，领导者的价值观、知识与技能以及对自身能力的信心，都会显著影响其领导行为（Sun et al.，2017）。

表 4-3　学习领导风格情况汇总表

类型	学习领导力特点	案例校长
设计师	有明确的价值观，能够争取教师认同 对教师学习实施很强的结构控制 教师实践社群具有极强的目标导向	A-L-T1 B-Q-T1
同行者	参与教师学习，并形成共享目标 管理教师学习过程，确保教师学习活动顺利进行	A-K-T1
服务者	支持教师学习 关心教师 及时发现“最好实践”，促进实践共享与传播	A-M-T1 B-N-T1
监督者	监督教师学习	C-R-T1

为了下一步通过量化方法检验学习领导力的行为结构，研究基于文献综述和质化研究发现，提出了学习领导力概念框架，如图 4-1 所示。

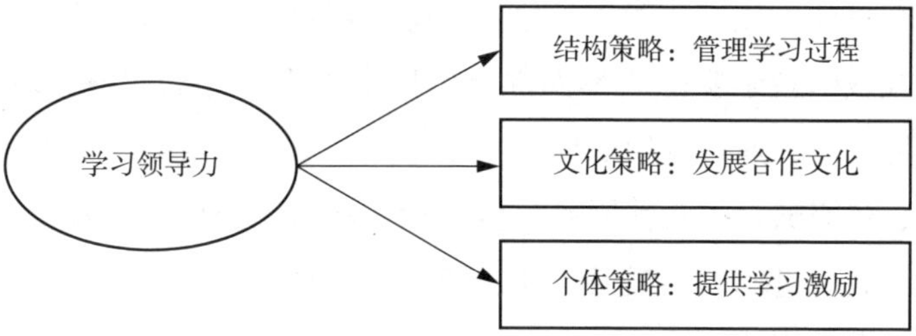

图 4-1　学习领导力概念框架

第五章

学习领导力的结构、测量与领导效能

研究通过量化方法探索学习领导力的结构及其对教师的影响，这一章主要报告量化分析的研究发现。首先，依据第一部分质化研究发现的学习领导力概念框架，开发了学习领导力调查问卷，问卷题目主要依据受访者的访谈内容设计。领导效能量表包括教师学习投入、教师效能感、教师组织承诺以及教师教学实践改变四部分，均来源于已有的成熟量表。其次，问卷设计完成后，通过方便取样，收回了上海市 324 名教师的有效调查问卷。再次，研究通过探索性因素分析、验证性因素分析对调查量表进行探索与验证，并修订问卷。最后，通过相关关系分析与回归分析，探索学习领导力对教师的影响。

第一节　学习领导力的结构探索

这一节将对学习领导力的行为结构进行探索，主要使用探索性因素分析（exploratory facter analysis）和验证性因素分析（confirmatory factor analysis）方法。

一、探索性因素分析

本书将通过主成分分析对校长的学习领导力结构进行探索。在进行探索性因素分析时，一般要求进行 KMO（Kaiser - Mayer - Olkin）检验和 Bartlett 球形检验，前者用来检验变量之间的相关程度，后者主要检验样本矩阵是不是单位矩阵，以判断样本是否适合进行探索性因素分析；若 KMO 值小于 0.5，Bartlett 球形检验结果不显著，则表示数据不适合进行探索性因素分析（卢纹岱，2003；George and Mallery，2010）。结果显示，KMO 值为 0.94，Bartlett 球形检验结果显著（$p<0.01$），数据适合进行探索性因素分析。表 5-1 显示了探索性因素分析的因子得分、特征值以及被解释方差百分比。

探索性因素分析结果显示学习领导力呈现出四因素结构，依据题目内容依次将其命名为管理学习过程、发展合作文化、激励教师学习、建立学习示范。管理学习过程强调学校对教师学习活动进行计划、协调、监督与反馈；发展合作文化强调学校通过为教师提供大量的学习机会，发展多元化的教师实践社群，打破社群边界；激励教师学习强调校长要为教师提供学习激励，赞赏和承认教师的努力，为教师提供专业发展机会，其中为教师提供“平台”是激励教师的重要策略；建立学习示范强调校长要有超前的学习理念，并能发挥学习示范作用，为教师树立榜样。管理学习过程、发展合作文化分别显示了结构与文化视角。个体的作用体现在了激励教师学习和建立学习示范两个因素上。

通过探索性因素分析，问卷题目从最初的 34 个题目删减为 22 个题目。有 12 个题目的因素负荷值低于 0.5，或者交叉负荷较大而被删除。管理学习过程从原来的 9 个题目删减为 7 个题目，发展合作文化从原来的 10 个题目删减为 6 个题目，测量维度与基于质化研究发现提出的概念是一致的。提供学习激励分解出两个测量维度，分别是激励教师学习和建立学习示范，前者指为教师提供奖励、支持和发展平台以激发教师学习动机，后者指校长有自己的教育理念并能以身作则，发挥学习示范作用。激励教师学习与建立学习示范没有负荷在同一个维度上，这可能是因为建立学习示范体现的是校长个人特质而非行为，即校长通过个人特质对教师学习发挥激励作用，所以这类题目负荷在同一维度上，共 4 个题目。激励教师学习的题目体现的是校长行为，即校长通过策略性的行为来激励教师学习，共 5 个题目负荷在这个维度上。

表 5-1 学习领导力结构的探索性因素分析结果

序号	题目	因子 1	因子 2	因子 3	因子 4
1	学校领导经常参加教师的学习活动	0.794	-0.037	0.053	-0.001
2	学校有总结和共享校本教学经验的机制	0.749	0.067	0.206	-0.101
3	学校对教研活动实施评价	0.642	0.207	0.033	0.034
4	学校依据学生学习结果对教师教研或科研活动成效进行评估	0.916	0.083	-0.146	-0.016
5	学校能为教师提供教学方面的意见反馈	0.693	-0.014	-0.09	0.316
6	学校定期考评教师的专业学习情况与进展	0.773	-0.031	-0.092	0.189
7	学校为教师提供实践新的教学想法的机会	0.729	0.266	0.066	-0.133
8	学校能为教师提供充足的学习机会	0.018	0.753	0.111	-0.002
9	学校能依据教师专业发展目标安排适当的学习活动（如教研活动、科研课题、培训）	-0.03	0.863	-0.072	0.095
10	学校能合理设置教师学习小组，以促进教师之间的合作学习	0.184	0.875	-0.14	-0.072
11	学校制定了清楚的教师学习年度核心目标	0.096	0.685	0.02	0.104
12	学校为教师提供合作学习的机会（如集体备课、听评课、公开课等），以促进教师相互学习	-0.229	0.562	0.087	0.492
13	学校能确保学习内容满足教师的学习需要	0.236	0.673	0.121	-0.082
14	学校能奖励有优异表现的教师	-0.178	-0.067	0.975	0.044
15	学校能为教师学习提供财政支持	-0.022	0.343	0.609	-0.137
16	学校经常邀请校外专家到学校做讲座或教学指导	-0.03	0.048	0.634	0.199
17	学校能为表现优异的教师提供更多的专业发展机会	0.147	-0.033	0.796	-0.005
18	学校能为教师提供外出学习和交流的机会	0.283	-0.044	0.633	0.032
19	校长热爱工作，有很强的责任心	-0.218	0.23	-0.049	0.897
20	校长能不断学习，提高自身能力	0.102	-0.061	0.195	0.693
21	校长思想开明，敢于创新	0.331	-0.168	0.043	0.673
22	校长有先进的教育理念	0.321	-0.082	-0.045	0.736
	特征值（eigenvalue）	11.99	1.523	1.008	1.277
	被解释方差百分比	54.498	6.924	4.58	5.804

注：1. 分析方法是主成分分析和斜交旋转（promax）方法；

2. 依据题目内容，因子 1、因子 2、因子 3、因子 4 分别被命名为管理学习过程、发展合作文化、激励教师学习、建立学习示范。

表 5-2 显示了学习领导力四个维度的均值、标准差及信度系数。研究分析了各个维度的信度系数，以检验量表的内部一致性。一般来说，信度系数大于 0.9 表示量表有很好的信度，大于 0.8 表示基本可以接受，大于 0.7 表示需进行修订但是仍有意义，若小于 0.7 则表示量表不可信（卢纹岱，2003）。管理学习过程、发展合作文化、激励教师学习、建立学习示范四个维度的 Cronbach 信度系数依次为 0.93、0.91、0.86、0.88，其内部一致性都是可以接受的。

表 5-2　学习领导力不同子维度的均值、标准差及信度系数结果

子维度	均值	标准差	样本量	信度系数	题目数
管理学习过程	5.33	0.40	324	0.93	7
发展合作文化	5.36	0.40	324	0.91	6
激励教师学习	5.37	0.40	324	0.86	5
建立学习示范	5.60	0.36	324	0.88	4

二、验证性因素分析

在进行探索性因素分析之后，研究对学习领导力模型进行验证，结果如表 5-3 和图 5-1 所示。从模型拟合度来看，RMSEA = 0.079，小于 0.08，且 NNFI 和 CFI 值大于 0.9（NNFI = 0.92，CFI = 0.94），均显示模型的拟合程度是可以接受的。

表 5-3　学习领导力二阶验证性模型的拟合结果

拟合标准	卡方	df	RMSEA	NNFI	CFI	GFI	AGFI
模型	554.83	185	0.079	0.92	0.94	0.87	0.82

从因子从属程度看，在一阶因子上，各个题目对所属因子的载荷值为 0.64~0.89，有较大的从属关系。管理学习过程、发展合作文化、激励教师学习、建立学习示范四个一阶因子对二阶因子（学习领导力）的载荷值分别为 0.94、0.90、0.91、0.80，也有较大的从属关系。这也进一步验证了学习领导力的四维结构。

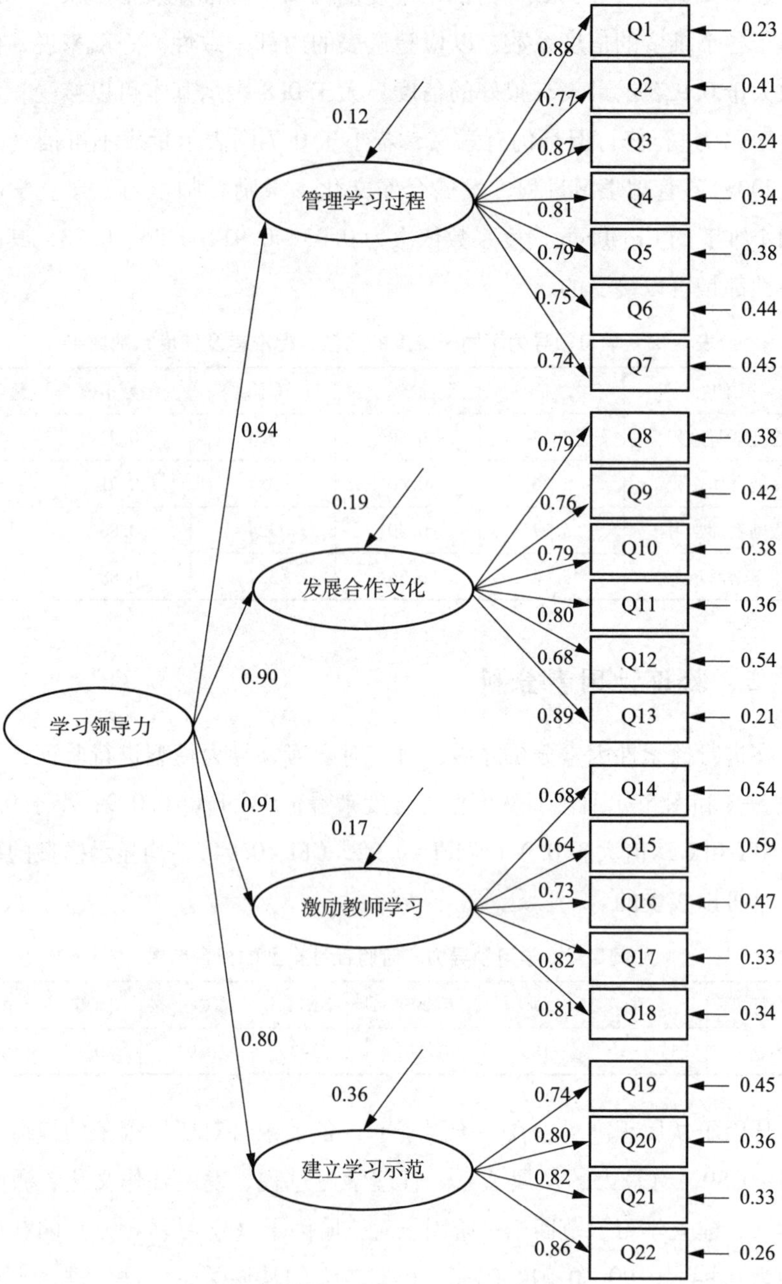

图 5-1　学习领导力的二阶验证性因素分析结果

通过探索性和验证性因素分析，研究进一步明确了学习领导力的四因素模型。四个维度分别是管理学习过程、发展合作文化、激励教师学习、建立学习示范，如图 5-2 所示。

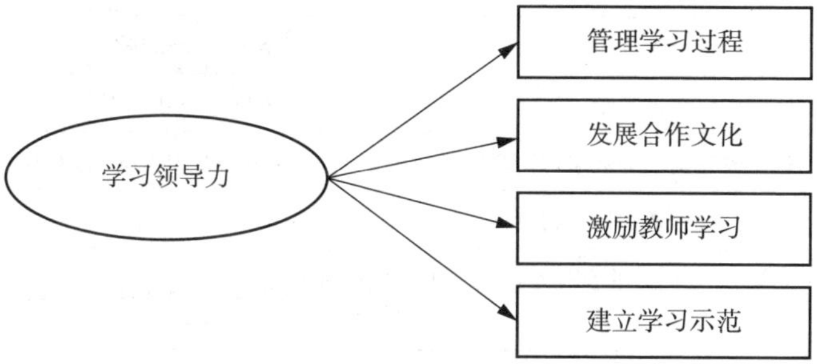

图 5-2 学习领导力四因素模型

第二节 领导效能的结构探索

本书关注的学习领导力对教师的领导效能包括教师学习投入、教师效能感、组织情感、教学实践改变四个维度。四个维度的测量题目主要来源于已有研究的成熟量表，部分题目结合国内学校情境进行调整。这部分将呈现领导效能量表的探索性因素分析结果。

学习领导效能的探索性因素分析结果如表 5-4 所示。KMO 值为 0.92，Bartlett 球形检验结果显著（$p<0.01$），表示数据适合进行探索性因素分析。探索性因素分析结果显示了教师学习投入、教师效能感、组织情感、教学实践改变四个结构维度。教师学习投入是指教师参与合作学习活动或进行自我反思。教师效能感测量的是教师对自身教学能力的信念。组织情感测量的是个体感知与组织的情感联结。教学实践改变反映的是教师课堂教学实践的改变。

表 5-4 领导效能的探索性因素分析结果

题目	因子 1	因子 2	因子 3	因子 4
我去听其他老师的课	0.716	0.038	-0.107	-0.012
我邀请其他同事来听自己的课	0.817	0.203	-0.146	-0.212
我会对教材和课程资料进行全面研究	0.698	-0.047	0.152	0.091

续表

题目	因子 1	因子 2	因子 3	因子 4
我与同事一起备课	0.869	−0.064	0.073	−0.026
我和同事分享教学和班级管理经验	0.559	−0.086	−0.019	0.292
我与同事一起讨论如何改进教学	0.623	−0.064	0.12	0.186
只要我努力，就能改变绝大多数学习困难的学生	−0.161	0.878	0.088	0.023
如果学生前学后忘，我知道如何去帮助他	0.075	0.738	0.089	0.056
要是我的学生成绩提高了，那是因为我找到了有效的教学方法	0.175	0.623	−0.085	−0.013
如果班上某学生变得爱捣乱，我相信自己有办法使他很快改正	0.084	0.793	−0.004	0.007
只要我努力，就能够教好最困难或学习动机最差的学生	−0.032	0.883	−0.108	−0.01
我很乐意在学校发展自己的事业	−0.038	0.308	0.48	0.246
我对学校并没有强烈的归属感 *	0.056	0.011	0.891	−0.142
我没有感到和学校有情感上的依恋关系 *	0.005	0.016	0.855	−0.059
我没有感觉自己是学校的一员 *	−0.074	−0.099	0.939	0.003
我更注重提高学生的学习动机了	0.043	0.092	−0.143	0.685
我与学生的互动变得更加丰富了	−0.014	−0.001	0.011	0.884
我使用了更多样的教学方法	0.08	−0.025	0.031	0.829
我更关注学生的情绪感受了	−0.07	−0.028	−0.088	0.992
我更多地让学生进行合作学习了	−0.01	0.046	0.019	0.843
特征值（eigenvalue）	1.597	1.993	1.322	8.457
被解释方差百分比	7.984	9.965	6.611	42.285

注：1. 分析方法是主成分分析和斜交旋转（promax）方法；

2. * 标记表示反向积分题目；

3. 依据题目内容，因子 1、因子 2、因子 3、因子 4 分别被命名为教师学习投入、教师效能感、组织情感、教学实践改变。

表 5-5 显示了各个维度的均值、标准差和信度系数。可以看出，教师学习投入、教师效能感、组织情感、教学实践改变的 Cronbach 信度系数分别为 0.84、0.86、0.82、0.90，具有较好的内部一致性。题目数从原来的 32 个减至 20 个。具体来说，教师学习投入的题目从原来的 14 个减至 6

个，教师效能感没有删减题目，组织情感的题目从原来的 6 个删减为 4 个，教学实践改变的题目从原来的 7 个删减为 5 个。

表 5-5　各维度的均值、标准差和信度系数

子维度	均值	标准差	样本量	信度系数	题目数
教师学习投入	5. 10	0. 52	324	0. 84	6
教师效能感	4. 90	0. 73	324	0. 86	5
组织情感	5. 22	0. 83	324	0. 82	4
教学实践改变	5. 38	0. 50	324	0. 90	5

第三节　学习领导力及其领导效能分析

这一节主要呈现学习领导力对教师的领导效能。首先，通过描述性统计分析（差异检验），探究不同教师群体感知到的学习领导力差异。其次，通过相关关系分析，探讨学习领导力与领导效能的相关关系。最后，通过多元回归方法，呈现学习领导力对教师的领导效能，即学习领导力对教师学习投入、教师效能感、组织情感、教学实践改变的影响。

一、学习领导力的描述性分析

这一部分通过方差分析（ANOVA），比较不同教师群体感知到的学习领导力差异。

首先，从性别差异来看，教师感知学习领导力的性别差异如表 5-6 所示。结果显示，不同性别教师感知到的学习领导力并没有显著差异（$p>0.1$）。

表 5-6　不同性别教师感知到的学习领导力差异

维度	男	女	F 值	显著性（p）
管理学习过程	5. 37	5. 32	0. 83	0. 36
发展合作文化	5. 34	5. 36	0. 11	0. 74
激励教师学习	5. 42	5. 35	1. 21	0. 27

续表

维度	男	女	F值	显著性（p）
建立学习示范	5.64	5.59	0.61	0.43
总的学习领导力	5.43	5.40	0.30	0.59

其次，从年龄差异来看，不同年龄的教师群体感知的学习领导力差异如表5-7所示。可以看出，对于学校管理学习过程、发展合作文化、激励教师学习等方面的策略，不同年龄教师的感受并没有显著差异（p>0.1）。但是，不同年龄教师对校长学习示范的感知存在显著差异（p=0.06<0.1）。具体来看，25岁及以下青年教师对校长学习示范的感知程度最高（平均值为5.71），其次是26~30岁教师（平均值为5.64），46~50岁教师对校长学习示范的感知程度最低，平均值为5.49。这可能是因为大部分学校都十分重视学校青年教师的专业成长，强调为青年教师提供更多的学习机会与发展平台，这就使得青年教师对校长学习示范的感知更为强烈。46~50岁教师对校长学习示范的感知最低，这可能是因为与年轻教师相比，年长教师的学习积极性通常较低，甚至产生职业倦怠感，不会对校长的学习示范有强烈感知。

表5-7　不同年龄的教师群体感知的学习领导力差异

维度	25岁及以下	26~30岁	31~35岁	36~40岁	41~45岁	46~50岁	51~55岁	F值	显著性（p）
管理学习过程	5.46	5.30	5.26	5.34	5.34	5.25	5.35	1.38	0.22
发展合作文化	5.44	5.34	5.29	5.38	5.38	5.30	5.39	0.82	0.55
激励教师学习	5.43	5.31	5.35	5.38	5.36	5.35	5.42	0.39	0.88
建立学习示范	5.71	5.64	5.59	5.62	5.61	5.49	5.51	2.01	0.06
总的学习领导力	5.51	5.39	5.36	5.43	5.42	5.34	5.42	1.10	0.36

最后，从学历差异来看，表5-8显示不同学历教师感知到的学习领导力差异。可以看出，不同学历教师感知的学习领导力存在显著差异（F=4.24，p<0.01）。具体来说，本科学历教师感知到的学习领导力最高（均值为5.44），其次是中专学历教师（均值为5.42），再次是大专学历教师（均值为5.31），最低是硕士学历教师（均值为5.19）。硕士学历教师对学

习领导力的感知程度最低，这可能是因为目前初中和小学教师多是本科学历，硕士学历教师属于高学历人员。相较于其他学历教师，硕士学历教师对学习领导力常会有较高的期望，较高期望更容易产生不满意或失望情绪，也使得其对学习领导力的感知程度偏低。

从不同的领导策略来看，在发展合作文化方面（$F=6.12$，$p<0.01$），本科学历教师感知程度最高（平均为5.39），而硕士学历教师感知程度最低（平均为5.03），不同学历教师的感知程度存在显著差异。在管理学习过程方面（$F=3.49$，$p<0.05$），本科学历教师感知程度依然最高（平均为5.35），而硕士学历教师的感知程度依然最低（平均为5.07），不同学历教师的感知程度存在显著差异。在建立学习示范方面（$F=2.74$，$p<0.05$），本科学历教师感知程度最高，而大专学历教师感知程度最低，分别为5.63和5.45，不同学历教师的感知程度存在显著差异。

表5-8　不同学历教师感知到的学习领导力差异

维度	中专	大专	本科	硕士	F值	显著性（p）
管理学习过程	5.34	5.27	5.35	5.07	3.49	0.02
发展合作文化	5.37	5.27	5.39	5.03	6.12	0.00
激励教师学习	5.38	5.27	5.39	5.23	1.78	0.15
建立学习示范	5.61	5.45	5.63	5.55	2.74	0.04
总的学习领导力	5.42	5.31	5.44	5.19	4.24	0.01

二、学习领导力与领导效能的相关性分析

学习领导力与领导效能的相关关系如表5-9所示。可以看出，学习领导力与教师学习投入、教师效能感、组织情感、教学实践改变均有显著的相关关系，相关系数分别为0.32、0.23、0.30、0.34。从学习领导力的具体策略来看，管理学习过程、发展合作文化、激励教师学习、建立学习示范与教师学习投入、效能感、组织情感、教学实践改变均有显著的相关关系。从相关程度大小来看，管理学习过程与教师学习投入（相关系数为0.31）、效能感（相关系数为0.23）、教学实践改变（相关系数为0.33）的相关程度最强，而组织情感与建立学习示范的相关程度最强（相关系

数为0.28）。

表5-9 学习领导力与领导效能的相关关系

维度	管理学习过程	发展合作文化	激励教师学习	建立学习示范	学习领导力	教师学习投入	教师效能感	组织情感	教学实践改变
管理学习过程	1								
发展合作文化	0.75***	1							
激励教师学习	0.72***	0.74***	1						
建立学习示范	0.69***	0.61***	0.63***	1					
学习领导力	0.90***	0.92***	0.87***	0.81***	1				
教师学习投入	0.31***	0.27***	0.29***	0.25***	0.32***	1			
教师效能感	0.23***	0.20***	0.19***	0.19***	0.23***	0.47***	1		
组织情感	0.27***	0.26***	0.26***	0.28***	0.30***	0.39***	0.47***	1	
教学实践改变	0.33***	0.29***	0.30***	0.29***	0.34***	0.62***	0.56***	0.46***	1

注：***表示在1%水平上显著。

三、学习领导力与领导效能的多元回归分析

为了探究学习领导力的领导效能，研究通过回归分析，分别探索四个学习领导力维度以及总的学习领导力对教师学习投入、教师效能感、组织情感、教学实践改变的影响。

在回归分析过程中，学习领导力分维度的回归分析模型如下①：

$$Y=\beta_0+\beta_1 male+\beta_2 edu\_secondvoc+\beta_3 edu\_bachelor+\beta_4 edu\_master+\beta_5 L_1+\beta_6 L_2+\beta_7 L_3+\beta_8 L_4+\mu$$

学习领导力的回归分析模型如下：

$$Y=\beta_0+\beta_1 male+\beta_2 edu\_secondvoc+\beta_3 edu\_bachelor+\beta_4 edu\_master+\beta_5 L+\mu$$

其中：Y 表示学习领导效能（教师学习投入、教师效能感、组织情感、教学实践改变），$male$ 表示男性，$edu\_secondvoc$ 表示中专学历，$edu\_bachelor$

① 控制变量中，性别和学历为类别变量，其中学历涉及中专、大专、本科和硕士四类。在回归分析中，性别以女性为基准，学历以大专学历为基准。

表示本科学历，*edu_master* 表示硕士学历，L_1 表示管理学习过程，L_2 表示发展合作文化，L_3 表示激励教师学习，L_4 表示建立学习示范，L 表示总的学习领导力。

（一）对教师学习投入的影响

以教师学习投入为因变量，以学习领导力的四个维度，即管理学习过程、发展合作文化、激励教师学习、建立学习示范，以及总的学习领导力为自变量，并纳入教师个体特征（性别、学历、年龄）。结果如表 5-10 所示。

从结果可以看出，学习领导力对教师学习投入有显著的正向影响（$\beta=0.31$，$p<0.01$）。从四个具体维度来看，管理学习过程对教师学习投入有显著积极影响（$\beta=0.24$，$p<0.01$），且影响程度最大。这就从量化视角证实了结构化安排对教师学习的重要性（Brown and Wynn，2009；Hopkins and Spillane，2014）。同时，研究发现年龄显著影响教师学习投入。当控制了学历、年龄和学习领导力时，男教师的学习投入显著低于女教师。在控制了其他变量后，本科和硕士学历教师的学习投入显著高于中专学历教师。

表 5-10　学习领导力对教师学习投入影响的多元回归结果

影响因素	教师学习投入	教师学习投入
性别_男	-0.15***	-0.14***
学历_中专	-0.01	-0.01
学历_本科	0.28***	0.27***
学历_硕士	0.12*	0.12*
年龄	0.22***	0.21***
管理学习过程	0.24***	
发展合作文化	-0.05	
激励教师学习	0.12	
建立学习示范	0.04	
总的学习领导力		0.31***
R^2	0.19	0.17
调整后的 R^2	0.17	0.16

注：回归采用最小二乘法；结果为标准化回归系数；*** 表示在 1%水平上显著，* 表示在 10%水平上显著。下同。

（二）对教师效能感的影响

表 5-11 显示了学习领导力对教师效能感的多元回归分析结果。结果显示，学习领导力对教师效能感有显著的积极影响（β=0.23，$p<0.01$）。在四个学习领导策略中，管理学习过程对教师效能感有显著正向影响（β=0.17，$p<0.1$）。同时，研究发现性别和年龄对教师效能感没有显著影响。

表 5-11　学习领导力对教师效能感影响的多元回归分析结果

影响因素	教师效能感	教师效能感
性别_男	-0.08	-0.07
学历_中专	-0.10*	-0.10*
学历_本科	0.07	0.06
学历_硕士	0.04	0.03
年龄	0.07	0.06
管理学习过程	0.17*	
发展合作文化	0.03	
激励教师学习	0.02	
建立学习示范	0.05	
总的学习领导力		0.23***
R^2	0.08	0.07
调整后的 R^2	0.05	0.05

（三）对组织情感的影响

表 5-12 显示了学习领导力对教师组织情感的多元回归分析结果。结果显示，学习领导力对教师组织情感有显著的积极影响（β=0.27，$p<0.01$）。就具体的学习领导策略而言，建立学习示范对教师组织情感有显著积极影响（β=0.16，$p<0.05$）。这也进一步证实了校长的价值观以及个人示范作用在学校领导过程中的重要性（李超平、时勘，2005；Qian et al.，2016）。同时，结果显示，当控制了学习领导力后，性别和年龄对教师组织情感没有显著影响。这也凸显了学习领导力对教师组织情感的重要意义。另外，结果显示在控制了性别、年龄和学习领导力后，硕士学历

教师的组织情感显著低于本科学历教师。

表 5-12　学习领导力对组织情感影响的多元回归分析结果

影响因素	组织情感	组织情感
性别_男	-0.07	-0.06
学历_中专	-0.03	-0.02
学历_本科	0.04	0.05
学历_硕士	-0.14**	-0.11*
年龄	-0.06	-0.06
管理学习过程	0.06	
发展合作文化	-0.002	
激励教师学习	0.10	
建立学习示范	0.16**	
总的学习领导力		0.27***
R^2	0.13	0.12
调整后的 R^2	0.10	0.10

注：**表示在5%水平上显著。下同。

（四）对教学实践改变的影响

表 5-13 显示了学习领导力对教师教学实践改变的多元回归分析结果。结果显示，学习领导力对教师教学实践改变有显著的积极影响（$\beta=0.35$，$p<0.01$）。从具体领导策略来看，管理学习过程显著地正向影响教学实践改变（$\beta=0.22$，$p<0.05$）。此外，研究发现，教师年龄对教师实践改变有显著影响。在控制了性别、年龄和学习领导力后，相较于中专学历教师，本科和硕士学历教师更有可能改变传统教学方式，改进课堂教学实践。

表 5-13　学习领导力对教学实践改变影响的多元回归分析结果

影响因素	教学实践改变	教学实践改变
性别_男	-0.07	-0.06
学历_中专	-0.03	-0.03
学历_本科	0.17**	0.16**
学历_硕士	0.13*	0.13**

续表

影响因素	教学实践改变	教学实践改变
年龄	0.14**	0.13**
管理学习过程	0.22**	
发展合作文化	0.02	
激励教师学习	0.06	
建立学习示范	0.10	
总的学习领导力		0.35***
R^2	0.15	0.14
调整后的 R^2	0.13	0.13

第四节 本章小结

基于第一阶段质化研究分析的学习领导力，本书编制了适合中国学校情境的学习领导力问卷，并对 324 名教师进行了问卷调查。探索性因素分析结果显示，学习领导力呈现了四维结构，分别是管理学习过程、发展合作文化、激励教师学习、建立学习示范，如图 5-3 所示。验证性因素分析结果进一步验证了学习领导力的四维结构。管理学习过程指领导者能够对教师学习过程进行计划、协调、监督与反馈；发展合作文化指领导者能够培养、推动和发展开放共享的教师合作文化；激励教师学习指领导者能够激发教师的学习动机，让教师主动投入学习；建立学习示范指校长有学习理念，并能以身作则，发挥学习示范作用。领导力是一个领导者“影响”下属的过程（Yukl，2010），管理学习过程属于结构策略，发展合作文化属于文化策略，激励教师学习和建立学习示范属于个体策略。校长要影响教师学习，既要通过结构与文化方面的策略影响教师学习的情境，又要关注教师个体，给予下属教师学习激励，并以身作则，发挥示范作用。

另外，本书探索了学习领导力对教师的领导效能，即学习领导力对教师信念、态度、情感以及行为的影响。具体来说，研究发现，学习领导力对教师学习投入、教师效能感、组织情感、教学实践改变均有显著的积极

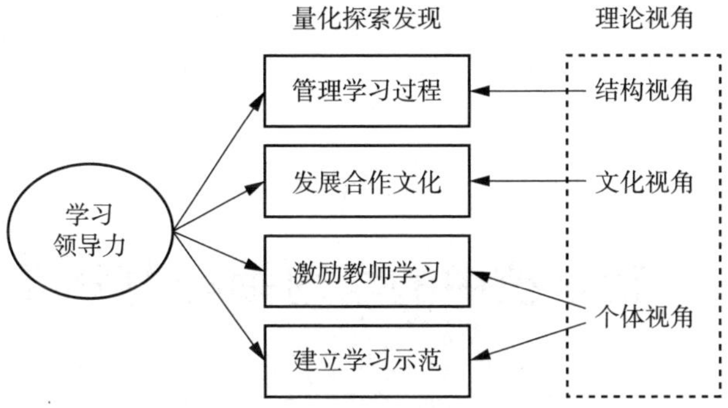

图 5-3　理论框架与学习领导力四因素模型之比较

影响。其中，管理学习过程对教师学习投入、教师效能感、教学实践改变的影响最大。在中国情境中，管理学习过程既强调为教师学习提供结构性支持，也强调对教师学习活动的科层化管理。也就是说，与西方研究一致的是，本书也发现教师学习需要学校提供结构化的支持（Brown and Wynn，2009）。与西方研究不同的是，西方有研究发现科层化管理对教师合作学习有消极影响（Gumus et al.，2013）。但是，在中国学校情境中，科层化管理对教师学习并未显示出消极影响。这可能是中西方社会文化差异导致的。中国社会文化深受儒家文化影响，强调尊重和服从权威，具有权力距离高和风险规避性强的特点（Hofstede，1993），前者意味着下属更容易服从权威；后者是指下属更可能选择安全的工作方式，不愿意承担变革风险。在这种社会文化背景下，虽然学校通过结构化管理的手段控制教师学习，但是中国教师相较于西方教师更有可能选择服从这种结构安排。同时，研究发现，建立学习示范对教师组织情感的影响最大。也就是说，校长越能以身作则、发挥学习示范作用，教师对组织的忠诚度越高。另外，研究也发现教师个体特征会影响教师的学习投入。这与西方研究发现存在相似性。如，Gumus 等（2013）研究发现性别因素影响教师合作，女性教师参与合作的频率高于男性教师。

第六章

个案学校中的学习领导力分析

前两个章节，通过多元案例研究阐述了校长是如何领导教师学习的，开发了学习领导力问卷，通过量化研究探索并验证了学习领导力的行为结构及其领导效能。这一章从个案学校出发，结合学校实际情境，探究影响学习领导力的因素，也就是说，探索哪些因素会影响校长的学习领导行为。

就个案选择来说，在量化调查的基础上，研究依据学校的学习领导力水平选择个案。量化调查共涉及七所学校。首先，研究对学习领导力的四个维度（管理学习过程、发展学习文化、激励教师学习、建立学习示范）进行加权平均，之后进行 Z 化，得到学习领导力标准分，用以衡量学习领导力水平。本书选择学习领导力水平较低的小学和九年一贯制学校作为典型个案。每所学校的学习领导力水平如图 6-1 所示。根据图 6-1 的结果，研究选择 S 学校（X2）和 W 学校（N2）两所学校作为研究个案，其中 S 学校是学习领导力水平最低的小学，W 学校是学习领导水平较低的九年一贯制学校。

这一部分研究的主要目的是探索影响学习领导力的因素，也就是说，从校长的视角出发，探究哪些因素影响校长的学习领导策略。选择学习领导力水平较低的 S 学校和 W 学校有助于我们深入理解校长学习领导行为的影响因素。

（X表示小学，N表示九年一贯制学校，数字为学校编码）

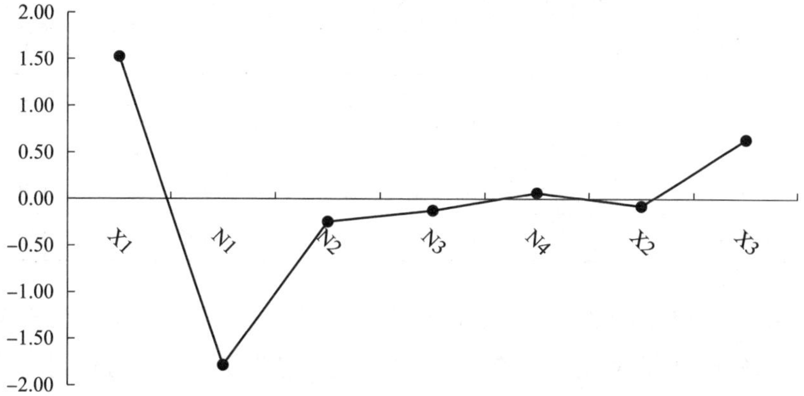

图 6–1　量化调查学校的学习领导力水平情况

第一节　个案学校 1：S 学校

一、学校的基本情况

S 学校，位于上海市郊区，是一所历史悠久的普通小学。目前学校共有三个校区。学生中既有本地儿童，也有非本地户籍的外来务工人员子女。S 学校的基本情况如下：①S 学校是一所普通小学，不是优势资源集聚的传统重点学校。②S 学校校长在本校任职 10 年，从刚入职时对学校发展与教师培养思路较为零散，到后期逐渐形成更为全面的整体规划，也是其自身学习领导力不断发展的过程。③早期 S 学校比较薄弱，学校文化封闭消极，前任校长与教师之间关系紧张。在 S 学校校长任职期间，学校文化氛围较之前有所改善。同时，学校在教师专业发展方面也逐渐摸索出自己的特色。研究访谈了校长、中层教导主任和三位普通教师，受访对象的具体情况如表 6–1 所示。

表 6-1 S 学校受访对象的基本情况

受访者编码	性别	职务	教学科目	教学年限
A-S-T1	女	校长	—	10 年本校校长
A-S-T2	男	教导主任	数学	28 年
A-S-T3	女	普通教师	数学	3 年
A-S-T4	女	普通教师	语文	10 年
A-S-T5	女	普通教师	英语	3 年

从量化部分的研究结果看，图 6-2 显示了 S 学校教师感知的校长学习领导力情况。可以看出，学校在“建立学习示范”方面的得分最高，其次是发展合作文化和激励教师学习，得分最低的就是管理学习过程。也就是说，S 学校校长重视自身的学习理念和学习示范作用，同时关注教师个体激励以及合作文化建设，相对来说，并不强调对教师学习的结构控制。

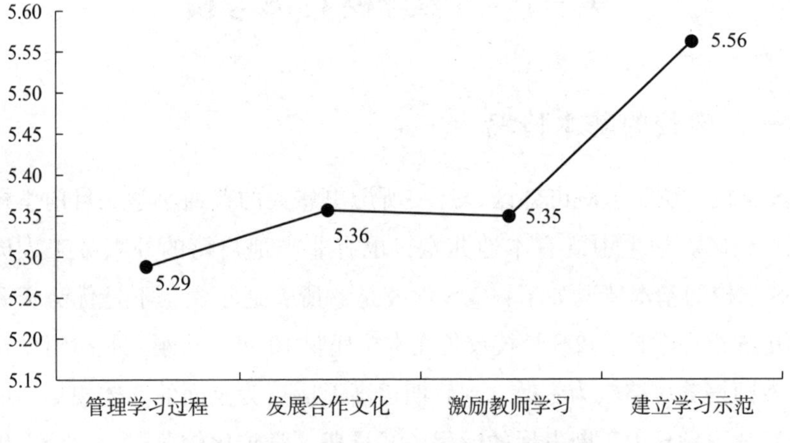

图 6-2 S 学校教师感知的学习领导力情况

二、校长的学习领导力

（一）发展合作文化，支持多样化实践社群

在发展合作文化方面，S 学校的主要策略就是为教师提供多元的、差异化的学习机会，发展不同的教师实践社群，打破社群边界。具体来说，S 学校依据教师教学经验，成立了四个教师实践社群，包括新教师实践社

群、二年到三年教龄教师实践社群、五年以下教龄且有专业成长潜力的教师实践社群、骨干教师实践社群。这些实践社群以教师相互学习、交流和传播教学实践为目的。根据不同社群的学习需求，学校有针对性地安排不同的学习活动，促进社群成员的相互参与和共享实践。正如 S 学校校长所说，领导教师学习就要找到每一位教师的“生长点”。

我们要做的是把年龄层次的优势发挥出来，找到老师的“生长点”，明确他的发展点在哪里。我们分了四个层次，一个是启蒙团队，就是刚刚进入学校的新老师，有很多事情不清楚应该怎么做，启蒙团队对他有一些基本的教育和引导。工作二年到三年的老师，我们有一个分享团队。第三个是梦想团队，是一些非常有发展前途的老师，我们就把他再挑选出来，进行一些高层次培训。最后是骨干团队，在这个当中再有骨干的一些培训。(A-S-T1)

在发展以学习为导向的教师实践社群的同时，学校也重视发展以创新为目的的教师实践社群。这与第一部分质化多元案例的研究发现是一致的。S 学校也依托“项目”，将具备一定专业能力的教师聚集在一起，进行教学创新，将教师学习与学校发展结合。

我们很多的活动都是以项目为引领的，在项目当中，把合适的老师、有特长的老师吸引过来。(A-S-T1)

“信息化”项目是 S 学校经过多年发展已经取得突出成果的一个典型例子。教导主任 A-S-T2 在学校工作已经有二十余年，在课堂教学与信息化整合方面积累了丰富经验。为了更好地试验和推广信息化方面的“最好实践”，学校申请了区级项目，专门研究如何将信息化与课堂教学结合，教导主任 A-S-T2 是项目带头人。

同时，S 学校将信息化项目与学校发展整合。学校期望通过信息化项目，一方面探索如何在课堂中有效应用信息技术，改进教学。另一方面，基于信息化的经验积累，将信息化逐渐应用到校本实践课程之中，开发校本电子实践教材。目前，学校已经成功摸索出一套电子白板应用实践方法，其经验还经常在市或区内做推广和交流。

在项目实施过程中，S 学校校长并没有自上而下地控制与指导，而是赋予 A-S-T2 更多的自主权，支持其进行创新试验。但是，校长授权是有边界的，也就是说，A-S-T2 要在校长认可的“框架”内开展工作。

对我的工作校长可以说管，也可以说不管。就是说你把我的想法全部压住的话，我也不喜欢。一般如果我有想法跟校长汇报，校长肯定会支持，然后，他可能会提出一些建议，等等。包括校长给我布置工作，他不会给我布置得很详细，就是一个大致的框架，然后我们一起讨论，就是这样，所以大家是相互信任的。他了解我，我也了解他想做什么，大致的框架，他搭好以后，我们就按照那个框架做。(A-S-T2)

打破实践社群边界也是 S 学校校长重视的发展教师合作文化的策略之一，包括鼓励教师外出学习、邀请校外专家到学校进行教学指导和交流。

我觉得让他外出听层次不一样的培训是不一样的。如果你不出去培训，那你实际上就是落伍了。(A-S-T1)

外聘专家定期给他们进行教育教学指导，特别是教学方面的。(A-S-T2)

此外，实践的传播与共享在 S 学校中同样是很重要的策略。比如，日常教研组或备课组内的资源是共享的；骨干教师也要通过展示课，将自己的成功实践经验在校内分享；外出学习的教师要将自己在校外学习的内容在组内进行分享，对于特别重要的实践，还要在学校内进行分享。

我们也是资源共享的。比如我们想出了一些平时的练习，或者有了一些教育心得，我们都会交流，有各种工作群，反正在相应的群里面都会分享，讨论该怎么做、该做一些什么。(A-S-T3)

如果听别人的课的话，我们学校每个人都有一个听课笔记本，这样可以把每堂课记录下来。然后我们还有一个网络平台，在一个共同的平台上，不仅仅是我们的评课，别人的评课也在上面。(A-S-T5)

（二）管理学习过程，加强教师学习有效性

S 学校对教师学习进行结构化管理，包括计划、协调和监督教师学习。首先，学校通过“工作计划”和“学习主题”自上而下地安排教师学习

活动。

有学期工作计划、学年工作计划、五年工作计划，都制订了计划。每个学期的第一周或第二周，会把整个计划发下来，中层领导会把所有事情安排好，这件事情什么时候做，会把方案、通知发给我们，让我们知道该怎么做。(A–S–T3)

当学期开始的时候，学科教导就会制订这个学期学科的培训计划和要求。那么在这种情况下，我们都会和团支部、德育处、教学部、教导处一起研讨最缺乏的是什么，我们就从这些问题出发，确定一个主题。(A–S–T3)

其次，S 学校制定了明确的学习要求。比如，青年教师学习组每学期要完成至少十个学习任务；教师要写教学反思、完成公开课和听评课任务；按照学习要求给予教师奖励。

青年团队，我们每个学期开展“十个一”活动，比如培训、学习，等等，反正每学期都有十个任务，大家要完成。从去年开始，我们实现了模块化的管理，比如，教导处布置的所有工作都是要考核的，以模块化的形式。有相应的考核要求，比如每学期是否上了展示课，是否有论文，课程是否写了板书，写没写教学反思，等等。(A–S–T2)

最后，为了提高教师学习效率，学校在校本培训中改变模式，避免培训形式化。

学校会与时俱进改变培训方法。因为时代在发展，老师的信息那么多，你不可能再拘泥于以前那种方式方法了，还是要根据时代的变化，根据学校老师的一些基本情况，做一些不一样的培训，包括现在很流行的拓展活动。比如在师德和教学方面，我们也会运用一些比较新颖的方式。(A–S–T1)

（三）激励教师学习，激发内驱力

S 学校校长关注教师个体，强调激发教师“内驱力”，认为校长在工作中要给予教师鼓励。

可能管理者更多是激发他的内驱力，怎样去激发，其实可以用各式各样的方法。也许你在一些小的事情上对他肯定，他就能够感觉到整个学校对他的关注，他的感受就不一样。抓住一切机会去激发他们的潜力，我觉得这是非常重要的。（A-S-T1）

（四）校长示范，争取教师认同

S 学校校长认为学校的发展状况就是校长办学理念的体现，作为校长应该有自己的办学理念和目标，并且要不断与教师沟通，争取教师的认同。

要把自己的想法告诉老师，让老师认同，然后你做的事情要朝着这个办学目标去，老师们在这个过程中，会慢慢感受到。我会把我的办学理念跟他们说，不断地跟他们沟通，反反复复沟通。然后他们在脑子中不断地强化这一点。当他看到学校的确是在朝着这个办学理念发展，他就慢慢认同了。（A-S-T1）

三、学习领导力对教师的领导效能

在 S 学校，校长学习领导力对教师学习的影响体现在以下两方面。

第一，学习领导力为教师学习创造了条件，在不同的教师实践社群中，教师可以自己进行教学反思，也可以与其他教师合作学习（Monaghan，2011）。学校通过发展实践社群，推动教师不断产生、分享、应用和创造教学知识，进而促进教师的专业成长。

有时候，可能下班以后，老师突然想到了什么点子，还会特别打来一个电话，或者是发一个信息，抑或是第二天一来就跟你说。（A-S-T5）

比如说我们想出了练习，或者是平常的一些教育心得，我们都会有交流，有各种工作群，在相应的群里面都会分享，该怎么做、该做些什么。（A-S-T3）

比如，有教师认为在共同准备区展示课的过程中，大家集思广益，加上区教研员的帮助，对一门课程反复进行试验与反思，这个过程对自己的专业成长帮助很大。

我觉得区级展示课对自己的成长影响更明显。因为教研员会亲自到学校来听你的试教课，在每一张 PPT 下面都会写上修改意见，所以我觉得做一次区级公开课，提点一下，会让我茅塞顿开。(A-S-T5)

第二，实践社群中教师的合作氛围，会增强教师的“上进心”，影响教师学习积极性。当教师愿意互相分享、互相学习时，教师个体也更愿意主动参与到学习活动中。

如果别人都很有上进心，比你优秀的人都比你更加努力，你有什么资格不去努力呢？(A-S-T5)

别的老师上得都很好，成绩也很好，人总是想让自己更好一些的，这都是自发的动力。(A-S-T3)

同时，学习领导力通过实践社群加强了教师之间的情感联结。比如，师徒组在师父与徒弟之间建立联结关系，所谓“一日为师，终身为父”，徒弟遇到问题可以随时向师父请教，而师父在工作和生活中也会经常帮助徒弟。

这个是永远的，一日为师，终身为父。(A-S-T3)

他（师父）会给我一些教学上面的建议。还有，我师父会给我提供一些培训的机会，包括外面一些信息化的培训。(A-S-T4)

总体来说，学习领导力通过实践社群为教师学习创造了条件，增强了教师之间的情感联结与身份认同，促进了教师共同创造和分享知识(Wenger et al., 2002)。

四、影响学习领导力的因素

（一）校长工作经验

虽然 S 学校校长 A-S-T1 认为作为校长应该有自己的办学理念，但是在担任 S 学校校长之前，其并没有校长任职经验。在担任 S 学校校长初期，A-S-T1 并没有形成明确的办学理念，也没有制定切实可行的办学目标。对于领导教师学习，A-S-T1 的学习领导策略是模糊的、零散的。正如 A-S-T1 自己所述，“因为当校长的时间比较短……只是零散地做了一些老师方面的培训，没有整体的构想”。

在那个时候，因为当校长的时间也比较短，我当时觉得自己做得很投入、很认真，也很完善，但现在想来，还是不够完善或者说系统性不够，只是零散地做了一些老师方面的培训，没有整体的构想。(A-S-T1)

随着经验积累，A-S-T1 校长的学习领导策略逐渐系统化，包括制订不同层次的教师专业发展计划、构建学校核心实践等。

随着个人的管理经历慢慢增加，对老师队伍的理解也会越来越深，所以慢慢会有一些自己的工作思路，以及对整个教师队伍发展的一个设想。(A-S-T1)

可以看出，工作经验会影响校长的学习领导策略。这与已有研究具有相似性。Sun 和 Young（2009）研究发现校长的经验尤其是教学经验有助于校长更好地理解学校教学工作、设计学校教学愿景与目标。本书也发现，如果校长的管理与教学经验不足，就很难形成清晰的办学理念，也很难对学校教师专业学习与成长做出系统的长远规划和有效的策略管理。

（二）组织信任关系

在 S 学校，组织信任关系是影响校长学习领导策略的重要因素。S 学校的前任校长与教师的关系并不和谐，这使得 A-S-T1 刚到学校任职时，学校整体氛围消极，教师士气低落。在这种情况下，校长的领导策略主要关注信任，希望能够与教师建立信任关系，改善学校氛围。

第一，校长在学校倡导“快乐工作”的文化理念，鼓励教师撰写关于快乐的文字、语句张贴在办公室的墙面上，让教师随时可以看到，产生心理暗示与积极影响。

所以当时我说快乐，是我对他们的一种心理引导，是一种渲染，一种暗示。(A-S-T1)

第二，校长让教师参与校园环境建设，希望教师在参与的过程中，重建对学校的情感，增进教师与学校和校长的情感联结。

我们的校园环境很漂亮，很多学校的人都来参观过。我觉得这（校园环境建设）是个很好的契机，是老师凝聚力和对学校认同感以及基本素养的体现，所以我就组织所有人，成立学校文化建设小组……老师们之所以会对这个学校的所有文化建设有感情，是因为他亲身参与了。（A-S-T1）

除了校园环境布置，校长还推动教师形成自己的办公室文化，一方面让教师按照自己的喜好布置办公室，另一方面鼓励教师安排自己的办公室集体活动，并形成一种惯例，比如，下午茶时间、学期聚餐等。

每个人要创造自己的办公室文化，你在这个地方，像美术办公室、体育办公室，我说你们一辈子就在这个办公室，因为其他学科一、二年级还会轮换。你们要把这个办公室打造成属于你们自己有特色的温暖的家。这就是对老师进行教育的过程、培养的过程，培养他们热爱生活、热爱工作，也培养他们的生活品质、工作品质，更培养他们对学校的认同感。（A-S-T1）

在校长看来，不仅仅在专业方面，文化对教师的影响是综合性的，包括师德、教师对学校的情感与目标认知等。

快乐校园已经成为文化，他们在做事情的时候，也是朝这个目标去的。其实学校的一切活动也是培养老师的课程。（A-S-T1）

可以看出，信任关系影响了校长的学习领导策略。较差的组织信任关系使得校长在领导教师学习过程中，更多地使用文化策略，以重塑教师信任。当信任关系有所改善时，校长才开始在学校发展各种各样的教师实践社群，并激励教师积极参与社群学习。

（三）教师学习动机

在S学校，年龄较大的教师的学习动机普遍偏弱，不乐于参与专业学习活动，这也成为校长在领导教师学习过程中不得不面对的问题。

很多年龄比较大的老师，可能会有职业倦怠感。他可能认为职称评好了，就不用再发展了。（A-S-T2）

如前文所述，为了提高教师学习动机，校长在领导教师学习的过程中，十分重视激发教师的“内驱力”，强调在工作中鼓励教师。可见，教师学习动机也是影响校长学习领导策略的重要因素。这与已有研究发现具有一致性，即下属特征会影响管理者的领导行为（Dvir and Shamir，2003；Sun et al.，2017）。

（四）外部评估机制

上海在全市推行学校发展性督导评价和校长任期目标责任制，建立了系统的学校评价指标，由督导专员定期对学校进行督导。教育科研和师资队伍建设都是学校的发展性评价指标，前者包括学校课题研究、课题管理和成果应用，后者包括对教师的校本培训和校本培养。也就是说，促进教师专业发展是学校评估的重要内容。同时，按照评价要求，学校要制定中长期发展规划，教育行政部门对学校发展规划的内容、实施以及结果进行监督与评价。

每年都考核，区里考核会分一等、二等、三等，全方位考核。当然还有四年一次的教育督导。（考核）还是挺多的，包括教发院也会有一些学科的调研，等等，所以还是有一定压力的。（A-S-T1）

已有研究显示外部评价机制会影响校长领导行为（Sun and Young，2009；Walker et al.，2011）。本书也发现，以发展为导向的学校评价机制会引导校长关注学校教师专业学习与成长，影响校长的学习领导行为。换句话说，学校发展性督导评价指标对校长的学习领导力具有导向性。从S学校来看，校长的很多学习领导策略都体现了学校评估要求。具体来说：

首先，在学校校务管理和队伍管理方面，要求学校制定发展规划、发展目标和分年度目标，制定教师专业发展目标以及青年教师和骨干教师的培养措施，要求学校内部管理职责清晰并设置考核。这些评价内容在S学校的学习领导策略中均有体现，如制订工作计划、发展实践社群以培养青年教师和骨干教师，实施教师考核等。

其次，在教育科研方面，要求学校立足于学校实际问题开展课题研究，并将课题研究成果应用于学校教学实践。事实上，第一部分质化多元案例研究也显示，案例学校多依靠“项目/课题”推动学校教学创新与发展。同样地，在S学校，开展课题研究（“信息化”项目），应用课题研究成果，将课题研究与学校发展结合，也是校长重要的学习领导策略。

最后，在师资队伍建设方面，要求学校落实教师培训措施，支持教师参与专业进修和学术交流活动，并要求校本培养满足不同层次教师专业发展需要。这些在S学校校长的学习领导策略中也有体现，如，S学校开展校本培训，鼓励教师外出参加专业学习活动，制订了针对不同层次教师的专业发展计划。

可以看出，外部评价机制会影响校长的学习领导策略。一方面，关注教师专业发展的外部评价机制能够引导校长重视学校教师专业学习与成长，另一方面，系统的评价内容能够为校长的学习领导策略提供指导。

总体来说，校长工作经验、组织信任关系、教师学习动机以及外部评价机制是影响S学校校长学习领导策略的重要因素。

第二节　个案学校2：W学校

一、学校基本情况

W学校，位于上海市市区，是一所普通九年一贯制学校。学校前身是一所小学，基于区域教育发展需求，增加了初中学段。近年来，学生和教师规模急速增加，学校从小规模学校发展成为目前的大规模学校。小学学段的学生规模较大，而初中学段的学生规模较小。W学校校长在本校任校长四年，以前是另一所完中学校的副校长。在校长看来，“现在一下子扩大了很多，所以我们未来几年面临的挑战还是很大的”，也就是说，学校规模的急速增加对校长领导是一个很大的挑战，学校在教师专业发展中也面临很多困境和挑战。总体来说，W学校的背景信息如下：①W学校位于上海市市区，是一所普通学校，不是优势资源聚集的重点校。②W学校目前处于学校规模扩张时期，生源增加，教师人数也在增加，组织环境变动较大。研究访谈了W学校的校长、两位中层领导（人事主任和培训主任）、一位教研组长、三位普通教师。受访对象的基本情况如表6-2所示。

表 6-2　W 学校受访对象的基本情况

受访者编码	性别	职务	科目	教学年限
C-W-T1	男	校长	—	4 年本校校长
C-W-T2	女	主任（人事）	英语	11 年
C-W-T3	女	主任（培训）	数学	20 年
C-W-T4	女	教研组长	数学	—
C-W-T5	女	普通教师	数学	2 年
C-W-T6	女	普通教师	英语	2 年
C-W-T7	女	普通教师	语文	4 年

从量化部分的研究结果看，图 6-3 显示了 W 学校教师感知的学习领导力情况。可以看出，学校在“建立学习示范”方面的得分最高，其次是“管理学习过程”，再次是“发展合作文化”，最后是“激励教师学习”。也就是说，除了个体激励策略，W 学校侧重结构策略，其次是文化策略。

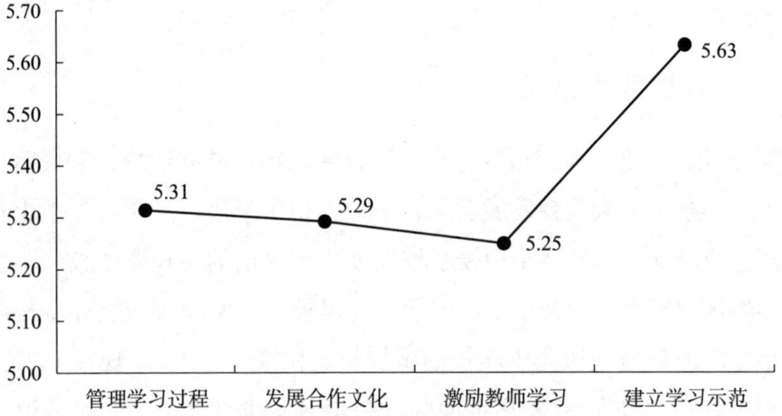

图 6-3　W 学校教师感知的学习领导力情况

二、校长的学习领导力

（一）提供结构支持，管理学习过程

W 学校计划并协调教师教研活动，为教师教研提供结构上的支持，确保教研活动顺利进行。

我们会先（学期开始前）制订一个计划，活动一般都是每周一次，单周是大组活动，双周是备课组活动。比如我们教研组要搞一个活动，需要哪些支持，他都会支持。（C-W-T4）

有老师外出必定对学校教学造成一些困难。同年级组的老师共同承担，把她的教学全部接收下来。（C-W-T3）

另外，W 学校强调对教师教研的监督与评估。学校制定了明确的教师评价标准，每月进行教师考评。教师要依据这些标准进行自评，然后教研组组长要根据标准逐条对组内教师进行评价，最后上级教导部门会再对各个教研组进行评价。

我们每个月都会有一个评价，先由教导处定出这个月要对哪些方面进行评价，每个教师根据这些评价自评，然后是教研组组长对这些教师的评价和建议，之后教导处对各个组再进行评价。（C-W-T4）

有很多的考核项目，每个考核项目都是每个部门根据这个学期的工作重点推出的。（C-W-T2）

（二）加强教研组学习，发展合作文化

W 学校主要依靠传统教研组来发展教师合作文化。

首先，学校依靠教研组、备课组和师带徒等以交流学习为目的的传统教师实践社群来促进教师实践的分享与传播。如，以师带徒的形式帮助新教师专业成长；在日常的教研活动中，教研组成员相互交流和分享教学实践。

我们学校的年轻教师有校内的带教师父。一般由教研组内的成熟教师，做校内的带教师父。年轻教师可以找机会向自己的师父请教。（C-W-T7）

老教师可能退到后面听课、评课、指导。这些青年教师都不是很熟悉，在备课时会进行沟通，让她们能够更快掌握前后之间的联系，帮她们突破这方面的认识。（C-W-T3）

其次，与 S 学校相似，W 学校也十分重视实践“共享”，促进“最好实践”（Wenger，2002）在校内的分享与传播。具体来说，W 学校鼓励教研组或备课组共享学习资源与成果；支持外出学习的教师分享自己从校外收获的好的教学实践，发挥跨边界“中介人”的作用。

经验可以放在网上，大家可以有共同的学习资源，新的教师来了以后，也可以从这个网站上找到好的资料。（C–W–T4）

老师被派出去学习，将学到的东西再带回到教研组，在教研组里面推广，也可以在学校里推广。（C–W–T3）

最后，W 学校重视打破社群的边界，通过支持教师外出学习并邀请校外专家参与校本教研活动的方式，推动教师的跨边界学习。

青年教师参加区里面的高级指导教师的工作室，学校把她们推送到那里学习。（C–W–T3）

我们也请了指导教师专门来指导我们教研组的活动。（C–W–T4）

（三）关心教师，激励教师学习

W 学校校长对教师个体十分关注，关心教师，积极帮助教师解决工作和生活中的困难。

有时候他们会提一些很琐碎的要求，比如说配一台微波炉，休息的地方能不能改进一下。反正他们提出要求，我们都尽量满足。（C–W–T1）

从受访教师来看，教师普遍能够感知到校长的关心行为，也认为领导关心对教师是重要的，可以让自己感到“温暖”。事实上，已有研究也发现，在华人组织中领导者会使用权威控制下属，要求下属服从权威，但与此同时，领导者会十分重视关心下属的工作与生活，通过“仁慈”的行为（李超平等，2007），争取下属在情感上的回报（张君、孙健敏，2017）。

领导也会一直问还需不需要帮助，校长、书记会一直问最近有没有什么困难、需不需要帮助，最近工作室怎么样，组内也会经常关心。（C–W–T7）

我们向领导提出来的问题，他都尽力帮我们解决。（C–W–T4）

校长、书记、两位教导主任都很关心我们，班里发生什么情况，都会第一时间赶到。其实对于我们老师来说，很需要这种关心，我们很需要这种表扬、精神关怀，因为它是正面的。“你们是辛苦的，你们工作我们都看到了，学生的进步我们也看到了，”听到这样的话我们心里都很温暖。

（C-W-T6）

（四）校长主导，统领全局的战略思维

与S学校校长一样，W学校校长也认为与教师形成价值观认同是重要的。

最主要还是价值观。做老师，说实话，钱不多，但是相对稳定。所以做老师，就是一个良心活。不像工厂流水线。他会多按照你的制度做，不一定用心，这里更多的是价值观、文化，让他凭良心做，这是最重要的。（C-W-T1）

两所学校校长所强调的价值观或理念都关注的是教学与学生发展。也就是说，W学校校长和S学校校长都认为校长要关注学生发展，对教学和学生培养有自己的想法，只有这样，才能为教师提供未来的发展方向，带领教师实现目标。受访教师也认为校长的一个重要作用就是为教师提供总的“思路”。这与西方的研究发现一致，即校长是学校引入价值观的“守门员”，而关注学生学习的价值观与愿景是校长成功领导的关键（Hallinger，2011）。

三、学习领导力对教师的领导效能

在W学校，校长学习领导力对教师的影响体现在以下几方面。

首先，与S学校类似，教研组或备课组为教师提供了情感联结和身份认同，教师在工作中遇到困难可以相互寻求帮助，有助于形成良好的教师合作氛围。

教研组里面老师跟老师的合作很积极，不会因为这不是我的课、跟我没关系，就推脱了。（C-W-T3）

领导和周围的同事肯帮助我，说实话，有什么事情去请教他们，他们真的是非常乐于帮助我的，我来的第一年，因为一个人教整个年级，哪怕我跨级去问其他老师，他们都能非常耐心地指导我。（C-W-T7）

其次，学校发展了不同的教师实践社群，这些实践社群为教师合作学习创造了条件，社群成员可以相互交流，共同创造和分享实践。

我去听课觉得这个不错，我也会借鉴经验。(C-W-T4)

我觉得年级同伴之间的帮助更加珍贵，因为他们原来都是教初中的老师，所以他们对怎么教育学生更有想法，我从他们身上也学到了很多。(C-W-T6)

如果感觉上课还不是很熟练，她（师父）会亲自来指导我们怎么上课，或者她自己上一节示范课，我们照着这个样子上，改进不足的地方，一节课我们会上好几次，反复修改，然后形成一个好课。我觉得这个（过程）对我们的帮助很大。(C-W-T4)

最后，校长的关怀行为，也增进了教师与校长的情感联结，让教师愿意更主动投入学习。

我觉得更多是很积极的一种感觉，因为领导永远支持你，看到他你不会觉得这个地方做得不好，他总是说你们很努力。(C-W-T6)

四、影响学习领导力的因素

（一）学校规模

W 学校规模近年来不断扩大，在校长看来，这对领导教师学习有很大影响。学校规模扩大使得教师数量迅速增加，教师人数从 30 人增加至 120 人，且仍然在不断增加，学生人数从 400 多人增加至上千人。学校规模的不断扩张，给校长领导带来很大压力。

现在学校规模一下子扩大了很多，所以我们未来几年面临的挑战还是很大的。其实我的压力很大，因为招了这么多老师。(C-W-T1)

由于学校规模的快速扩张，校长领导处于“忙不过来”的状态，招聘新教师耗费很多精力，无暇顾及现有教师队伍的专业发展。

教师队伍扩大，原本适用于小规模学校的学习领导策略无法适用于大规模学校。比如，在 W 学校规模还很小的时候，教师只有三四十个人，校长可以与每一位教师直接接触，关心教师的工作和生活。但是，当学校规模扩大后，校长不可能直接关心到每一位教师。那么，激励教师学习的领导策略就要改变，校长主要通过教师工会和党支部了解教师的情况。

刚来的时候，三四十个人，我经常去转，现在转得越来越少了，管了这块管不了那块。很多事情要管。要有沟通机制，机制很重要。(C-W-T1)

（二）校长工作经验

与S学校校长相同，W学校校长也认为工作经验对学习领导力十分重要。该校长以前是该区另外一所学校的副校长，从副校长晋升为校长，对应的领导职责发生了很大变化，这让校长明显感受到很大挑战。

来的时候就是一个人。一个人过来，说老实话什么都不知道，做校长也是第一次。我没有做过正校长，只是做过副校长，所以我的感受就是做正校长跟做副校长，那是不一样的。第一肯定是要系统性、结构化地来考虑问题，你不能只看一件事情，而是要想它牵扯到什么了，这个是全局观。第二是对未来的影响是什么。要看得远一点，至少看三年。就是未来三年大概是什么样的，现在就得做，布局很重要，战略方向很重要，作为校长必须首先定战略。(C-W-T6)

由于经验不足，在领导教师学习时，虽然W学校校长意识到全局观很重要，但是并没有提出清晰的办学理念，无法为教师指明未来的发展方向与实施策略。在办学理念不清晰的情况下，W学校自上而下推动的课题研究也不能很好地解决学校实际问题、推动学校发展。比如，W学校校长认为“德育”很重要，于是要求各个学科教师基于本学科特点与学生德育教育进行不同程度的融合，围绕“德育”进行主题研修。在课题研修过程中，教师在其中的自主权有限，更多是被动参与。以德育为主题的课题研究也未能切实推动W学校的发展。

校长如果准备开一个大的课题，我们整个学期教研组的活动就围绕着这个主题去开展。(C-W-T4)

从以上可以看出，W学校校长的学习领导力受学校规模与校长自身的工作经验影响。

第三节　本章小结

通过对两所个案学校的分析，本章阐述了在个案学校实际情境中校长的学习领导情况，探讨了影响校长学习领导力的因素。通过研究两所个案学校，我们可以发现：

第一，学习领导力在两所学校中也呈现出四维结构特点，即管理学习过程、发展合作文化、激励教师学习、建立学习示范。四个维度是相互联系、相互依赖的。

第二，校长在不同策略上的选择倾向既有相同又有不同之处。如，W学校校长强调结构策略，而S学校校长强调文化策略。相同的是，在学习领导过程中，两位校长都重视对教师的个体关怀。这也体现了华人组织中最典型的家长式领导特点（Cheng et al.，2014），即领导者既强调权威，要求下属服从自己，又会展现自己的仁慈，关心下属，争取下属对自己的情感忠诚（李超平等，2007）。W学校校长对教师学习实施结构控制的同时，一再强调，作为校长要关心教师，对于教师提出的任何困难，自己都会尽力帮助其解决。S学校校长也强调作为校长要关心和鼓励教师。

第三，两所学校校长都强调价值观和理念的重要性，认为校长要有清晰的学习理念，关注学生发展与学校教学，为教师专业成长指明方向。

第四，学习领导力具有情境性，是动态的过程。领导者需要根据学校实际情况，灵活使用学习领导策略。一方面，学习领导力是情境性的，如，S学校由于教师之间关系紧张，缺少信任，校长更多使用文化策略，重视学校文化建设，期望与教师重建信任关系。W学校不存在信任关系问题而是存在学校规模快速扩张的问题，那么校长更多使用了结构策略，强调对教师学习进行计划、监督与考评。另一方面，学习领导力具有动态性，不是一成不变的。S学校校长在改善了与教师之间的信任关系后，其学习领导策略转向推动教师合作与提供结构支持，既重视发展多元教师实践社群，又强调对教师学习的监督与考核。权变领导理论可以为此提供很好的解释。权变领导理论认为没有普遍适用的最佳领导策略，领导者应该根据具体情境，选择适合的领导策略（Yukl，1989）。Fiedler 提出领导权变模型，认为领导者与下属的关系、任务结构以及领导权力是情境的三个核心要素，只有领导行为与情境匹配，才是有效的领导（Fiedler，2006）。从本书的两所案例学校来看，校长与教师以及教师与教师的信任关系、学校规模、教师学习动机是重要的领导情境因素。

第五，工作经验影响校长的学习领导策略。S 学校和 W 学校的校长都由于工作经验不足，不能形成明确的办学理念和切实可行的发展方案，在领导教师学习过程中，学习领导策略显得零散，不能有效促进教师专业成长。如，A-S-T1 在初任校长时，虽然组织了很多教师培训，在促进教师专业学习上做了很多努力，但是策略分散，“没有整体的一个框架的构想（A-S-T1）”。

第六，外部评价机制会影响校长的学习领导策略。上海市实行学校发展性督导评价机制，制定了明确的学校评价指标，定期对学校进行督导评估。教师专业发展是学校评估的重要内容。关注教师专业发展的学校发展性评价机制促使校长重视教师学习，并采取适当的学习领导策略完成评估要求。这与西方的研究发现一致，即外部评价机制会影响校长的学习领导行为（Sun and Young，2009）。

第七章

结论与建议

本章对主要的研究发现进行梳理和总结，并结合已有研究，阐释研究的理论意义和实践意义，反思研究局限与未来的研究方向。

第一节　研究结论

学校领导力研究认为学校领导应该以学习改进为目标，关注学校各个层次的学习（Knapp et al.，2010）。教师学习是学校成功的关键，而引领教师学习与成长是校长的重要领导职能。然而，迄今为止，学界对于如何引领教师学习仍然缺乏充分的探讨，并且相关研究成果多聚焦西方教育背景，缺少基于中国背景的研究。因此，本书基于中国教育背景，探索校长在教师学习中的领导策略及其影响，即研究校长的学习领导力。具体来说，研究关注了三个核心问题：

第一，校长如何领导教师学习，有哪些核心的领导策略，表现出怎样的特点？

第二，这些领导策略对教师有什么影响？

第三，在学校实际情境中，校长学习领导力受哪些因素影响？

为了探讨以上三个问题，本书采用了质化与量化结合的混合研究方法。首先，选择了 6 所案例学校进行质化研究，基于组织理论，从结构、文化和个体三个视角出发，探索校长学习领导力的领导策略，了解不同校长学习领导力的特点。其次，基于质化研究发现和文献梳理，进一步提出校长促进教师学习的“学习领导力”概念框架，编制了学习领导力测量问卷。通过对上海市 7 所学校 324 名教师的问卷调查，检验了学习领导力问卷的结构与测量效度，并使用描述性统计分析和差异性检验方法分析不同教师群体感知到的学习领导力差异，使用相关关系分析方法分析学习领导力与教师表现的相关关系，使用多元回归方法分析学习领导力对教师的领导效能。最后，基于量化分析结果，从量化调查对象中选取了两所学校作为个案，阐述学习领导过程，以期通过个案更深入地理解校长学习领导力的影响因素。

一、研究发现

（一） 学习领导力的核心策略

基于第一阶段 6 所案例学校的质化分析，研究发现校长在结构、文化和个体三个视角下分别使用了不同的学习领导策略。

1. 结构策略：科层管理下的支持与控制

结构领导策略强调学校对教师学习进行科层化管理，包括制定教师学习计划、协调教师学习活动、监督教师学习过程、评估教师学习结果并反馈。在上海中小学校中，教师学习计划通常体现在学校中长期发展规划、学年与学期工作计划之中。在工作计划中，学校会对教师教研活动作出详细安排，细化到每周的教研活动安排。上海学校的教研活动主要有集体备课、磨课、公开课、展示课、集体研讨、培训等。学校在不同的教研活动尤其是校本教研和区教研活动之间进行协调，确保教师教研顺利进行。除了协调时间，学校还要协调教学、专家、经费、场地等资源。对教师学习的监督与反馈体现在学校管理制度中，学校从制度层面对教师学习提出明确要求，“月报表”“记录”“学期总结”等成为监督教师学习过程的手段。“教学质量监测”数据成为反馈教师教学质量的依据，也成为对教师学习结果的问责工具。

从领导作用来看，结构策略发挥了支持与控制两种职能。

其一，就支持来说，结构策略为教师提供了学习的时间、场地和资源，使得教师学习活动可以顺利进行，而学校的结构性支持也成为影响教师学习的重要因素（Stoll et al.，2006）。就此来说，校长在教师学习中发挥着支持者的作用。

其二，就控制来说，可能产生积极作用，也可能产生消极作用。积极作用是指学校可以通过自上而下安排“学习主题”将教师教研活动与学校发展联结，通过“控制”使教师学习为学校发展服务。已有研究也发现学校应该系统地安排教师学习活动，整合教师学习与学校改进（Day and Gu，2007）。此外，学校监督教师学习、为教师安排跟踪学习与辅导，也可以通过“控制”帮助教师实现“双循环学习”（Argyris，1977；Wong，2010）。然而，控制的消极作用就是很容易限制教师的专业自主性。

2. 文化策略：培养实践社群与发展教师合作文化

文化策略是指校长能够发展教师合作文化，从本书的个案来看，校长主要依靠实践社群发展教师合作文化。具体来说，校长发展多样化的教师实践社群，为社群成员提供丰富的学习机会，确保社群成员的异质性，打破社群边界，善于发现和共享“最好实践”，授权教师创新并且能够与教师共享创新风险。

首先，校长能够有目的地培养不同形式的教师实践社群，不同社群在学校中发挥了不同的作用。除了传统的教研组、备课组和师徒组，校长有目的地发展了其他教师实践社群，最常见的就是同伴学习组和项目组。对于社群成员，学校并不是随意选择的，而是根据教师的学科背景、教学经验以及专业发展需求有策略地将可能对某一主题有兴趣或有需要的人聚集在一起，并且重视成员之间专业能力的差异性，社群成员通常既有骨干教师也有普通教师，骨干教师可以在其中发挥示范引领作用。如，S 学校根据教龄组成了不同的教师学习团队；R 学校将骨干教师、中高级职称教师与青年教师配对组成了伙伴互助小组。同时，学校为教师提供充足的学习机会，安排不同的学习活动，推动社群成员“相互参与”（Wenger，1998b）。学校为教师提供的学习机会主要为教研活动，如听评课、磨课、集体备课、专题研讨等。教师实践社群都是由学校发起的正式社群。不同实践社群在学校中发挥的作用是不同的。教研组、备课组、师徒组和同伴学习组的主要功能是合作学习，通过教师合作学习提高教师专业能力，社群自身发展就是社群目标。项目组的主要功能是通过教师合作学习推动教学创新，社群本身不是目标而是工具（Vangrieken et al.，2017）。

其次，校长能够有意识地打破社群边界，拓展教师“视野”。为了避免社群自我封闭，学校支持教师与校外优秀教师合作，吸收外部知识，打破学校社群边界。游走于校内或校外不同实践社群的教师，成为社群之间的“中介人”（Wenger，1998b），促进了教学实践在不同社群之间的传播与共享。校长成为校内与校外社群的联结者，通过为教师提供校外学习机会和校外专家资源，打破教师社群边界。

再次，校长善于发现学校教师在教学中的“最好实践”（Wenger et al.，2002），能够构建学校“核心实践”（Wenger，2000），并促进这些实践在学校内的共享与传播。比如，A-M-T1 校长发现和推广了教师 A-M-T3 的“18 字操作法”和“鱼骨图”，B-Q-T1 校长发现和推广了教师 B-Q-T2 的“自然笔记”经验。

最后，校长能够鼓励和支持教师创新，与教师共同承担创新风险。为了满足新课改的变革要求，学校希望通过教师教研探索学生全面发展的教学实践，建设有特色的校本课程，实现学校品牌化发展。然而，全面发展与提高考试成绩之间存在冲突与矛盾，在这个过程中，校长需要与教师共同承担创新的风险。比如 A-K-T1 校长对“培养学生高层次思维”教学创新项目的学习领导经验正是基于此。

3. 个体策略：为教师提供学习激励

个体策略是指校长能够激发教师的学习动机，让教师主动投入专业学习。变革型领导策略是校长主要使用的个体策略。首先，校长要有清晰的价值观，能为学校描绘一个未来愿景，并发挥个人魅力，为教师树立学习榜样。其次，校长要能够与教师有效地交流价值观，争取教师对价值观的认同。再次，校长要关心教师，帮助教师解决工作和生活中的困难。最后，校长要能够为教师提供专业发展的平台，支持教师专业成长。就个体激励策略来看，与西方研究发现相似，在教师学习与成长过程中，校长应该成为教师学习的激励者（Printy，2008；Olivier et al.，2010;），鼓励教师（Bryk et al.，1999），关心教师（Geijsel et al.，2009），争取教师价值观认同（Youngs and King，2002）。与西方学校领导不同的是，中国学校校长不仅强调关心教师工作，还需要关心教师生活，校长要对教师展现出家长般的仁慈，以赢得下属的情感忠诚（李超平等，2007）。同时，中国学校教师十分看重校长的个人示范作用，校长要以身作则，持续学习，追求专业成长。这主要是因为中国传统文化强调领导者在道德与行为上都应该成为下属的表率（李超平、时勘，2005）。

结构、文化和个体视角下的学习领导策略如图 7-1 所示。

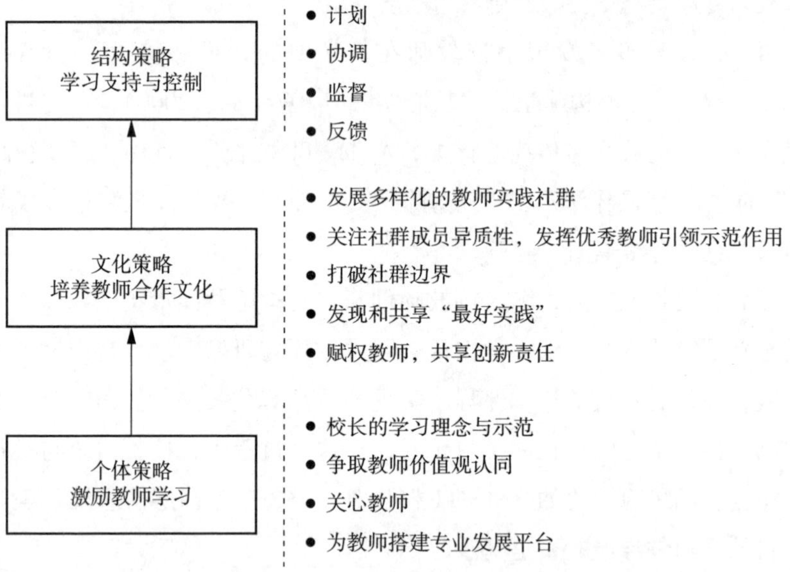

图 7-1　结构、文化和个体视角下的学习领导策略

（二）学习领导风格

研究发现处于不同学校情境、拥有不同管理和教学经验的校长，在领导教师学习时，在结构策略、文化策略和个体策略的使用上具有不同的特点。

从领导风格来看，“设计师”校长在教师学习过程中处于引领和支配地位，校长个人有清晰的价值观和理念，会按照自己的理念对教师学习提出明确目标，并对教师学习过程与学习结果进行监控。这种校长通常是教学和管理经验丰富的专家型校长。“同行者”校长不强调对教师学习的严格监控，倾向于与教师合作，在合作中发现和形成共同的目标。“服务者”校长在教师学习中的主要作用是为教师学习提供支持，不强调监控，也很少参与教师合作。“监督者”校长则更强调对教师学习的监督与问责（见表 7-1）。

从学校情境以及校长的管理和教学经验看，在学校发展水平较高的稳定情境中，校长更可能成为“服务者”，赋予教师更多自主权并为其学习提供支持。在发展水平较低的薄弱学校，管理与教学经验丰富的专家型校长更可能成为教师学习的“设计师”，基于自己的专业经验为学校提出清晰的发展愿景和目标，引领教师学习，推动学校整体变革。在管理和教学经验不足且发展薄弱的学校，校长可能成为“同行者”，也可能成为“监督者”。作为“同行者”的校长虽然经验不足，暂时不能对学校提出明确可行的目标，不能“设计”教师学习，但是能够与教师合作探索，并从外部获取帮助，在合作探寻过程中与教师一起成长，进而改进学校和学生学习。“监督者”校长通常更优先选择以监督者的身份对教师学习进行管理与问责，不参与教师专业学习，但是其管理经验和教学经验又不足以使其通过设置具体可行的愿景或目标引领教师专业成长。这就容易造成，在学校发展水平较低以及教师专业能力不足的情况下，“监督者”校长很难成为成功的学习领导者。

表 7-1 不同学习领导风格的特征总结

类型	学校情境	校长特征	学习领导策略	案例校长
设计师	不稳定	名校长、名师	强结构控制+校长引领价值观与目标	A-L-T1 B-Q-T1
同行者	不稳定	普通校长	弱结构控制+合作中形成共同价值观与目标	A-K-T1
服务者	稳定	普通校长	弱结构控制	A-M-T1 B-N-T1
监督者	不稳定	普通校长	强结构控制	C-R-T1

注：学校情境不稳定是指学校处于变革之中，即从薄弱学校努力改进成为优质学校。

（三）学习领导力的四因素结构

在质化探索的基础上，研究对校长学习领导力的核心策略进行归纳，并编制了学习领导力问卷。通过量化研究的探索与验证，发现了学习领导力的四因素结构，包括管理学习过程、发展合作文化、激励教师学习、建立学习示范（见图 7-2）。管理学习过程指领导者能够对教师学习进行计划、协调、监督与反馈；发展合作文化指领导者能够促进教师之间形成合作文化；激励教师学习指领导者能够激发教师学习动机；建立学习示范指校长有学习理念，能以身作则，发挥学习示范作用。管理学习过程属于结构策略，发展合作文化属于文化策略，激励教师学习和建立学习示范属于个体策略。

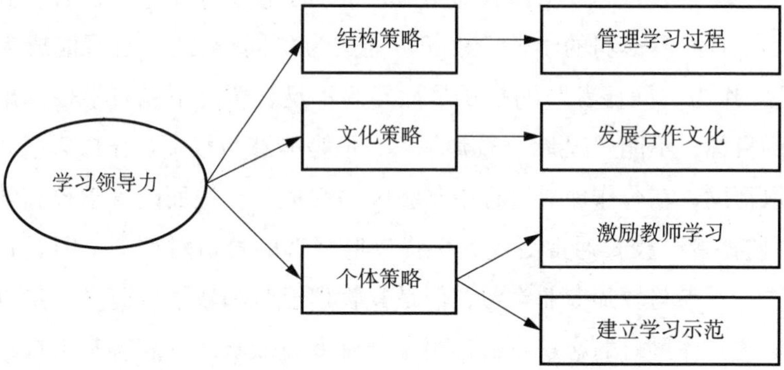

图 7-2　学习领导力的四因素模型

这个四维结构的学习领导策略模型是基于上海学校开发的，较好地呈现了上海中小学校长以教师学习为核心的学习领导力特点。从四个维度的内涵来看，中西方学校情境中校长的学习领导策略既有相同之处也有不同之处。

首先，教师学习管理被上海学校校长视为“理所当然”要承担的学习领导职能。在市、区、校三级教研体制下，校本教研加上区教研活动，教师要参与的教研活动很多。对教师教研活动进行计划、协调、监督与反馈成为学校管理工作的重要组成部分，校长视其为理所当然的事情。在长久的教研传统影响下，上海中小学校长十分重视教师专业发展，对于为教师学习提供支持有强烈的自觉意识。这使得相较于西方学校教师而言，上海学校教师更容易获得学校为其学习提供的结构性保障，可以获得学习的时间、空间、资金和专家资源（Sargent and Hannum，2009）。同时，在科层制的教育管理体制下，学校对教师学习过程实施自上而下的监督与问责，教师学习受到全面监控，教师教研成为学校实施变革的工具，教师教研要不断满足学校特色和品牌化建设的发展需要。

其次，校长依靠实践社群促进教师合作。虽然西方研究也发现社群对教师合作学习与专业成长具有重要意义（Hord，2009；Lomos et al.，2011），但是上海学校情境中的教师社群与西方学校情境中的教师社群有很大不同。一方面，上海中小学校中的教师社群都是自上而下安排的，而不是自下而上自发产生的；另一方面，上海中小学校中存在着多种多样的教师社群网，包括基于学科划分的教研组和备课组，也有打破学科界限的同伴学习组、兴趣组，还有围绕具体项目的项目组/课题组，这些教师社群在组织中发挥着不同的作用。

再次，对于激励教师学习的策略，中西方校长有很多相似之处。比如，校长在领导教师学习过程中要关心教师，为教师提供发展支持（Bryk et al.，1999；Printy，2008；Olivier et al.，2010）。有所不同的是，中国教师十分重视校长能否为自己提供专业发展“平台”。“平台”和专业“展示”的机会是激励教师学习的重要策略。在案例学校中，“平台”主要指校外学习机会，如区教研活动、区级公开课、竞赛课、到名师工作室学习等。校外学习平台的激励性体现在三个方面：第一，有助于教师拓展视野，提升专业能力；第二，有助于教师在平台上展示自己的专业能力，争取专业荣誉以及职称晋升；第三，由于校外学习机会有限，教师如果获得这样的“平台”，会视其为领导者对自己能力的信任与认可。

最后，建立学习示范作为激励教师学习的个体策略，是中国社会文化背景下的一个特殊结构。中国社会文化深受儒家文化影响，强调领导者在德行方面对下属发挥示范表率作用，换句话说，校长要领导教师学习，自己必须在学习上做出表率，让教师信服（封学军，1999；李超平、时勘，2005）。

（四）学习领导力的领导效能

从领导效能看，质化与量化研究都显示校长的学习领导力对教师学习投入、教师效能感、组织情感、教学实践改变有积极影响。

从质化研究看：首先，学习领导力对教师学习投入有积极影响。学习领导者为教师学习提供结构保障，教师可以参与实践社群，有投入学习的条件。此外，学习领导者激发教师学习动机，使教师愿意主动投入学习。校长的个人示范作用可以赢取教师信任，使教师更主动地投入学习。由此，学习领导力可以提高教师的专业学习投入积极性。

其次，学习领导力可以影响教师效能感。学习领导者为教师提供学习机会和学习支持，让教师可以投入学习。在学习过程中，教师专业能力得以提高，进而可以在教学实践中获得成功经验。同时，学习领导者为教师提供观察学习的机会，教师可以获得替代性的经验。学习领导者在学习过程中关心和鼓励教师，给予教师言语激励，增强教师自信心。成功经验、替代性经验和言语说服都是影响个体效能感的重要因素（Bandura，1977），因此，学习领导力会对教师效能感产生影响。

再次，学习领导力可以影响教师组织情感。学习领导力使教师有机会合法地参与实践社群活动，加强教师之间的互动（Wenger，1998b），并让教师在持续学习的过程中增进专业身份认同（李子建、邱德峰，2016），进而增强教师对组织的忠诚度。

最后，学习领导力对教师教学实践改变有积极影响。学习领导力可以让教师在参与的过程中发现学习的“意义”，有助于改变教师观念。同时，教师可以在实践社群中不断观察、试验、反思，提高自身专业知识与技能。随着教师观念的改变、专业知识与技能的提高、教学实践的不断尝试，教师的教学实践就会发生改变（Clarke and Hollingsworth，2002）。由此，学习领导力可以影响教师教学实践改变。

量化回归分析结果显示，管理学习过程对教师学习投入、效能感、教学实践改变的影响程度最大，而建立学习示范对教师组织情感的影响程度最大。管理学习过程强调对教师学习的结构支持与科层化管理。西方研究也发现，组织在结构上的安排与支持（Garet et al.，2001；Brown and Wynn，2009），学习项目的目标和过程管理以及结果反馈（Guskey，1994；Bolam et al.，2005），都对教师学习有重要影响。不同的是，在西方学校情境中科层化管理与问责对教师合作学习有消极影响（Gumus et al.，2013）。然而，本书研究结果显示，在中国学校情境中，科层化管理对教师学习的影响并不总是消极的。这可能的解释是中国社会文化与西方不同，具有权力距离高和风险规避性强的特点（Hofstede，1993）。也就是说，相较于西方学校教师，中国教师更可能接受自上而下的科层化管理，选择安全的工作方式，服从权威。同时，受集体主义文化的影响，教师对学生学习有强烈的集体责任感（Paine and Ma，1993），更可能为了集体利益而投入学习。

然而，科层化管理也存在风险。质化研究发现科层化控制会让教师承担过重的工作负担，增加问责压力，限制教师的专业自主性。在高工作负荷下，教师疲于应付各种形式的检查，没有精力与同事开展深层次的合作学习，也无法集中精力关注课堂教学与教学反思。基于学生表现的考核与评估增加了教师的问责压力。过高的问责压力可能会使教师之间形成竞争关系而不是合作关系，也可能会迫使教师为了提高学生成绩而在课堂教学中仍以应试教育为主，违背素质教育的初衷。在科层化的学校情境下，管理者、教研员、学科带头人、骨干教师和普通教师之间具有明显的等级关系，普通教师尤其是年轻教师作为等级中权力最小的群体，在专业学习中成为被动的接受者，专业自主权有限；并且外部专家或学校管理者的权威在教师学习过程中被强化，当教师与专家或学校管理者的意见不一致时，为了避免冲突则往往选择沉默（乔雪峰等，2013），专业自主性得不到充分发挥。当教师的专业自主权受限时，权威教师的示范性教学经验就会被不断复制与再生产，进一步阻碍教师专业判断，使学校教师实践趋同，缺少创新（乔雪峰等，2013；乔雪峰、黎万红，2016）。

（五）学习领导力的影响因素

对 S 学校和 W 学校的个案研究进一步呈现了个人、组织和外部环境因素对校长学习领导力的影响。

第一，学习领导力受领导者个人和情境因素影响。学习领导者需要根据学校实际情况，有目的地运用结构策略、文化策略和个体策略。两所个案学校显示，学校规模、组织信任、教师学习动机、外部评价机制都是影响学习领导力的重要因素。校长的学习领导力只有适合学校情境，才能有效引领教师学习。正如权变领导理论所发现的，没有普遍适用的最佳领导策略，只有领导行为与情境匹配时才会产生有效领导（Yukl，1989；Fiedler，2006）。

第二，工作经验影响校长的学习领导力。当校长尤其是初任校长经验不足时，由于缺少清晰的价值观和理念，无法为学校发展制定明确的目标与行动方案，很难成为成功的学习领导者。如S学校校长自我评价的那样，“当时觉得自己（自己促进教师专业发展）做得很投入、很认真，也很完善，但现在想来，还是不够完善或者说系统性不够……没有整体的构想。随着个人的管理经历慢慢增加，对老师队伍的理解也越来越深，所以慢慢会有一些自己的工作思路，以及对整个教师队伍发展的一个设想”。

二、研究结论

基于研究发现，本书得出以下结论：

其一，校长在教师学习中发挥着重要作用。从研究中可以看出，上海中小学校长有很强烈的促进教师专业学习与成长的意识，能够在结构和文化上为教师学习创造条件、激励教师。在校长为教师提供的结构性支持下，教师可以获取学习的时间、空间和资源。这与西方研究发现相似。西方研究也显示支持性领导是教师学习的重要条件（Louis et al.，1996；Hord，1997；Clement and Vandenberghe，2001；Stoll，2011）。校长通过系统规划，可以将教师学习与学校发展整合，推动学校变革。在校长有意识地培养实践社群的背景下，教师可以合法地参与不同实践社群，进行观察学习或自我反思，与同事一起创造和分享实践。由于教师个体能动性是教师专业学习与成长的关键（Sargent and Hannum，2009；Kyndt et al.，2016），在校长的个体激励策略下，教师更有可能主动投入学习。同时，校长个人以身作则，发挥示范作用，教师也会更愿意信任校长，提高对学校的信心，进而投入学习。

其二，学习领导力具有情境性。正如研究发现所述，学校规模、校长自身的工作经验、校长与教师以及教师之间的信任关系、教师学习动机，以及外部评估机制会影响学习领导力，学习领导过程表现出很强的情境性。同时，学习领导力具有社会文化情境性。在中国教育情境中，校长在领导教师学习过程中表现出了极强的控制性，包括监督教师学习过程、反馈学习结果、实施学习问责。如何平衡科层控制与教师自主成为中国校长必须面对的巨大挑战（Hairon and Dimmock，2012）。从案例学校看，校长主要根据学校情境在控制与教师自主之间不断进行调整。比如，经验丰富的校长 A-L-T1 和 B-Q-T1 是根据学校发展状况来平衡控制与教师自主的。学校改革之初，在教师专业能力不足且专业积极性不高的情况下，两位校长都选择高控制和低自主。当改革初见成效之后，校长逐渐增加授权，削弱对中层和教师的控制。M 和 N 学校校长在学校发展稳定的情况下，均选择低控制和高自主的领导策略。此外，受父权文化影响，在对教师学习实施科层控制的同时，校长重视对教师的个体化关怀，通过向教师展现家长般的仁慈来使教师在情感上对自己忠诚（李超平等，2007；张君，孙健敏，2017）。

其三，中层领导在学习领导过程中发挥了重要作用。学习领导力是分布式的，学习领导职能不是也不可能由校长一人承担，副校长、教导主任、教研组长和备课组长分别承担着不同的领导职责。有研究认为，在科层体制下，校长领导主要采取自上而下的方式（Hairon and Dimmock，2012），中国学校校长很少共享领导或与下属分享权力（Wong，2005；zhang，2015）。但是，从研究发现来看，上海学校校长在领导教师学习过程中是能够共享领导的。如 S 学校的 A-S-T1 校长与教导主任 A-S-T2 之间的关系，校长对教导主任的工作“可以说管也可以说不管”，给予了充分的授权。即使是学校改革之初十分强调自上而下控制的 B-Q-T1 和 A-L-T1 校长，在学校变革逐渐步入正轨之后，也会让中层领导“放手做”。然而，上海学校校长在领导教师学习过程中的共享领导确实表现出与西方不同的特点：一方面，校长授权的主要对象是有正式领导职务的中层领导，以副校长和主任层级领导为主，普通教师很难参与学校决策；另一方面，共享领导是有边界的，被授权的中层领导通常选择在校长认可的“方向”和“框架”内开展工作。受服从权威的文化传统影响，很多中层管理者将自己定位为校长决策的“执行者”（B-N-T2），而不是共同决策者。

其四，实践社群成为校长领导教师学习的重要工具。在特有的教研体制下，上海中小学校中存在着若干教师实践社群组成的社群网。与西方教师社群研究强调教师自主和自发合作不同，上海学校教师社群表现出了本土化的独特性。一方面，上海学校教师社群大部分都是自上而下强制推动的；另一方面，上海学校教师社群具有很强的工具性，在学校中发挥着不同的作用，比如宏观上要落实国家新课改政策，学校层面要实施学校变革，教师层面要分享和交流教学知识与实践。校长依靠实践社群领导教师学习。实践社群对中国学校教师的专业成长也发挥了重要作用。首先，实践社群为教师学习创造了条件，教师可以与同事一起思考、共同发展，也可以观察学习和反思；其次，实践社群有助于教师们不断创造和分享实践，推动教学创新；最后，实践社群可以提高教师专业身份认同（李子建、邱德峰，2016），让社群成员在互动中建立亲密的关系。

第二节 研究意义

基于研究发现和研究结论，这一节主要探讨研究的理论意义和实践意义，对相关理论做出回应，并提出政策建议。

一、理论回应

（一）对学校领导力理论的回应

在教育变革的浪潮中，教师学习被视为实现教育变革和学校改进的关键，而引领教师学习也成为学校管理者的重要职责。虽然已有研究探讨了教学领导力、变革型领导力或分布式领导力等不同学校领导类型对教师学习的影响，但是领导学习的过程是复杂的，成功的学校领导者需要整合不同的学校领导类型（Hallinger，2003）。越来越多的研究者认为成功学校通常有共同的领导策略，学校领导力研究不应局限于某一种领导力类型，而应关注具体的领导策略（Leithwood and Day，2007；Leithwood et al.，2008；Day et al.，2010）。本书关注了引领教师学习的领导策略。研究基于组织理论，以结构、文化和个体三个视角为切入点，通过 6 所学校案例研究，对校长引领教师学习的领导策略和特点进行了较为全面和丰富的阐释，同时研究在质化发现的基础上通过问卷调查探索和验证了以教师学习为核心的学习领导力的行为结构与领导效能。这有助于丰富学校领导力领域的研究，拓展学习领导力理论。同时，以上海学校为研究对象，通过本土化探索，为理解学习领导力提供了中国视角。

首先，已有研究认为成功的学校领导需要整合教学领导、变革型领导和分布式领导策略，而不是仅依靠某一种类型的领导策略（Hallinger，2003；Mark and Printy，2003；Day et al.，2016）。本书也证实了这一点。将学习领导力与教学领导、变革型领导和分布式领导理论进行比较和反思，研究发现校长在领导教师学习中既使用了教学领导策略，也使用了变革型领导策略和分布式领导策略。此外，从领导者来说，有研究发现学校部门领导对部门层教师社群的发展十分重要（Vanblaere and Devos，2018）。本书也发现，教导主任和教研组长对所属的教师社群发展具有重要影响。

其次，与西方研究发现进行比较，发现中西方情境下学习领导力的关键策略有相同之处。研究显示，管理者要重视价值观和愿景（Dufour，1999；Hallinger，2011），要培养社群为教师学习创造条件（Mitchell，2013），要辅助和协调教师的跨社群合作（Lieberman，1996），要为教师学习提供结构支持（Hord，1997），要对教师个体给予鼓励（Bryk et al.，1999），要参与到教师学习之中加强与教师的互动（Blase and Blase，1999，2000；Evans，2014）。成功领导有相似的核心领导实践（Leithwood and Day，2007；Leithwood et al.，2008；Day et al.，2010），在本书实证研究中也得到了印证。

再次，尽管中西方学习领导力有很多相似之处，但是由于中西方社会文化和教育管理制度的差异，中国情境中的学习领导力也呈现出了本土化的独特性。有研究（Qian and Walker，2014；Walker and Qian，2015）发现成功的中国校长要把握国家政策，保持与政府的关系，并获取资源。本书也发现，校长要把握国家和地区教育政策，并依据政策要求设定学校发展目标，以此引导教师专业学习。与地区政府部门（如教委、教研室、教育学院）的关系决定了校长可以获取的资源，尤其是获取专家资源（如名师、教研员、学科带头人），而这些资源是支持教师专业学习的关键因素。校长个人的“社交圈子”成为校长成功领导教师学习的关键因素。

Hairon 和 Dimmock（2012）发现在科层制的教育背景下，学校管理者重视对教师学习自上而下的行政管理，忽视人际关系与文化的培养。本书也发现，上海校长在领导教师学习时很多策略都围绕着对教师学习的计划、协调、监督与考核，重视对教师学习实施自上而下的控制。矛盾的是，校长通过监督与问责对教师学习进行科层控制，又期望教师发挥个体能动性进行主动学习和创新，故协调科层控制与教师自主的关系是中国校长必须面对的挑战（Cao and Pang，2018）。但是，研究显示，上海校长在领导教师学习的过程中也重视人际关系与教师文化。校长培养教师文化主要依赖教师实践社群。中国学校特有的教研制度为校长促进教师合作、发展教师合作文化提供了条件。校长改善人际关系主要依赖榜样示范、教师个体关怀和价值观认同。校长示范和教师关怀是华人组织比较典型的家长式领导策略。具体来说，在传统儒家文化影响下，领导者要求下属服从权威，同时为下属树立德行典范，并关怀下属，让下属感受到自己的仁慈，以此争取下属的服从、认同与追随（李超平、时勘，2005；张君、孙健敏，2017）。

最后，从校长自身特点来看，Oplatka（2014）认为在发展中国家，教育由于由中央集权控制，校长领导职能主要局限于常规的行政管理，很少承担教学领导职能，且出于风险规避考虑，校长很少创新，更愿意选择安全的工作方式。本书发现，上海校长并不是这样的。在访谈的学校中，校长都是从普通教师一步步晋升为校长的，既有教学经验也有管理经验。在担任校长后，虽然他们也承担行政管理职能，但是都十分重视教学与学习，承担了学习领导职能。在新课改背景下，受访校长有很强的改革意识，乐于接受创新性的想法，尤其是教学和管理经验都十分丰富的专家型校长，都积极推动学校变革。可以说，上海校长普遍思想开放，有创新意识，也有自己的教育理念和想法，并愿意为之努力（Tan，2012）。

（二）对教师学习和实践社群理论的回应

第一，教师学习理论强调情境学习，研究者认为社群为教师学习创造了情境（Bolam et al.，2005；Hord，1997，2009），学校管理者可以通过培养社群引领教师学习（Dufour，1999）。本书发现上海校长主要通过社群引领教师学习，而社群对上海教师学习有积极影响。

第二，就实践社群形态来说，研究者（Wenger et al.，2002；Amin and

Roberts, 2008; Pattinson et al., 2016）认为实践社群在规模、时间、空间和制度化程度上可以不同，可以是完全制度化的，也可以是完全非正式的；在空间上，可以是面对面的实践社群，也可以是基于互联网的虚拟社群；在职能上，可以发挥行政管理作用，也可以发挥分享、传播和创新实践的作用。Vangrieken 等（2017）认为教师社群可以分为正式的、成员导向的、形成性的，前两者是政府部门或学校管理者有目的地发起的，后者是教师自发形成的。就案例学校来说，在上海学校，教师社群基本都是管理者自上而下培养的，很少有自发形成的教师社群。而且上海学校校长有意识地培养了不同形式的教师社群，并不局限于传统的教研组或备课组形式。从功能来看，这些社群在学校中发挥着不同作用。教研组和备课组作为最传统的教师实践社群形式，其功能主要是让教师相互学习和分享实践。由于教研组和备课组是学校内正式的组织单位，也经常承担行政管理任务。同伴学习组和师徒组的主要目的是让教师相互帮助、相互学习与分享。项目组的主要目的是创新。就存在时间来看，教研组和备课组是长期存在的，而其他形式的教师社群存在时间并不固定。

就社群层面来说，已有研究多关注学校层的教师社群（Kruse and Louis, 1993），将学校看作一个大的教师社群。本书发现，校长对待不同社群采取的领导策略并不相同。如果只关注学校层社群，容易忽视学校内不同教师社群的差异性。

就社群与组织情境的关系来说，研究认为没有学校管理者的支持，教师社群不可能顺利发展（Hord and Sommers, 2008; Stoll, 2011）。本书也印证了这一点。同时，实践社群的研究者认为外部情境中的权利关系会影响实践社群的发展（Contu and Willmott, 2003; Fuller et al., 2005; Roberts, 2006）。组织的权利结构会影响实践社群内的权利关系，管理者或专家与其他人之间不对等的权利关系会影响实践社群内的意义协商过程，实践社群在重视集体主义的社会文化中更容易成功（Roberts, 2006）。本书也发现组织环境会影响实践社群的发展。在强调权威和集体主义的文化背景下，上海学校教师实践社群受学校管理者领导，普通教师尤其是年轻教师在实践社群中成为被动的学习者，与学校管理者或专家的权利关系并不对等。

就实践社群的发展来说，Wenger（1998b，2000）认为实践社群要保持活力，需要发展成为学习社群，需要加强充分参与者与边缘性参与者的互动，开放学习路径避免身份固化，开发新实践避免知识僵化。Skerrett（2010）认为实践社群发展成为学习社群需要为成员提供不同的参与实践的机会，创造合作学习的时间和空间。本书也发现，教师的互动以及积极的跨边界学习有助于实践社群的发展，可以推动实践社群发展成为学习社群。此外，Wenger（2000）认为构建核心实践和跨边界学习有助于组织创新。在领导教师学习过程中，校长有意识地发现和构建学校教学核心实践，有助于教师专业成长。同时，核心实践构建之后，如果管理者不推动跨边界学习，就容易造成核心实践被不断地复制与再生产，社群实践固化而缺少创新，进而阻碍教师专业成长。

此外，就教师合作文化来说，Hargreaves（1992）认为由外部强制推动的教师合作是“硬造合作”，而Day（1999）认为“硬造合作”不一定是消极的，而是发展到自发合作文化的过渡阶段。有研究（Hopkins and Spillane，2014；Williams，2001）发现外部强制安排的合作可以对教师发展有积极影响。本书也印证了Day（1999）、Hopkins和Spillane（2014）以及Williams（2001）的观点。研究结果显示，虽然教师社群是管理者自上而下推动的，很多学习活动是强制安排的，但是在参与过程中教师之间可以形成“真实合作”（Wang，2015）。当然，只是将教师聚集在一起、提供学习机会，并不能形成合作文化（Stoll et al.，2006）。从“硬造合作”到真实合作，管理者在其中发挥着重要作用，比如改善教师之间的关系，共享实践，打破社群边界，共享责任，关注学生学习，以及激励教师。

二、政策建议

基于研究发现与研究结论，本书提出以下政策建议。

第一，加强对教师专业学习的策略领导。研究发现教师学习需要学校管理者有策略地领导，适当的策略可以支持、激励和促进教师学习，而不恰当的领导策略可能会阻碍教师学习。从具体策略来说，其一，学校应该加强对学习的支持，为教师学习提供充足的时间、空间和资源。其二，学校应减轻教师工作负担，减少教师的行政事务，使教师可以集中精力进行教学和专业研修。其三，学校应该为教师提供专业发展平台。研究发现教师十分重视学校能否为自己提供专业发展平台，而专业发展平台对教师具有激励作用。对此，学校应该为教师提供充分的校外学习机会，拓宽教师视野，并且能够在教师之间公平地分配专业发展机会。其四，校长应该培养中层管理者和骨干教师的领导力，并增加授权。研究发现中层管理者和骨干教师在领导教师学习的过程中发挥着重要作用。学校规模越大，校长越需要将学习领导职能分散给中层管理者和骨干教师。因此，学校应该培养中层管理者和骨干教师的领导能力，使其能够在学习领导的过程中成功地发挥领导作用。其五，校长应该增加教师的专业自主性，鼓励教师创新。研究发现，学校经常自上而下地安排学习主题，很少听取教师尤其是普通教师对学习主题的意见。这使得一些自上而下安排的学习主题经常偏离教师教学实际，造成很多形式化的无效学习。对此，学校应该赋权教师，让教师参与决策，听取教师意见，鼓励教师创新。

第二，教育主管部门应该加强对学校学习领导的支持。研究建议地方教育主管部门：其一，增加学校财政自主权。研究发现由于缺少财政自主权且绩效工资激励性不足，学校无法通过有效的物质奖励激励教师学习。当“干多干少都一样”的时候，教师追求专业成长的积极性就会降低。因此，政府应该在财政上增加学校的自主权。其二，加强对初任校长的专业支持。研究发现初任校长的学习领导力明显不如有经验的校长，尤其在理念引领、系统性思考方面缺乏经验。建议教育主管部门加强对初任校长的专业培训，推进名校长与初任校长的伙伴结对关系建设，加强对初任校长的专业支持。其三，加大对郊区学校的学习支持力度。研究发现，相较于市区学校，上海郊区学校校长在领导教师学习方面遇到的阻力更大，尤其在吸引和留住优秀师资以及学习资源的获得上困难较大。因此，建议教育主管部门加大对郊区学校的教师学习支持力度，给予资源支持，尤其是专家资源的支持。

第三节　研究局限与未来研究设想

这一节对整个研究进行反思，并对未来研究提出设想。

一、研究局限

研究存在以下几方面的局限：首先，在质化研究部分，由于时间、资源以及受访学校许可等条件限制，每所个案学校只选取了包括校长在内的3~8名受访对象，这可能会限制研究对个案学校情况的了解。有一些个案学校的访谈资料主要来源于校长、教导主任或教研组长，普通教师的观点不够多。其次，量化研究部分，由于资源所限，研究通过方便取样只获取了7所学校的324份教师问卷，无法进行学校层面和教师层面的多水平分析。最后，第二次质化研究的本意在于扩展研究发现，但是由于资源限制，只选择了两所学校。这导致了本书在解释哪些因素影响学习领导力时很难进行更为丰富的探讨。

二、未来研究设想

未来可以在以下几方面做进一步研究：

首先，完善学习领导力量表，探索我国中小学校学习领导力的基本情况。由于研究时间和资源限制，本书只对上海中小学校进行了小规模调查。未来可以进一步完善学习领导力量表，在全国选择有代表性的区域进行大规模抽样调查，探索我国中小学校整体的学习领导力情况，以及学习领导力的区域差异。

其次，探讨中层管理者的学习领导力。质化研究发现校长的学习领导力是分布式的，中层管理者在其中发挥着重要作用。学校中层管理者既是学校管理者社群成员，又是教师社群成员。中层管理者如何看待自己的多重身份、在教师学习中发挥怎样的作用，都值得未来做进一步探究。

最后，深入探索学习领导过程。质化研究显示学习领导是一个动态的复杂过程，情境、管理者与教师在这个过程中相互影响。未来可以考虑通过叙事研究，选择典型案例学校，对学习领导过程进行跟踪调研，观察学校管理者与教师的互动，以深入理解学习领导过程。

参考文献

[1] AKKERMAN S F, BAKKER A. Boundary crossing and boundary objects [J]. Review of educational research, 2011, 81 (2): 132-169.

[2] ALLEN N J, MEYER J P. The measurement and antecedents of affective, continuance and normative commitment to the organization [J]. Journal of occupational psychology, 1990, 63 (1): 1-18.

[3] AMIN A, ROBERTS J. Knowing in action: beyond communities of practice [J]. Research policy, 2008, 37 (2): 353-369.

[4] ANDRIESSEN J E. Archetypes of knowledge communities [M] // BESSELAAR P, MICHELIS G, PREECE J, et al. Communities and technologies. New York, 2005: 191-213.

[5] ANTONAKIS J, BASTARDOZ N, JACQUART P. Charisma: an ill-defined and ill-measured gift [J]. Annual review of organizational psychology and organizational behavior, 2016 (3): 293-319.

[6] ARDICHVILI A. Learning and knowledge sharing in virtual communities of practice: motivators, barriers, and enablers [J]. Advances in developing human resources, 2008, 10 (4): 541-554.

[7] ARGYRIS C. Double loop learning in organizations [J]. Harvard business review, 1977, 55 (5): 115-125.

[8] BALL S J. The teacher's soul and the terrors of performativity [J]. Journal of education policy, 2003, 18 (2): 215-228.

[9] BANDURA A. Self-efficacy: toward a unifying theory of behavioral change [J]. Psychological review, 1977, 84 (2): 191.

[10] BANDURA A. Self-efficacy: the exercise of control [M]. New York:

W. H. Freeman and Co, 1997.

[11] BANKS G C, ENGEMANN K N, WILLIAMS C E, et al. A meta-analytic review and future research agenda of charismatic leadership [J]. The leadership quarterly, 2017, 28 (4): 508-529.

[12] BASS B M. Leadership and performance beyond expectations [M]. New York: Free Press, 1985.

[13] BASS B M. Theory of transformational leadership redux [J]. The leadership quarterly, 1995, 6 (4): 463-478.

[14] BASS B M, BASS R. The Bass handbook of leadership: theory, research, and managerial applications [M]. New York: Free Press, 2009.

[15] BATTERSBY S L, VERDI B. The culture of professional learning communities and connections to improve teacher efficacy and support student learning [J]. Arts education policy review, 2015, 116 (1): 22-29.

[16] BELL B, GILBERT J. Teacher development as professional, personal, and social development [J]. Teaching and teacher education, 1994, 10 (5): 483-497.

[17] BLASE J, BLASE J. Principals' instructional leadership and teacher development: teachers' perspectives [J]. Educational administration quarterly, 1999, 35 (3): 349-378.

[18] BLASE J, BLASE J. Effective instructional leadership: teachers' perspectives on how principals promote teaching and learning in schools [J]. Journal of educational administration, 2000, 38 (2): 130-141.

[19] BOLAM R, MCMAHON A, STOLL L, et al. Creating and sustaining professional learning communities [R]. London, UK: General teaching council for England, 2005.

[20] BOLDEN R. Distributed leadership in organizations: a review of theory and research [J]. International journal of management reviews, 2011, 13 (3): 251-269.

[21] BOLMAN L G, DEAL T E. Images of leadership [R]. Cambridge, MA: the national center for educational leadership, 1991a.

[22] BOLMAN L G, DEAL T E. Reframing organization [M]. San Francisco: Jossey-bass publishers, 1991b.

[23] BOLMAN L G, DEAL T E. Reframing organizations: artistry, choice, and leadership [M]. San Francisco: John Wiley and Sons, 2017.

[24] BOLMAN L G, DEAL T E. Modern approaches to understanding and managing organizations [M]. San Francisco: Jossey-bass, 1984.

[25] BORKO H. Professional development and teacher learning: mapping the terrain. Educational researcher. 2004, 33 (8): 3-15.

[26] BORZILLO S, KAMINSKA-LABBE R. Step-in or step-out: supporting innovation through communities of practice [J]. Journal of business strategy, 2011, 32 (3): 29-36.

[27] BOSSERT S T, DWYER D C, ROWAN B, et al. The instructional management role of the principal [J]. Educational administration quarterly, 1982, 18 (3): 34-64.

[28] BREZICHA K, BERGMARK U, MITRA D L. One size does not fit all: differentiating leadership to support teachers in school reform [J]. Educational administration quarterly, 2015, 51 (1): 96-132.

[29] BROUWER P, BREKELMANS M, NIEUWENHUIS L, et al. Community development in the school workplace [J]. International journal of educational management, 2012a, 26 (4), 403-418.

[30] BROUWER P, BREKELMANS M, NIEUWENHUIS L, et al. Fostering teacher community development: a review of design principles and a case study of an innovative interdisciplinary team [J]. Learning environments research, 2012b, 15 (3): 319-344.

[31] BROWN C, BROWN C, MILITELLO M, et al. Principal's perceptions of effective professional development in schools [J]. Journal of educational administration, 2016, 54 (6): 703-726.

[32] BROWN J S, DUGUID P. Organizational learning and communities of practice: toward a unified view of working, learning, and innovation [J]. Organization science, 1991a, 2 (1), 40-57.

[33] BROWN J S, DUGUID P. Knowledge and organization: a social-practice perspective [J]. Organization Science, 2001, 12 (2): 198-213.

[34] BROWN M K, WYNN R S. Finding, supporting, and keeping: the role of the principal in teacher retention issues [J]. Leadership and policy in Schools, 2009, 8 (1): 37-63.

[35] BRUCE C D, ESMONDE I, ROSS J, et al. The effects of sustained classroom-embedded teacher professional learning on teacher efficacy and related student achievement [J]. Teaching and teacher education, 2010, 26 (8): 1598-1608.

[36] BRYK A, CAMBURN E, LOUIS K S. Professional community in Chicago elementary schools: facilitating factors and organizational consequences [J]. Educational administration quarterly, 1999, 35 (5): 751-781.

[37] BRYK A, SCHNEIDER B. Trust in schools: a core resource for improvement [M]. New York: Russell Sage Foundation, 2002.

[38] BRYMAN A. Qualitative research on leadership: a critical but appreciative review [J]. The leadership quarterly, 2004, 15 (6): 729-769.

[39] BUSH T, QIAN H. Leadership and culture in Chinese education [J]. Asia pacific journal of education, 2000, 20 (2): 58-67.

[40] BUSHER H, HAMMERSLEY-FLETCHER L, TURNER C. Making sense of middle leadership: community, power and practice [J]. School leadership and management, 2007, 27 (5): 405-422.

[41] CAO J, PANG N. Leadership for teacher professional learning: a case study of two 'New-High-Quality' primary schools in Shanghai [M] // HAIRON S, GOH J W. Perspectives on school leadership in Asia Pacific contexts. Singapore: Springer, 2019.

[42] CARPENTER D. School culture and leadership of professional learning communities [J]. International journal of educational management, 2015, 29 (5): 682-694.

[43] CHALMERS L, KEOWN P. Communities of practice and the professional development of geography teachers [J]. Geography, 2006, 91 (2):

109–116.

［44］ CHENG B S, BOER D, CHOU L F, et al. Paternalistic leadership in four East Asian societies: generalizability and cultural differences of the triad model [J]. Journal of cross–cultural psychology, 2014, 45 (1): 82–90.

［45］ CHENG B S, CHOU L F, WU T Y, et al. Paternalistic leadership and subordinate responses: establishing a leadership model in Chinese organizations [J]. Asian journal of social psychology, 2004, 7 (1): 89–117.

［46］ CHENG Y C. A new paradigm for re–engineering education: globalization, localization and individualization [M]. Dordrecht: Springer, 2005.

［47］ CHESNUT S R, BURLEY H. Self–efficacy as a predictor of commitment to the teaching profession: a meta–analysis [J]. Educational research review 2015 (15): 1–16.

［48］ CHIU C M, HSU M H, WANG E T. Understanding knowledge sharing in virtual communities: an integration of social capital and social cognitive theories [J]. Decision Support Systems, 2006, 42 (3): 1872–1888.

［49］ CLARKE D, HOLLINGSWORTH H. Elaborating a model of teacher professional growth [J]. Teaching and teacher education, 2002, 18 (8): 947–967.

［50］ CLEMENT M, VANDENBERGHE R. How school leaders can promote teachers' professional development: an account from the field [J]. School leadership and management, 2001, 21 (1): 43–57.

［51］ COBB P, MCCLAIN K, DE SILVA LAMBERG T, et al. Situating teachers' instructional practices in the institutional setting of the school and district [J]. Educational researcher, 2003, 32 (6): 13–24.

［52］ CONGER J A, KANUNGO R N. Toward a behavioral theory of charismatic leadership in organizational settings [J]. Academy of management review, 1987, 12 (4): 637–647.

［53］ CONGER J A, KANUNGO R N. The empowerment process: integrating theory and practice [J]. Academy of management review, 1988, 13 (3): 471–482.

[54] CONTU A, WILLMOTT H. Re-embedding situatedness: the importance of power relations in learning theory [J]. Organization science, 2003, 14 (3): 283-296.

[55] CORDERY J L, CRIPPS E, GIBSON C B, et al. The operational impact of organizational communities of practice: a Bayesian approach to analyzing organizational change [J]. Journal of management, 2015, 41 (2): 644-664.

[56] COX A. What are communities of practice? A comparative review of four seminal works [J]. Journal of information science, 2005, 31 (6): 527-540.

[57] CRESWELL J W, CLARK V L P. Designing and conducting mixed methods research [M]. 2nd ed. Los Angeles: SAGE Publications, 2011.

[58] DARLING-HAMMOND L. Teaching and the change wars: the professionalism hypothesis [M] //HARGREAVES A, FULLAN M. Change wars. Bloomington, IL: Solution Tree, 2009: 45-68.

[59] DAY C. Developing teachers: the challenges of lifelong learning [M]. London; New York: Falmer Press, 1999.

[60] DAY C, GU Q. Variations in the conditions for teachers' professional learning and development: sustaining commitment and effectiveness over a career [J]. Oxford review of education, 2007, 33 (4): 423-443.

[61] DAY C, GU Q, SAMMONS P. The impact of leadership on student outcomes: how successful school leaders use transformational and instructional strategies to make a difference [J]. Educational administration quarterly, 2016, 52 (2): 221-258.

[62] DAY C, SAMMONS P, LEITHWOOD K, et al. Ten strong claims about successful school leadership [M]. Nottingham, UK: The national college for school leadership, 2010.

[63] DE LIMA J Á. Forgetting about friendship: using conflict in teacher communities as a catalyst for school change [J]. Journal of educational change, 2001, 2 (2): 97-122.

[64] DELLINGER A B, BOBBETT J J, OLIVIER D F, et al. Measuring teachers' self-efficacy beliefs: development and use of the TEBS-Self [J].

Teaching and teacher education, 2008, 24 (3): 751-766.

[65] DELLO-IACOVO B. Curriculum reform and 'quality education' in China: an overview [J]. International journal of educational development, 2009, 29 (3): 241-249.

[66] DERUE D S, NAHRGANG J D, WELLMAN N, et al. Trait and behavioral theories of leadership: an integration and meta-analytic test of their relative validity [J]. Personnel psychology, 2011, 64 (1): 7-52.

[67] DVIR T, SHAMIR B. Follower developmental characteristics as predicting transformational leadership: a longitudinal field study [J]. The leadership quarterly, 2003, 14 (3): 327-344.

[68] DOONER A M, MANDZUK D, CLIFTON R A. Stages of collaboration and the realities of professional learning communities [J]. Teaching and teacher education, 2008, 24 (3): 564-574.

[69] DOU D, DEVOS G, VALCKE M. The effects of autonomy gap in personnel policy, principal leadership and teachers' self-efficacy on their organizational commitment [J]. Asia pacific education review, 2016, 17 (2): 339-353.

[70] DOU D, DEVOS G, VALCKE M. The relationships between school autonomy gap, principal leadership, teachers' job satisfaction and organizational commitment [J]. Educational management administration and leadership, 2017, 45 (6): 959-977.

[71] DUBÉ L, BOURHIS A, JACOB R. The impact of structuring characteristics on the launching of virtual communities of practice [J]. Journal of organizational change management, 2005, 18 (2): 145-166.

[72] DUBÉ L, BOURHIS A, JACOB R. Towards a typology of virtual communities of practice [J]. Interdisciplinary journal of information, knowledge, and management, 2006 (1): 69-93.

[73] DUFOUR R. What is a "professional learning community"? [J]. Educational leadership, 2004, 61 (8): 6-11.

[74] DUFOUR R, EAKER R. Professional learning communities at work: best practices for enhancing student achievement [J]. Bloomington: national ed-

ucational services, 1998.

[75] DUFOUR R P. Help wanted: principals who can lead professional learning communities [J]. NASSP bulletin, 1999, 83 (604): 12-17.

[76] DUMAY X, GALAND B. The multilevel impact of transformational leadership on teacher commitment: cognitive and motivational pathways [J]. British educational research journal, 2012, 38 (5): 703-729.

[77] DURKSEN T L, KLASSEN R M, DANIELS L M. Motivation and collaboration: the keys to a developmental framework for teachers' professional learning [J]. Teaching and teacher education, 2017 (67): 53-66.

[78] DYMOKE S, HARRISON J K. Professional development and the beginning teacher: issues of teacher autonomy and institutional conformity in the performance review process [J]. Journal of education for teaching, 2006, 32 (1): 71-92.

[79] EDMONDS R. Effective schools for the urban poor [J]. Educational leadership, 1979, 37 (1): 15-24.

[80] ENGESTRÖM Y, ENGESTRÖM R, KÄRKKÄINEN M. Polycontextuality and boundary crossing in expert cognition: learning and problem solving in complex work activities [J]. Learning and instruction, 1995, 5 (4): 319-336.

[81] ERAUT M. Developing professional knowledge within a client-centered orientation [M] //GUSKY T, HUBERMAN M. Professional development in education: new paradigms and practices. New York: Teachers college press, 1995: 227-252.

[82] EVANS L. What is teacher development? [J]. Oxford review of education, 2002, 28 (1): 123-137.

[83] EVANS L. Leadership for professional development and learning: enhancing our understanding of how teachers develop [J]. Cambridge journal of education, 2014, 44 (2): 179-198.

[84] EYAL O, KARK R. How do transformational leaders transform organizations? A study of the relationship between leadership and entrepreneurship [J]. Leadership and policy in schools, 2004, 3 (3): 211-35.

［85］FERLIE E, FITZGERALD L, WOOD M, et al. The nonspread of innovations: the mediating role of professionals［J］. Academy of management journal, 2005, 48 (1): 117-134.

［86］FIEDLER F E. The contingency model: a theory of leadership effectiveness［M］// LEVINE J M, MORELAND R L. Small Groups: key Readings. New York: Psychology Press, 2006: 369-382.

［87］FIRESTONE W A. Alternative arguments for generalizing from data as applied to qualitative research［J］. Educational researcher, 1993, 22 (4): 16-23.

［88］FITZGERALD T, GUNTER H. Leading learning: middle leadership in schools in England and New Zealand［J］. Management in education, 2006, 20 (3): 6-8.

［89］FLORES M A, DAY C. Contexts which shape and reshape new teachers' identities: a multi-perspective study［J］. Teaching and teacher education, 2006, 22 (2): 219-232.

［90］FRASER C, KENNEDY A, REID L, et al. Teachers' continuing professional development: contested concepts, understandings and models［J］. Journal of in-service education, 2007, 33 (2): 153-169.

［91］FULLAN M. Change forces: probing the depths of educational reform［M］. London; New York: Falmer Press, 1993.

［92］FULLAN M. The limits and the potential of professional development［M］//GUSKEY T R, HUBERMAN M. Professional development in education: new paradigms and practices. New York: Teachers College Press, 1995: 253-267.

［93］FULLAN M. Change the terms for teacher learning［J］. Journal of staff development, 2007, 28 (3): 35-36.

［94］FULLAN M. Large-scale reform comes of age［J］. Journal of educational change, 2009 (10): 101-113.

［95］FULLAN M, HARGREAVES A. Teacher development and educational change［J］. London; New York: Routledge, 1992.

[96] FULLER A, HODKINSON H, HODKINSON P, et al. Learning as peripheral participation in communities of practice: a reassessment of key concepts in workplace learning [J]. British educational research journal, 2005, 31 (1): 49-68.

[97] FULTON K, BRITTON T. STEM Teachers in professional learning communities: from good teachers to great teaching [M]. Washington, DC: national commission on teaching and America's future, 2011.

[98] GARET M S, PORTER A C, DESIMONE L, et al. What makes professional development effective? Results from a national sample of teachers [J]. American educational research journal, 2001, 38 (4): 915-945.

[99] GEIJSEL F, SLEEGERS P, LEITHWOOD K, et al. Transformational leadership effects on teachers' commitment and effort toward school reform [J]. Journal of educational administration, 2003, 41 (3): 228-256.

[100] GEIJSEL F, SLEEGERS P, VAN DEN BERG R. Transformational leadership and the implementation of large-scale innovation programs [J]. Journal of educational administration, 1999, 37 (4): 309-328.

[101] GEIJSEL F P, SLEEGERS P J, STOEL R D, et al. The effect of teacher psychological and school organizational and leadership factors on teachers' professional learning in Dutch schools [J]. The elementary school journal, 2009, 109 (4): 406-427.

[102] GEORGE D, MALLERY P. SPSS for windows step by step: a simple guide and reference 18.0 update [M]. Upper Saddle River, NJ: Prentice Hall Press, 2010.

[103] GIBSON S, DEMBO M. Teacher efficacy: a construct validation [J]. Journal of educational psychology, 1984, 76 (4): 569-582.

[104] GILLESPIE N A, MANN L. Transformational leadership and shared values: the building blocks of trust [J]. Journal of managerial psychology, 2004, 19 (6): 588-607.

[105] GILLEY A, KERNO S J. Groups, teams, and communities of practice: a comparison [J]. Advances in developing human resources, 2010, 12

(1): 46-60.

[106] GODDARD R, GODDARD Y, KIM E S, et al. A theoretical and empirical analysis of the roles of instructional leadership, teacher collaboration, and collective efficacy beliefs in support of student learning [J]. American journal of education, 2015, 121 (4), 501-530.

[107] GOLDRING E, PORTER A, MURPHY J, et al. Assessing learning-centered leadership: connections to research, professional standards, and current practices [J]. Leadership and policy in schools, 2009, 8 (1): 1-36.

[108] GREENE J C, CARACELLI V J, GRAHAM W F. Toward a conceptual framework for mixed-method evaluation designs [J]. Educational evaluation and policy analysis, 1989, 11 (3): 255-274.

[109] GREENFIELD W D. Toward a theory of school administration: the centrality of leadership [J]. Educational administration quarterly, 1995, 31 (1), 61-85.

[110] GROSSMAN P, WINEBURG S, WOOLWORTH S. Toward a theory of teacher community [J]. Teachers college record, 2001 (103): 942-1012.

[111] GUMUS S, BULUT O, BELLIBAS M S. The relationship between principal leadership and teacher collaboration in Turkish primary schools: a multilevel analysis [J]. Education research and perspectives, 2013, 40 (1): 1-29.

[112] GUSKEY T R. Differences in teachers' perceptions of personal control of positive versus negative student learning outcomes [J]. Contemporary educational psychology, 1982, 7 (1): 70-80.

[113] GUSKEY T R. Staff development and the process of teacher change [J]. Educational researcher, 1986, 15 (5): 5-12.

[114] GUSKEY T R. Professional development in education: in search of the optimal mix [M] //GUSKEY T R, HUBERMAN M. Professional development in education: new paradigms and practices. New York: Teachers College Press, 1994: 114-131.

[115] GUSKEY T R. Professional development and teacher change [J].

Teachers and teaching: theory and practice, 2002, 8 (3): 381-391.

[116] HAIRON S, DIMMOCK C. Singapore schools and professional learning communities: teacher professional development and school leadership in an Asian hierarchical system [J]. Educational review, 2012, 64 (4): 405-424.

[117] HALLINGER P. Leading educational change: reflections on the practice of instructional and transformational leadership [J]. Cambridge journal of education, 2003, 33 (3): 329-352.

[118] HALLINGER P. Instructional leadership and the school principal: a passing fancy that refuses to fade away [J]. Leadership and policy in schools, 2005, 4 (3): 221-239.

[119] HALLINGER P. Leadership for learning: lessons from 40 years of empirical research [J]. Journal of educational administration, 2011, 49 (2): 125-142.

[120] HALLINGER P, BICKMAN L, DAVIS K. School context, principal leadership, and student reading achievement [J]. The elementary school journal, 1996, 96 (5): 527-549.

[121] HALLINGER P, BRYANT D. Mapping the terrain of educational leadership and management in East Asia [J]. Journal of educational administration, 2013, 51 (5): 618-637.

[122] HALLINGER P, LIU S, PIYAMAN P. Does principal leadership make a difference in teacher professional learning? A comparative study China and Thailand [J]. Compare: a journal of comparative and international education, 2019, 49 (3): 341-357.

[123] HALLINGER P, LU J. Modelling the effects of principal leadership and school capacity on teacher professional learning in Hong Kong primary schools [J]. School leadership and management, 2014, 34 (5): 481-501.

[124] HALLINGER P, MURPHY J. Assessing the instructional management behavior of principals [J]. The elementary school journal, 1985, 86 (2): 217-247.

[125] HALLINGER P, WALKER A. Systematic reviews of research on

principal leadership in East Asia [J]. Journal of educational administration, 2015, 53 (4): 554-570.

[126] HALPIN A W. The behavior of leaders [J]. Educational leadership, 1956, 14 (3): 172-186.

[127] HANDFORD V, LEITHWOOD K. Why teachers trust school leaders [J]. Journal of educational administration, 2013, 51 (2): 194-212.

[128] HANDLEY K, STURDY A, FINCHAM R, et al. Within and beyond communities of practice: making sense of learning through participation, identity and practice [J]. Journal of management studies, 2006, 43 (3): 641-653.

[129] HARGREAVES A. Cultures of teaching: a focus for change [M] // HARGREAVES A, FULLAN M G. Understanding teacher development. London; New York: Cassell, 1992: 216-240.

[130] HARGREAVES A. Development and desire: a postmodern perspective [M] //GUSKEY T R, HUBERMAN M. Professional development in education: new paradigms and practices. New York: Teachers college press, 1994: 9-34.

[131] HARGREAVES A, FULLAN M G. Understanding teacher development [M]. London and New York: Cassell, 1992.

[132] HARGREAVES A, LIEBERMAN A, FULLAN M, et al. International handbook of education change [M]. Dordrecht: Kluwer academic publishers, 1998.

[133] HARGREAVES A, LIEBERMAN A, FULLAN M, et al. Second international handbook of educational change [M]. New York: Springer, 2010.

[134] HARGREAVES E. Assessment for learning and teacher learning communities: UK teachers' experiences [J]. Teaching education, 2013, 24 (3): 327-344.

[135] HARRIS A. Distributed leadership: implications for the role of the principal [J]. Journal of management development, 2011, 31 (1): 7-17.

[136] HARRIS A, JONES M. Professional learning communities and

system improvement [J]. Improving schools, 2010, 13 (2): 172-181.

[137] HENG M A, MARSH C J. Understanding middle leaders: a closer look at middle leadership in primary schools in Singapore [J]. Educational studies, 2009, 35 (5): 525-536.

[138] HIPP K A. Documenting the effects of transformational leadership behaviour on teacher efficacy [J]. Paper presented at the annual meeting of the American educational research association, Chicago, IL, 1997.

[139] HIPP K K, Huffman J B. Professional learning communities: assessment development effects [J]. Paper presented at the international congress for school effectiveness and improvement, Sydney, Australia, 2003.

[140] HOADLEY C. What is a community of practice and how can we support It? [M] // JONASSEN D, LAND S. Theoretical foundations of learning environments. New York: Routledge, 2012: 286-299.

[141] HOBAN G F. Teacher learning for educational change [M]. Buckingham, England: Open university press, 2002.

[142] HOBAN G F, ERICKSON G. Dimensions of learning for long-term professional development: comparing approaches from education, business and medical contexts [J]. Journal of in-service education, 2004, 30 (2): 301-324.

[143] HOFSTEDE G. Cultural constraints in management theories [J]. The academy of management executive, 1993, 7 (1), 81-94.

[144] HOLZBERGER D, PHILIPP A, KUNTER M. How teachers' self-efficacy is related to instructional quality: a longitudinal analysis [J]. Journal of educational psychology, 2013, 105 (3): 774.

[145] HOPKINS M, SPILLANE J P. Schoolhouse teacher educators: structuring beginning teachers' opportunities to learn about instruction [J]. Journal of teacher education, 2014, 65 (4): 327-339.

[146] HORD S M. Professional learning communities: communities of continuous inquiry and improvement [R]. Austin. TX: Southwest educational development laboratory, 1997.

[147] HORD S M. Professional learning communities: educators work to-

gether toward a shared purpose [J]. Journal of staff development, 2009, 30 (1): 40-43.

[148] HORD S M, SOMMERS W A. Leading professional learning communities: voices from research and practice [M]. Thousand Oaks, CA: Corwin Press, 2008.

[149] HOUSE R J. A theory of charismatic leadership [M] //HUNT J G, LARSON L L. Leadership: the cutting edge. Carbondale: Southern illinois university press, 1976: 189-207.

[150] HOUSE R J, ADITYA R N. The social scientific study of leadership: quo vadis? [J]. Journal of management, 1997, 23 (3): 409-473.

[151] HOUSE R J, HANGES P J, JAVIDAN M, et al. Culture, leadership, and organizations: the GLOBE study of 62 societies [M]. Thousand Oaks, CA: Sage publications, 2004.

[152] HOUSE R J, HOWELL J M. Personality and charismatic leadership [J]. The leadership quarterly, 1992, 3 (2): 81-108.

[153] HOUSE R J, SHAMIR B. Toward the integration of transformational, charismatic, and visionary theories [M] // Chemers M. M, Ayman R. Leadership theory and research: perspectives and directions. San Diego: Academic press, 1993: 81-107.

[154] HOY A W, SPERO R B. Changes in teacher efficacy during the early years of teaching: a comparison of four measures [J]. Teaching and teacher education, 2005, 21 (4): 343-356.

[155] HOY W K, TSCHANNEN-MORAN M. Five faces of trust: an empirical confirmation in urban elementary schools [J]. Journal of school leadership, 1999 (9): 184-208.

[156] HOY W K, TSCHANNEN-MORAN M. The conceptualization and measurement of faculty trust in schools [M] // HOY W K, MISKEL C. Studies in leading and organizing schools. Greenwich, CT: Information Age, 2007: 181-207.

[157] HU L, BENTLER P M. Cutoff criteria for fit indexes in covariance structure analysis: conventional criteria versus new alternatives [J]. Structural equation modeling: a multidisciplinary journal, 1999, 6 (1): 1-55.

[158] HUBERMAN M, GUSKEY T. The diversities of professional development [M] // GUSKEY T R, HUBERMAN M. Professional development in education: new paradigms and practices. New York: Teachers college press, 1995: 269-272.

[159] HUNG D, CHEE T S, HEDBERG J G, et al. A framework for fostering a community of practice: scaffolding learners through an evolving continuum [J]. British journal of educational technology, 2005, 36 (2): 159-176.

[160] IAQUINTO B, ISON R., FAGGIAN R. Creating communities of practice: scoping purposeful design [J]. Journal of knowledge management, 2011, 15 (1): 4-21.

[161] IMRAN R, ALLIL K, MAHMOUD A B. Teacher's turnover intentions: examining the impact of motivation and organizational commitment [J]. International journal of educational management, 2017, 31 (6): 828-842.

[162] IN DE WAL J J, DEN BROK P J, HOOIJER J G, et al. Teachers' engagement in professional learning: exploring motivational profiles [J]. Learning and individual differences, 2014 (36): 27-36.

[163] JACK LAM Y, PEGGY WEI H, WENDY PAN H, et al. In search of basic sources that propel organizational learning under recent Taiwanese school reforms [J]. International journal of educational management, 2002, 16 (5): 216-228.

[164] JOHNSON C M. A survey of current research on online communities of practice [J]. The internet and higher education, 2001, 4 (1): 45-60.

[165] JOHNSON R B, ONWUEGBUZIE A J, TURNER L A. Toward a definition of mixed methods research [J]. Journal of mixed methods research, 2007, 1 (2): 112-133.

[166] JOHNSON S M, BIRKELAND S E. Pursuing a "sense of success": new teachers explain their career decisions [J]. American educational research journal, 2003, 40 (3): 581-617.

[167] JUDGE T A, BONO J E, ILIES R, et al. Personality and leadership: a qualitative and quantitative review [J]. Journal of applied psychology,

2002, 87 (4): 765.

[168] KELLY P. What is teacher learning? A socio-cultural perspective [M]. Oxford review of education, 2006, 32 (4): 505-519.

[169] KELM J L, MCINTOSH K. Effects of school-wide positive behavior support on teacher self-efficacy [J]. Psychology in the schools, 2012, 49 (2): 137-147.

[170] KENNEDY A. Models of continuing professional development: a framework for analysis [J]. Journal of in-service education, 2005, 31 (2): 235-250.

[171] KERNO S J. Limitations of communities of practice: a consideration of unresolved issues and difficulties in the approach [J]. Journal of leadership and organizational studies, 2008, 15 (1): 69-78.

[172] KERNO S J, MACE S L. Communities of practice: beyond teams [J]. Advances in developing human resources, 2010, 12 (1): 78-92.

[173] KETELAAR E, KOOPMAN M, DEN BROK P J, et al. Teachers' learning experiences in relation to their ownership, sense-making and agency [J]. Teachers and teaching, 2014, 20 (3): 314-337.

[174] KLASSEN R M, TZE V M, BETTS S M, et al. Teacher efficacy research 1998-2009: signs of progress or unfulfilled promise? [J]. Educational psychology review, 2011, 23 (1): 21-43.

[175] KNAPP M S, COPLAND M A, HONIG M I, et al. Learning-focused leadership and leadership support: meaning and practice in urban systems [J]. Seattle: university of Washington, center for the study of teaching and policy, 2010.

[176] KOH W L, STEERS R M, TERBORG J R. The effects of transformational leadership on teacher attitudes and student performance in Singapore [J]. Journal of organizational behavior, 1995, 16 (4): 319-333.

[177] KOLIBA C, GAJDA R. "Communities of practice" as an analytical construct: implications for theory and practice [J]. International journal of public administration, 2009, 32 (2): 97-135.

[178] KOZLOWSKI S W, ILGEN D R. Enhancing the effectiveness of work groups and teams [J]. Psychological science in the public interest, 2006, 7 (3): 77-124.

[179] KRUSE S D, LOUIS K S. An emerging framework for analyzing school-based professional community [J]. Paper presented at the annual meeting of the American educational research association, Atlanta, GA, 1993.

[180] KRUSE S D, LOUIS K S. Teacher teaming in middle schools: dilemmas for a schoolwide community [J]. Educational administration quarterly, 1997, 33 (3): 261-289.

[181] KURLAND H, PERETZ H, HERTZ-LAZAROWITZ R. Leadership style and organizational learning: the mediate effect of school vision [J]. Journal of educational administration, 2010, 48 (1): 7-30.

[182] KURT T, DUYAR I, CALIK T. Are we legitimate yet? A closer look at the casual relationship mechanisms among principal leadership, teacher self-efficacy and collective efficacy [J]. Journal of management development, 2011, 31 (1): 71-86.

[183] KURT T, DUYAR I, ÇALIK T. Are we legitimate yet? A closer look at the casual relationship mechanisms among principal leadership, teacher self-efficacy and collective efficacy [J]. Journal of management development, 2011, 31 (1): 71-86.

[184] KWAKMAN K. Factors affecting teachers' participation in professional learning activities [J]. Teaching and teacher education, 2003, 19 (2): 149-170.

[185] KYNDT E, GIJBELS D, GROSEMANS I, et al. Teachers' everyday professional development: mapping informal learning activities, antecedents, and learning outcomes [J]. Review of educational research, 2016, 86 (4): 1111-1150.

[186] LAVE J, WENGER E. Situated learning: legitimate peripheral participation [M]. Cambridge, UK: Cambridge university press, 1991.

[187] LEE D H, SHAARI I. Professional Identity or best practices? An

exploration of the synergies between professional learning communities and communities of practices [J]. Creative Education, 2012, 3 (4): 457.

[188] LEITHWOOD K. The principal's role in teacher development [M] // FULLAN M, HARGREAVES A. Teacher development and educational change. London: Falmer, 1992: 86-103.

[189] LEITHWOOD K. School leadership in the context of accountability policies [J]. International journal of leadership in education, 2001, 4 (3), 217-235.

[190] LEITHWOOD K, AITKEN R, JANTZI D. Making schools smarter: leading with evidence [M]. Thousand Oaks, Calif: Corwin Press, 2006.

[191] LEITHWOOD K, DAY C. Starting with what we know [M] // DAY C, LEITHWOOD K. Successful principal leadership in times of change. Dordrecht, Netherlands: Springer, 2007: 1-15.

[192] LEITHWOOD K, DUKE D. A century's quest to understand school leadership [M] //MURPHY J, LOUIS K. Handbook of research on educational administration. Washington, DC: American educational research association, 1999.

[193] LEITHWOOD K, HARRIS A, HOPKINS D. Seven strong claims about successful school leadership [J]. School leadership and management, 2008, 28 (1): 27-42.

[194] LEITHWOOD K, JANTZI D. A review of transformational school leadership research 1996—2005 [J]. Leadership and policy in schools, 2005, 4 (3): 177-99.

[195] LEITHWOOD K, JANTZI D. Transformational school leadership for large-scale reform: effects on students, teachers, and their classroom practices [J]. School effectiveness and school improvement, 2006, 17 (2): 201-227.

[196] LEITHWOOD K, JANTZI D. Linking leadership to student learning: the contributions of leader efficacy [J]. Educational administration quarterly, 2008, 44 (4): 496-528.

[197] LEITHWOOD K, JANTZI D, FERNANDEZ A. Secondary school teachers' commitment to change: the contributions of transformational leadership

[J]. Paper presented at the annual meeting of the American educational research association, Atlanta, GA, 1993.

[198] LEITHWOOD K, LEONARD L, SHARRATT L. Conditions fostering organizational learning in schools [J]. Educational administration quarterly, 1998, 34 (2): 243-276.

[199] LEITHWOOD K, RIEDLINGER B R, BAUER S C, et al. Leadership program effects on student learning: the case of the greater new Orleans school leadership center [J]. Journal of school leadership, 2003, 13 (6): 707-738.

[200] LEITHWOOD K, SUN J. The nature and effects of Transformational school leadership: a meta-analytic review of unpublished research [J]. Educational administration quarterly, 2012, 48 (3): 387-423.

[201] LESSER E L, STORCK J. Communities of practice and organizational performance [J]. IBM systems journal, 2001, 40 (4): 831-841.

[202] LEVINE T H. Tools for the study and design of collaborative teacher learning: the affordances of different conceptions of teacher community and activity theory [J]. Teacher education quarterly, 2010, 37 (1): 109-130.

[203] LIEBERMAN A. Practices that support teacher development [J]. Phi delta kappan, 1995, 76 (8): 591-596.

[204] LIEBERMAN A. Creating intentional learning communities [J]. Educational leadership, 1996, 54 (3): 51-55.

[205] LIEBERMAN A, MACE D H P. Teacher learning: the key to educational reform [J]. Journal of teacher education, 2008, 59 (3): 226-234.

[206] LINDKVIST L. Knowledge communities and knowledge collectivities: a typology of knowledge work in groups [J]. Journal of management studies, 2005, 42 (6): 1189-1210.

[207] LITTLE J W. Teachers' professional development in a climate of educational reform [J]. Educational evaluation and policy analysis, 1993, 15 (2): 129-151.

[208] LIU S, HALLINGER P, FENG D. Learning-centered leadership

and teacher learning in China: does trust matter? [J]. Journal of Educational Administration, 2016, 54 (6): 661-682.

[209] LOCKE E A, LATHAM G P. New directions in goal-setting theory [J]. Current directions in psychological science, 2006, 15 (5): 265-268.

[210] LOHMAN M C. Factors influencing teachers' engagement in informal learning activities [J]. Journal of workplace learning, 2006, 18 (3): 141-156.

[211] LOMOS C, HOFMAN R H, BOSKER R J. Professional communities and student achievement-a meta-analysis [J]. School effectiveness and school improvement, 2011, 22 (2): 121-148.

[212] LORD R G, MAHER K J. Leadership and information processing: linking perceptions and performance [M]. New York, N: Routledge, 2002.

[213] LOUIS K S, KRUSE S D. Professionalism and community: perspectives on reforming urban schools [M]. Thousand Oaks, California: Corwin Press, 1995.

[214] LOUIS K S, MARKS H M, KRUSE S. Teachers' professional community in restructuring schools [J]. American educational research journal, 1996, 33 (4): 757-798.

[215] LU J, JIANG X, YU H, et al. Building collaborative structures for teachers' autonomy and self-efficacy: the mediating role of participative management and learning culture [J]. School effectiveness and school improvement, 2015, 26 (2): 240-257.

[216] TAYLOR C M, CORNELIUS C J, COLVIN K. Visionary leadership and its relationship to organizational effectiveness [J]. Leadership and organization development journal, 2014, 35 (6): 566-583.

[217] MACBEATH J, DEMPSTER N. Connecting leadership and learning: principles for practice [M]. London: Routledge, 2008.

[218] MACCALLUM R C, BROWNE M W, SUGAWARA H M. Power analysis and determination of sample size for covariance structure modeling [J]. Psychological methods, 1996, 1 (2): 130.

[219] MACGREGOR D. The human side of enterprise [M] //SHAFRITZ J M, OTT J S. Classics of organization theory. Chicago, IL: Dorsey, 1960: 176-182.

[220] MARKS H M, PRINTY S M. Principal leadership and school performance: an integration of transformational and instructional leadership [J]. Educational administration quarterly, 2003, 39 (3): 370-397.

[221] MASLOW A H. A theory of human motivation [J]. Psychological review, 1943, 50 (4): 370.

[222] MAYER R C, DAVIS J H, SCHOORMAN F D. An integrative model of organizational trust [J]. Academy of management review, 1995, 20 (3): 709-734.

[223] MEINDL J R. The romance of leadership as a follower-centric theory: a social constructionist approach [J]. The leadership quarterly, 1995, 6 (3): 329-341.

[224] MEVARECH Z R. Teachers' paths on the way to and from the professional development forum [M] //GUSKEY T R, HUBERMAN M. Professional development in education: New paradigms and practices. New York: teachers college press, 1995: 151-170.

[225] MONAGHAN C H. Communities of practice: a learning strategy for management education [J]. Journal of management education, 2011, 35 (3): 428-453.

[226] MORSE J M. Principles of mixed methods and multimethod research design [M] //TASHAKKORI A, TEDDLIE C. Handbook of mixed methods in social and behavioral research. Thousand Oaks, CA: Sage, 2003: 189-208.

[227] MULLEN C, SCHUNK D. A view of professional learning communities through three frames: leadership, organization, and culture [J]. McGill journal of education, 2010, 45 (2): 185-203.

[228] MURPHY J. School effectiveness and school restructuring: contributions to educational improvement [J]. School effectiveness and school improvement, 1992, 3 (2): 90-109.

[229] MURPHY J, ELLIOTT S N, GOLDRING E, et al. Leadership for learning: a research-based model and taxonomy of behaviors [J]. School leadership and management, 2007, 27 (2): 179-201.

[230] MUSANTI S I, PENCE L. Collaboration and teacher development: unpacking resistance, constructing knowledge, and navigating identities [J]. Teacher education quarterly, 2010, 37 (1): 73-89.

[231] NATIONAL COMMISSION ON EXCELLENCE IN EDUCATION. A nation at risk: the imperative for educational reform [J]. The elementary school journal, 1983, 84 (2): 113-130.

[232] NEWMANN F, KING M B, RIGDON M. Accountability and school performance: implications from restructuring schools [J]. Harvard educational review, 1997, 67 (1): 41-75.

[233] NGUNI S, SLEEGERS P, DENESSEN E. Transformational and transactional leadership effects on teachers' job satisfaction, organizational commitment, and organizational citizenship behavior in primary schools: the Tanzanian case [J]. School effectiveness and school improvement, 2006, 7 (2): 145-177.

[234] NIR A E. School-based management and its effect on teacher commitment [J]. International journal of leadership in education, 2002, 5 (4): 323-341.

[235] NIR A E, KRANOT N. School principal's leadership style and teachers' self-efficacy [J]. Planning and changing, 2006, 37 (3): 205-2018.

[236] OLIVIER D F, HIPP K K, HUFFMAN J. Assessing and analyzing schools as professional learning communities [M] //HORD S M, ABREGO J, MOLLER G, et al. Demystifying professional learning communities: school leadership at its best. Lanham, MD: Rowman and littlefield education, 2010: 29-41.

[237] ONTARIO PRINCIPAL'S COUNCIL. The principal as professional learning community leader [M]. Thousand Oaks, CA: Corwin press, 2009.

[238] OPFER V D, PEDDER D. Conceptualizing teacher professional

learning [J]. Review of educational research, 2011, 81 (3): 376-407.

[239] OPLATKA I. The principalship in developing countries: context, characteristics and reality [J]. Comparative education, 2004, 40 (3): 427-448.

[240] ORR J E. Talking about machines: an ethnography of a modern job [M]. Ithaca, N: Cornell University Press, 1996.

[241] OWEN S. Teacher professional learning communities: going beyond contrived collegiality toward challenging debate and collegial learning and professional growth [J]. Australian journal of adult learning, 2014, 54 (2): 54.

[242] PAINE L, MA L. Teachers working together: a dialogue on organizational and cultural perspectives of Chinese teachers [J]. International journal of educational research, 1993, 19 (8): 675-697.

[243] PAINE L W, FANG Y. Reform as hybrid model of teaching and teacher development in China [J]. International journal of educational research, 2006, 45 (4): 279-289.

[244] PANG N S K. Globalization: educational research, change and reform [M]. Hong Kong: the Chinese university press, 2006.

[245] PATTINSON S, PREECE D, DAWSON P. In search of innovative capabilities of communities of practice: a systematic review and typology for future research [J]. Management learning, 2016, 47 (5): 506-524.

[246] PATTON M Q. Qualitative evaluation and research methods [M]. Thousand Oaks, CA: SAGE Publications, 1990.

[247] PELLEGRINI E K, SCANDURA T A. Paternalistic leadership: a review and agenda for future research [J]. Journal of management, 2008, 34 (3): 566-593.

[248] PETTIGREW A M. On studying organizational cultures [J]. Administrative science quarterly, 1979, 24 (4): 570-581.

[249] PODSAKOFF P M, MACKENZIE S B, MOORMAN R H, et al. Transformational leader behaviors and their effects on followers' trust in leader, satisfaction, and organizational citizenship behaviors [J]. The leadership quarter-

ly, 1990, 1 (2): 107-142.

[250] PORTER C E. A typology of virtual communities: a multi-disciplinary foundation for future research [J]. Journal of computer mediated communication, 2004, 10 (1): 69-92.

[251] PRENGER R, POORTMAN C L, HANDELZALTS A. Factors influencing teachers' professional development in networked professional learning communities [J]. Teaching and teacher education, 2017 (68): 77-90.

[252] PRINTY S M. Leadership for teacher learning: a community of practice perspective [J]. Educational administration quarterly, 2008, 44 (2): 187-226.

[253] PROBST G, BORZILLO S. Why communities of practice succeed and why they fail [J]. European management journal, 2008, 26 (5): 335-347.

[254] PUTNAM R T, BORKO H. What do new views of knowledge and thinking have to say about research on teacher learning? [J]. Educational researcher, 2000, 29 (1): 4-15.

[255] PYRKO I, DÖRFLER V, EDEN C. Thinking together: what makes communities of practice work? [J]. Human relations, 2017, 70 (4): 389-409.

[256] QIAN H, WALKER A. Principalship in China: emerging propositions [J]. Leading and managing, 2014, 20 (2): 60-74.

[257] QIAN H, WALKER A, YANG X. Building and leading a learning culture among teachers: a case study of a Shanghai primary school [J]. Educational management administration and leadership, 2016, 45 (1): 101-122.

[258] ROBERTS J. Limits to communities of practice [J]. Journal of management studies, 2006, 43 (3): 623-639.

[259] ROBINSON V M. From instructional leadership to leadership capabilities: empirical findings and methodological challenges [J]. Leadership and policy in schools, 2010, 9 (1): 1-26.

[260] ROBINSON V M, LLOYD C A, ROWE K J. The impact of leadership on student outcomes: an analysis of the differential effects of leadership types [J]. Educational administration quarterly, 2008, 44 (5), 635-674.

[261] ROSS J A. Teacher efficacy and the effects of coaching on student achievement [J]. Canadian journal of education, 1992, 17 (1): 51-65.

[262] ROSS J A, GRAY P. Transformational leadership and teacher commitment to organizational values: the mediating effects of collective teacher efficacy [J]. School effectiveness and school improvement, 2006, 17 (2): 179-199.

[263] ROUSSEAU D M, SITKIN S B, BURT R S, et al. Not so different after all: a cross-discipline view of trust [J]. Academy of management review, 1998, 23 (3): 393-404.

[264] RUBIE-DAVIES C M, FLINT A, MCDONALD L G. Teacher beliefs, teacher characteristics, and school contextual factors: what are the relationships? [J]. British journal of educational psychology, 2012, 82 (2): 270-288.

[265] RUNHAAR P, SANDERS K, YANG H. Stimulating teachers' reflection and feedback asking: an interplay of self-efficacy, learning goal orientation, and transformational leadership [J]. Teaching and teacher education, 2010, 26 (5): 1154-1161.

[266] SAINT - ONGE H, WALLACE D. Leveraging communities of practice for strategic advantage [M]. Hoboken: taylor and francis, 2012.

[267] SARGENT T C, HANNUM E. Doing more with less: teacher professional learning communities in resource-constrained primary schools in rural China [J]. Journal of teacher education, 2009, 60 (3): 258-276.

[268] SCHEIN E H. Defining organizational culture [M] //SHAFRITZ J M, OTT J S. Classics of organization theory. Tex: harcourt brace college pub, 1996: 430-441.

[269] SCHLAGER M S, FUSCO J. Teacher professional development, technology, and communities of practice: are we putting the cart before the horse? [J]. The information society, 2003, 19 (3): 203-220.

[270] SCOTT W R, DAVIS G F. Organizations and organizing: rational, natural and open systems perspectives [M]. New Jersey: prentice hall, 2007.

[271] SCRIBNER J P, COCKRELL K S, COCKRELL D H, et al.

Creating professional communities in schools through organizational learning: an evaluation of a school improvement process [J]. Educational administration quarterly, 1999, 35 (1): 130-160.

[272] SELAMAT N, NORDIN N, ADNAN A A. Rekindle teacher's organizational commitment: the effect of transformational leadership behavior [J]. Procedia-social and behavioral sciences, 2013 (90): 566-574.

[273] SENGE P M. The fifth discipline: the art and practice of the learning organization [M]. New York: Doubleday, 2006.

[274] SERGIOVANNI T J. Leadership and excellence in schooling [J]. Educational leadership, 1984, 41 (5): 4-13

[275] SERGIOVANNI T J. Organizations or communities? Changing the metaphor changes the theory [J]. Educational administration quarterly, 1994, 30 (2): 214-226.

[276] SESEN H, BASIM N H. Impact of satisfaction and commitment on teachers' organizational citizenship [J]. Educational psychology, 2012, 32 (4): 475-491.

[277] SKAALVIK E M, SKAALVIK S. Teacher self-efficacy and teacher burnout: a study of relations [J]. Teaching and teacher education, 2010, 26 (4): 1059-1069.

[278] SKAALVIK E M, SKAALVIK S. Teacher self - efficacy and perceived autonomy: relations with teacher engagement, job satisfaction, and emotional exhaustion [J]. Psychological reports, 2014, 114 (1): 68-77.

[279] SKERRETT A. "There's going to be community. There's going to be knowledge": designs for learning in a standardised age [J]. Teaching and teacher education, 2010, 26 (3): 648-655.

[280] SORENSEN P F, MINAHAN M. McGregor's legacy: the evolution and current application of theory Y management [J]. Journal of management history, 2011, 17 (2): 178-192.

[281] SPILLANE J P. Distributed leadership [M]. 1st ed. San Francisco: Jossey-Bass, 2006.

[282] STOGDILL R M, COONS A E. Leader behavior: its description and measurement [M]. Columbus, OH: Ohio state university press for bureau of business research, 1957.

[283] STOLL L. Leading professional learning communities [M] //ROBERTSON J, TIMPERLEY H. Leadership and learning. London: Sage, 2011: 103-117.

[284] STOLL L, BOLAM R, MCMAHON A, et al. Professional learning communities: a review of the literature [J]. Journal of educational change, 2006, 7 (4): 221-258.

[285] STORCK J, HILL P A. Knowledge diffusion through "strategic communities" [J]. Knowledge and communities, 2000, 41 (2): 65-83.

[286] STRAUSS A, CORBIN J. Basics of qualitative research [M]. Thousands Oaks, CA: Sage publications, 1998.

[287] SUCHMAN L. Response to vera and simon's situated action: a symbolic interpretation [J]. Cognitive science, 1993, 17 (1): 71-75.

[288] SUN J. Conceptualizing the critical path linked by teacher commitment [J]. Journal of educational administration, 2015, 53 (5): 597-624.

[289] SUN J, CHEN X, ZHANG S. A review of research evidence on the antecedents of transformational leadership [J]. Education sciences, 2017, 7 (1): 1-27.

[290] SUN J, LEITHWOOD K. Direction-setting school leadership practices: a meta-analytical review of evidence about their influence [J]. School effectiveness and school improvement, 2015, 26 (4): 499-523.

[291] SUPOVITZ J A. Developing communities of instructional practice [J]. Teachers college record, 2002, 104 (8), 1591-1626.

[292] SWAN J, SCARBROUGH H, ROBERTSON M. The construction of communities of practice in the management of innovation [J]. Management learning, 2002, 33 (4), 477-496.

[293] TAN C. Learning from Shanghai: lessons on achieving educational success [M]. Dordrecht: Springer, 2012.

[294] TANG S, LU J, HALLINGER P. Leading school change in China: a review of related literature and preliminary investigation [J]. International journal of educational management, 2014, 28 (6): 655-675.

[295] TASHAKKORI A, CRESWELL J W. The new era of mixed methods [J]. Journal of mixed methods research, 2007, 1 (1): 3-7.

[296] THOMPSON J D. Organizations in action [M]. New York: McGraw-Hill, 1967.

[297] THOONEN E E, SLEEGERS P J, OORT F J, et al. How to improve teaching practices the role of teacher motivation, organizational factors, and leadership practices [J]. Educational administration quarterly, 2011, 47 (3): 496-536.

[298] TIMPERLEY H. Leading teachers' professional learning [M] //ROBERTSON J, TIMPERLEY H. Leadership and learning. London: Sage, 2011: 118-130.

[299] TRICE H M, BEYER J M. Studying organizational cultures through rites and ceremonials [J]. Academy of management review, 1984, 9 (4): 653-669.

[300] TRICE H M, BEYER J M. Changing organizational cultures [M] //SHAFRITZ J M, OTT J S. Classics of Organization Theory. Tex: Harcourt brace college pub, 1996: 473-484.

[301] TSCHANNEN-MORAN M, HOY A W. The differential antecedents of self-efficacy beliefs of novice and experienced teachers [J]. Teaching and teacher education, 2007, 23 (6), 944-956.

[302] TSCHANNEN-MORAN M, HOY A W, HOY W K. Teacher efficacy: its meaning and measure [J]. Review of educational research, 1998, 68 (2): 202-248.

[303] TSCHANNEN - MORAN M, MCMASTER P. Sources of self - efficacy: four professional development formats and their relationship to self-efficacy and implementation of a new teaching strategy [J]. The elementary school journal, 2009, 110 (2): 228-245.

[304] VANBLAERE B, DEVOS G. The role of departmental leadership for professional learning communities [J]. Educational administration quarterly, 2018, 54 (1): 85-114.

[305] VANGRIEKEN K, MEREDITH C, PACKER T, et al. Teacher communities as a context for professional development: a systematic review [J]. Teaching and teacher education, 2017 (61): 47-59.

[306] VESCIO V, ROSS D, ADAMS A. A review of research on the impact of professional learning communities on teaching practice and student learning [J]. Teaching and teacher education, 2008, 24 (1): 80-91.

[307] WAHLSTROM K L, LOUIS K S. How teachers experience principal leadership: the roles of professional community, trust, efficacy, and shared responsibility [J]. Educational administration quarterly, 2008, 44 (4): 458-495.

[308] WALKER A, DIMMOCK C. Moving school leadership beyond its narrow boundaries: developing a cross-cultural approach [M] //LEITHWOOD K, HALLINGER P. Second international handbook of educational leadership and administration. London: Kluwer academic, 2002: 167-202.

[309] WALKER A, QIAN H, SHUANG Z. Secondary school principals in curriculum reform: victims or accomplices? [J]. Frontiers of education in China, 2011, 6 (3), 388-403.

[310] WALKER A, HU R, QIAN H. Principal leadership in China: an initial review [J]. School effectiveness and school improvement, 2012, 23 (4): 369-399.

[311] WALKER A, QIAN H. Reform disconnection in China [J]. Peabody journal of education, 2012, 87 (2): 162-177.

[312] WALKER A, QIAN H, ZHANG S. Secondary school principals in curriculum reform: victims or accomplices? [J]. Frontiers of education in China, 2011, 6 (3): 388-403.

[313] WALKER A, QIAN H. Review of research on school principal leadership in China, 1998—2013: continuity and change [J]. Journal of educational administration, 2015, 53 (4): 467-491.

[314] WANG J, PAINE L W. Learning to teach with mandated curriculum and public examination of teaching as contexts [J]. Teaching and teacher education, 2003, 19 (1): 75-94.

[315] WANG T. Contrived collegiality versus genuine collegiality: demystifying professional learning communities in Chinese schools [J]. Compare, 2015, 45 (6): 908-930.

[316] WANG T. School leadership and professional learning community: case study of two senior high schools in Northeast China [J]. Asia pacific journal of education, 2016, 36 (2): 202-216.

[317] WEBER J R. Leading the Instructional Program [M] // SMITH S C, PIELE P K. School leadership: handbook for excellence in student learning. Thousand Oaks, Calif: Corwin Press, 1989: 191-224.

[318] WEBSTER - WRIGHT A. Reframing professional development through understanding authentic professional learning [J]. Review of educational research, 2009, 79 (2): 702-739.

[319] WELLS C M, FEUN L. Educational change and professional learning communities: a study of two districts [J]. Journal of educational change, 2013, 14 (2): 233-257.

[320] WENGER E. Communities of practice: learning as a social system [J]. Systems thinker, 1998a, 9 (5): 2-3.

[321] WENGER E. Communities of practice: learning, meaning, and identity [M]. Cambridge, UK: Cambridge university press, 1998b.

[322] WENGER E. Communities of practice and social learning systems [J]. Organization, 2000, 7 (2): 225-246.

[323] WENGER E, MCDERMOTT R A, SNDER W. Cultivating communities of practice: a guide to managing knowledge [M]. Boston: Harvard business press, 2002.

[324] WENGER E C, SNDER W M. Communities of practice: the organizational frontier [J]. Harvard business review, 2000, 78 (1): 139-146.

[325] WESTHEIMER J. Communities and consequences: an inquiry into

ideology and practice in teachers' professional work [J]. Educational administration quarterly, 1999, 35 (1): 71-105.

[326] WESTLEY F, MINTZBERG H. Visionary leadership and strategic management [J]. Strategic management journal, 1989 (10): 17-32.

[327] WESTWOOD R. HarmoN and patriarchy: the cultural basis for paternalistic headship among the overseas Chinese [J]. Organization studies, 1997, 18 (3): 445-480.

[328] WILLIAMS A, PRESTAGE S, BEDWARD J. Individualism to collaboration: the significance of teacher culture to the induction of newly qualified teachers [J]. Journal of education for teaching: international research and pedagogy, 2001, 27 (3): 253-267.

[329] WILSON B G, LUDWIG-HARDMAN S, THORNAM C L, et al. Bounded community: designing and facilitating learning communities in formal courses [J]. The international review of research in open and distributed learning, 2004, 5 (3): 1-22.

[330] WONG K C. Conditions and practices of successful principalship in Shanghai [J]. Journal of educational administration, 2005, 43 (6): 552-562.

[331] WONG J L. Searching for good practice in teaching: a comparison of two subject-based professional learning communities in a secondary school in Shanghai [J]. Compare, 2010, 40 (5): 623-639.

[332] WOOD D R. Professional learning communities: teachers, knowledge, and knowing [J]. Theory into practice, 2007, 46 (4): 281-290.

[333] YANG Y. Principals' transformational leadership in school improvement [J]. International journal of educational management, 2014, 28 (3): 279-288.

[334] YIN R K. Case study research: design and methods [M]. California: Sage publications, 2003.

[335] YOUNG V M. Teachers' use of data: loose coupling, agenda setting, and team norms [J]. American journal of education, 2006, 112 (4): 521-548.

[336] YOUNGS P, KING M B. Principal leadership for professional development to build school capacity [J]. Educational administration quarterly, 2002, 38 (5): 643-670.

[337] YUKL G. Managerial leadership: a review of theory and research [J]. Journal of management, 1989, 15 (2): 251-289.

[338] YUKL G. An evaluation of conceptual weaknesses in transformational and charismatic leadership theories [J]. The leadership quarterly, 1999, 10 (2): 285-305.

[339] YUKL G. Leadership in organizations [M]. Upper saddle river, NJ: Pearson, 2010.

[340] YUKL G. Effective leadership behavior: what we know and what questions need more attention [J]. The academy of management perspectives, 2012, 26 (4): 66-85.

[341] YUKL G, GORDON A, TABER T. A hierarchical taxonomy of leadership behavior: integrating a half century of behavior research [J]. Journal of leadership and organizational studies, 2002, 9 (1): 15-32.

[342] ZHANG J. Exploring the characteristics and impacts of teachers' professional learning communities in Shanghai schools in Mainland China [D]. Hong Kong: the Chinese university of Hong Kong, 2015.

[343] ZHANG J, PANG N S K. Exploring the characteristics of professional learning communities in China: a mixed-method study. The Asia-pacific education researcher, 2016, 25 (1): 11-21.

[344] ZHANG J, YUAN R, YU S. What impedes the development of professional learning communities in China? Perceptions from leaders and frontline teachers in three schools in Shanghai [J]. Educational management administration and leadership, 2016, 45 (2): 219-237.

[345] 鲍传友. 校长负责制下的校长权力大小及其规约 [J]. 教育科学, 2004, 20 (4): 51-53.

[346] 蔡宝来, 晋银峰. 我国基础教育改革的现实境遇与未来抉择 [J]. 上海师范大学学报 (哲学社会科学版), 2010, 39 (1): 92-102.

［347］陈桂生．“中国的教研组现象”平议［J］. 南通大学学报（教育科学版），2006，22（4）：1-4.

［348］陈尚达．应理性审视新课改下的“穿新鞋走老路”现象——兼与《新课改与“穿新鞋走老路”》一文商榷［J］. 全球教育展望，2010，39（8）：3-9.

［349］陈卫国．课改中校长的地位与作用［J］. 教育评论，2004，1：102-103.

［350］陈向明．质的研究方法与社会科学研究［M］. 北京：教育科学出版社，2000.

［351］陈向明．从教师“专业发展”到教师“专业学习”［J］. 教育发展研究，2013（8）：1-7.

［352］陈向明，王志明．义务教育阶段教师培训调查：现状，问题与建议［J］. 开放教育研究，2013，19（4）：11-19.

［353］陈向明，张玉荣．教师专业发展和学习为何要走向“校本”［J］. 清华大学教育研究，2014，35（1）：36-43.

［354］褚宏启．走向校长专业化［J］. 教育研究，2007，28（1）：80-85.

［355］丛立新．中国基础教育三级教研组织研究［J］. 教育科学研究，2011（9）：5-27.

［356］单慧璐，刘力．反思性实践视域下的名师工作室：研修理念、原则与过程［J］. 教育发展研究，2015（12）：46-51.

［357］董绍才．基础教育教研室制度演进历程与审视［J］. 当代教育科学，2010（20）：6-9.

［358］段晓明．聚焦教与学——2010 年英国学校教育变革图景［J］. 外国中小学教育，2011（11）：14-17.

［359］段晓明．英国学校教育变革的现实路径——基于英国教育部名称更迭的分析［J］. 外国教育研究，2013（3）：72-76.

［360］费孝通．百年中国社会变迁与全球化过程中的“文化自觉”［J］. 厦门大学学报，2000（4）：5-11.

［361］封学军．孔子的“人格领导”思想及其启示意义［J］. 延安大

学学报（社会科学版），1999（2）：24-25.

［362］冯大鸣．试论校长负责制的重构与再造［J］．教育理论与实践，2003，23（1）：34-37.

［363］葛新斌．我国现行“校长负责制”的法律与制度分析［J］．北京师范大学学报（社会科学版），2003（6）：48-55.

［364］勾月，单中惠．从《改革蓝图》透析奥巴马政府的基础教育公平政策［J］．全球教育展望，2011（1）：73-78.

［365］郭华．新课改与“穿新鞋走老路”［J］．课程·教材·教法，2010（1）：3-11.

［366］教育委员会．小学管理规程（1996）［A/OL］．http：//old.moe.gov.cn//publicfiles/business/htmlfiles/moe/moe_621/201001/xxgk_81895.html.

［367］教育委员会．普通中小学校督导评估工作指导纲要（修订稿）（1997）［A/OL］．http：//www.jledu.gov.cn/show/3122.html.

［368］国务院．中共中央关于教育体制改革的决定（1985）［A/OL］．http：//old.moe.gov.cn/publicfiles/business/htmlfiles/moe/moe_177/200407/2482.html.

［369］国务院．中华人民共和国教育法（1995）［A/OL］．http：//www.npc.gov.cn/wxzl/wxzl/2000-12/05/content_4638.htm.

［370］国务院．中华人民共和国义务教育法（2006）［A/OL］．http：//www.gov.cn/flfg/2006-06/30/content_323302.htm.

［371］国务院．教育督导条例（2012）［A/OL］．http：//www.gov.cn/zwgk/2012-09/17/content_2226290.htm.

［372］韩江萍．校本教研制度：现状与趋势［J］．教育研究，2007（7）：89-93.

［373］韩爽，于伟．我国名师工作室研究的回顾与省思［J］．东北师大学报（哲学社会科学版），2014（5）：196-200.

［374］郝德永．新课程改革：症结与超越．教育研究，2006，27（5）：25-29.

［375］侯杰泰，温忠麟，成子娟．结构方程模型及其应用［M］．北京：

教育科学出版社，2004.

[376] 胡惠闵，刘群英．我国中小学教学研究组织的发展及其困境 [J]. 教育发展研究，2012（2）：1-8.

[377] 胡艳．新中国17年中小学教研组的职能与性质初探 [J]. 教师教育研究，2011，23（6）：50-55.

[378] 贾巍，杨晓宏．教师远程学习适应性的内涵与构成要素探析 [J]. 电化教育研究，2013，34（6）：46-49.

[379] 姜丽华．校本教研：内涵，特征及其价值 [J]. 教育科学，2004，20（6）：35-36.

[380] 教育部．小学暂行规程（草案）[A/OL]. http：//www. gzzxws. gov. cn/gzws/gzws/ml/32/200808/t20080816_1140. htm.

[381] 教育部．中学暂行规程（草案）[A/OL]. http：//www. jyb. cn/info/jyzck/200908/t20090812_302299. html.

[382] 教育部．基础教育课程改革纲要（试行）[A/OL]. http：//www. moe. edu. cn/publicfiles/business/htmlfiles/moe/moe_309/200412/4672. html.

[383] 教育部．基础教育课程改革纲要（试行）[A/OL]. http：//old. moe. gov. cn//publicfiles/business/htmlfiles/moe/moe_309/200412/4672. html.

[384] 教育部．关于积极推进中小学评价与考试制度改革的通知（2002）[A/OL]. http：//www. moe. gov. cn/srcsite/A26/s7054/200212/t20021218_78509. html.

[385] 教育部．关于改进和加强教学研究工作的意见（征求意见稿）（2003）[A/OL]. http：//www. zzedu. net. cn/zzjyw/files/472. htm.

[386] 教育部，组织部．关于加强全国中小学校长队伍建设的意见（试行）（1992）[A/OL]. http：//old. moe. gov. cn/publicfiles/business/htmlfiles/moe/s7148/201303/148717. html.

[387] 靳玉乐，张丽．我国基础教育新课程改革的回顾与反思 [J]. 课程·教材·教法，2004，24（10），9-14.

[388] 靳玉乐，艾兴．新课程改革的理论基础是什么 [N]. 中国教育报，2005-5-28（5）.

[389] 李保强．校本教研制度建设研究回顾与前瞻 [J]. 教育理论与

实践，2007，27（5）：41-44.

［390］李超平，孟慧，时勘．变革型领导，家长式领导，PM 理论与领导有效性关系的比较研究［J］．心理科学，2007，30（6）：1477-1481.

［391］李超平，时勘．变革型领导的结构与测量［J］．心理学报，2005，37（6）：803-811.

［392］李建平．课程改革对教师提出全新挑战［J］．教育发展研究，2002（1）：16-20.

［393］李敏．校本教研现状之分析［J］．教育理论与实践，2005，25（3）：37-40.

［394］李松．我国中小学教研 60 年：反思与展望［J］．当代教育科学，2014（17）：15-19.

［395］李子建，邱德峰．实践共同体：迈向教师专业身份认同新视野［J］．全球教育展望，2016（5）：102-111.

［396］梁威，卢立涛，黄冬芳．中国特色基础教育教学研究制度的发展［J］．教育研究，2010（12）：77-82.

［397］凌文辁，张治灿，方俐洛．中国职工组织承诺研究［J］．中国社会科学，2001（2）：90-102.

［398］刘磊，傅维利，董光恒．关于“新课改”中教师压力的调查研究［J］．教育研究与实验，2004（3）：64-68.

［399］刘旭东．挑战与推进：课程改革的回顾与反思［J］．当代教师教育，2015，8（1）：6-11.

［400］娄延果，郑长龙．论校本教研制度下的区域教研［J］．教育实践与研究，2010（5）：22-25.

［401］卢旺．地方本科院校服务地方机制创新研究［M］．北京：中国经济出版社，2019.

［402］卢海弘．美国重建教育运动述评［J］．基础教育参考，2004（7）：20-23.

［403］卢乃桂，钟亚妮．国际视野中的教师专业发展［J］．比较教育研究，2006，27（2）：71-76.

［404］卢纹岱．SPSS for Windows 统计分析［M］．北京：电子工业出

版社，2003.

［405］骆静，廖建桥．基于提高知识员工组织嵌入度的实践社群研究［J］．科研管理，2006，27（2），133-139.

［406］马健生．简论美国重建学校运动及其动力［J］．比较教育研究，1998（6）：23-27.

［407］马文成．依托网络开展校本教研活动的策略研究［J］．兰州教育学院学报，2014，30（1）：126-127.

［408］马云鹏，王波，严劲松．谈新课改下农村中小学校长的课程领导［J］．教育理论与实践，2005，25（3）：44-48.

［409］乔雪峰，黎万红．校本教研中课程资源的开发利用：实践共同体的视角［J］．全球教育展望，2016（11）：32-42.

［410］乔雪峰，卢乃桂，黎万红．从教师合作看我国校本教研及其对学习共同体发展的启示［J］．教师教育研究，2013，25（6）：74-78.

［411］上海市教育委员会．上海市积极推进中小学“学校发展性督导评价”的实施意见（试行稿）（2003）［A/OL］．http：//www. shmec. gov. cn/attach/xxgk/1496. htm.

［412］上海市教育委员会．上海市关于深化与完善“学校发展性督导评价”工作的若干意见（2005）［A/OL］．http：//www. shjydd. net/backstage/new/newshow. aspx？id=457&url=/data/dudaoguifan/2010122132936_64. html.

［413］上海市教育委员会．关于对本市各级各类学校实施教育督导的意见（2015）［A/OL］．http：//www. shjydd. net/backstage/new/newshow. aspx？id=2505&url=/data/dudaoguifan/20151010162156_64. html.

［414］邵光华．关于教师课改认知的反思性分析与启示［J］．教师教育研究，2014（5）：26.

［415］斯科特，戴维斯．组织理论：理性，自然与开放系统的视角［M］．高俊山，译．北京：中国人民大学出版社，2011.

［416］宋爱红，蔡永红．教师组织承诺结构的验证性因素分析［J］．心理发展与教育，2005a，21（2）：48-51.

［417］宋爱红，蔡永红．教师组织承诺影响因素的研究［J］．统计研究，2005b（5）：40-46.

［418］孙河川，刘颖，史丞芜．英国教育督导评价指标体系解析［J］. 教育发展研究，2009（12）：21-25.

［419］陶西平，顾海良，张力，等．《每一个学生都成功法》七人谈［J］. 华东师范大学学报（教育科学版），2016，34（2）：1-3.

［420］汪利兵．九十年代以来英国中小学教育改革的新进展［J］. 比较教育研究，1995（6）：6-9.

［421］王策三．认真对待“轻视知识”的教育思潮［J］. 北京大学教育评论，2004，2（3）：5-23.

［422］王策三．“新课程理念”“概念重建运动”与学习凯洛夫教育学［J］. 课程·教材·教法，2008，28（7）：3-21.

［423］王策三．对“新课程理念”介入课程改革的基本认识——“穿新鞋走老路”议论引发的思考［J］. 基础教育外语教学研究，2012（6）：49-58.

［424］王晓阳．当前美国教育改革的观念与趋势［J］. 教育研究，2012（3）：140-145.

［425］王中男．校本教研存在的问题分析与路径选择［J］. 教育理论与实践，2014，34（2）：10-12.

［426］文军．西方多学科视野中的全球化概念考评［J］. 国外社会科学，2001（3）：43-50.

［427］吴刚．奔走在迷津中的课程改革［J］. 北京大学教育评论，2013，11（4）：20-50.

［428］吴康宁．中国教育改革为什么会这么难［J］. 华东师范大学学报（教育科学版），2010，28（4）：10-19.

［429］吴维库，刘军，张玲，等．以价值为本领导行为与领导效能在中国的实证研究［J］. 管理工程学报，2003，17（4）：76-82.

［430］肖川，胡乐乐．论校本教研与教师专业成长［J］. 教师教育研究，2007，19（1）：17-21.

［431］萧宗六．关于校长负责制的思考［J］. 中小学管理，1990（6）：2-7.

[432] 萧宗六．校长负责制的提出及内涵 [J]. 中小学管理，2000 (11)：2-5.

[433] 谢翌，马云鹏，张治平．新中国真的发生了八次课程改革吗? [J]. 教育研究，2013 (2)：125-132.

[434] 徐伯钧．我国中小学教研组建设研究述评 [J]. 教育研究，2016，37 (9)，73-82.

[435] 徐文彬．校本教研中“非校本化”倾向及其成因分析 [J]. 全球教育展望，2007，36 (12)：25-30.

[436] 徐学俊，周冬祥．教师校本研修及其区域协作机制探索 [J]. 教育研究，2004，25 (12)：65-69.

[437] 许文佩．NCLB 下美国教育问责制新发展述评 [J]. 科教文汇，2009 (2)：5.

[438] 杨小微．近五年我国基础教育改革及其研究的进展报告 [J]. 基础教育，2011，3 (2)：5-20.

[439] 叶澜．21 世纪社会发展与中国基础教育改革 [J]. 中国教育学刊，2005 (1)：2-7.

[440] 尹桂荣．新中国基础教育教研制度的历史演变与现实追求 [D]. 长沙：湖南师范大学，2006.

[441] 尹弘飚，李子建．论课程改革中的教师改变 [J]. 教育研究，2007，28 (3)：23-29.

[442] 俞可平．社群主义 [M]. 北京：中国社会科学出版社，1998.

[443] 俞国良，辛涛，申继亮．教师教学效能感：结构与影响因素的研究 [J]. 心理学报，1995，27 (2)：159-166.

[444] 余小茅．究竟是什么导致了新课改中的“穿新鞋走老路”——兼与郭华教授商榷 [J]. 课程·教材·教法，2011 (3)：25-35.

[445] 查有梁．十年新课程改革的统计诠释 [J]. 教育科学研究，2012 (11)：5-15.

[446] 张鼎昆，方俐洛，凌文辁．自我效能感的理论及研究现状 [J]. 心理科学进展，1999 (1)：39-43.

[447] 张东娇．中国与西方国家中小学校长职位权力的比较分析——

兼论“校长负责制”与“校长管理制度”［J］. 比较教育研究，2005，26（7）：52–57.

［448］张君，孙健敏 . 中国组织情境下的家长式领导研究述评［J］. 现代管理科学，2017（11）：24–26.

［449］张楠 . 21 世纪以来英国基础教育课程改革及其启示［J］. 河北师范大学学报（教育科学版），2014（3）：68–75.

［450］张世鹏 . 什么是全球化？［J］. 欧洲，2000（1）：4–13.

［451］张伟平 . 中小学校本教研：如何走出误区？［J］. 教育发展研究，2006（12）：47–51.

［452］张伟平，赵凌 . 当前中小学校本教研的问题与对策［J］. 教育研究，2007（6）：69–73.

［453］张治灿，方俐洛，凌文辁 . 中国职工组织承诺的结构模型检验［J］. 心理科学，2001，24（2）：148–150.

［454］赵德成 . 英国学校督导体系变革的特点及其启示［J］. 外国教育研究，2011，38（2）：66–71.

［455］郑鑫，尹弘飚，王晓芳 . 跨越教师学习的边界［J］. 教育发展研究，2015（10）：59–65.

［456］中国教育年鉴编辑部 . 中国教育年鉴 1949—1981［M］. 北京：中国大百科全书出版社，1984.

［457］中国教育年鉴编辑部 . 中国教育年鉴（1991 年）［M］. 北京：人民教育出版社，1991.

［458］钟启泉 . 凯洛夫教育学批判——兼评“凯洛夫教育学情结”［J］. 全球教育展望，2009（1）：3–17.

［459］钟启泉，有宝华 . 发霉的奶酪——《认真对待“轻视知识”的教育思潮》读后感［J］. 全球教育展望，2004，33（10）：3–7.

［460］朱文辉 . 新课程改革：从“深水区”到“新常态”——由“穿新鞋走老路”引发的思考［J］. 教育发展研究，2016（2）：19–23.

［461］邹纪孟 . 政者正也——试论孔子的领导思想 . 中国青年政治学院学报，1987，（3）：42–44.

后 记

在教育变革的时代浪潮中，教师被视为变革成功的关键。面对变革，教师要持续学习，以应对挑战。教师学习也已成为当下最热门的研究议题之一。有一个非常朴素的事实是，教师身在学校组织之中，校长对教师学习必然发挥着重要作用。那么，校长到底应该如何促进教师学习？我在文献中并没有找到理想答案。在与中小学校长们的接触中，我看到了很多特别有价值的学习领导力的实践智慧。这些实践智慧又应该如何从学理上进行解释？对这些问题的思考，是我完成本书的初心所在。

校长学习领导力是我在攻读博士学位期间就关注和研究的主题。由于没有中小学一线管理经历，最初选择这个研究主题，我是十分忐忑的。通过一步一步地探索，研究至今，我十分庆幸自己选择了这个主题。回忆起来，读博期间，从研究选题到毕业答辩，过程中充满迷茫、彷徨，我时常会自我怀疑，不确定自己的研究是否有价值，不知道自己是否适合做学术研究。现在回首，这段旅程的意义已经不仅仅是完成学业，更是对自己成为一名学术研究者的历练。这份历练让我从内心深处对学术研究产生了一份敬畏之心、热爱之情。

2018 年，我入职北京教育学院，一直承担北京市中小学校长培训研究与实践工作。在工作中，我接触到了不同类型的中小学校长和老师。在和他们交流的过程中，我更切实地体会到了学习领导力实践的动态性和复杂性。每一项看似简单的决策背后都有其特定的情境意义。我常常为校长和老师们的教育情怀所感动，为他们的实践智慧所折服。这一时期，我以实践“局内人”的视角重新审视自己的研究，对这个研究主题产生了很多新的体悟。本书是在我博士论文研究基础上修改而成的，课题是博士研究的延续。

感谢我的导师彭新强教授给予的悉心指导。没有您的指导和支持，我的研究很难完成。感谢华东师范大学沈伟老师和董辉老师在数据收集过程中给予的支持。感谢每一位参与研究的校长和老师。

感谢我的硕士生导师北京师范大学郑磊老师。在我每一次困惑、踌躇时，您都愿意耐心倾听，给予我无限的鼓励、引导和支持，让我的内心充满暖意。

感谢北京教育学院的出版资助，感谢学院各级领导的大力支持与指导，感谢同事们的信任与关心，和谐友爱的工作氛围为本书的顺利完成创造了条件。

感谢中国经济出版社教育教材分社社长崔姜薇积极促成本书的出版，感谢黄傲寒编辑为本书的辛苦付出。

最后，我还要特别感谢我的家人。感谢父母对我的包容和理解，无论工作还是学习，感谢爸爸妈妈相信和支持我的每个选择。感谢哥哥和嫂子的关爱，你们承担了更多照顾父母的责任，才使我能够一直安心求学。还有我可爱的小侄子，你的纯真与可爱总是能让我的内心充满爱与前进的动力。

这本书是研究的阶段性成果，也是下一阶段研究的起点。由于时间和能力所限，本书还存在很多不足之处，恳请读者不吝指正。

曹杰

2023 年于北京

本书是北京教育学院2021年院级课题“集团化学校校长引领教师专业成长的路径研究——学习共同体视角的研究”（ZDGZ2021-01）阶段性成果。